国家社会科学基金项目"社会资本视角下农业集群品牌价值共创机制及中美比较研究"（课题编号：15BGL088）

浙江省高校重大人文社科攻关计划项目"共创视角下浙江省农业区域品牌价值实现模式与路径"（课题编号：2021GH034）

项目依托基地：浙江省重点培育智库——浙江农林大学浙江省乡村振兴研究院

浙江农林大学 文科精品文库

农业集群品牌
价值共创机制研究

张月莉 ◎ 著

中国财经出版传媒集团
经济科学出版社
Economic Science Press

图书在版编目（CIP）数据

农业集群品牌价值共创机制研究/张月莉著．--北
京：经济科学出版社，2022.7
ISBN 978 - 7 - 5218 - 2576 - 3

Ⅰ．①农…　Ⅱ．①张…　Ⅲ．①农产品 - 品牌战略 - 研
究 - 中国　Ⅳ．①F326.5

中国版本图书馆 CIP 数据核字（2021）第 100305 号

责任编辑：周国强
责任校对：刘　娅
责任印制：张佳裕

农业集群品牌价值共创机制研究

张月莉　著

经济科学出版社出版、发行　新华书店经销
社址：北京市海淀区阜成路甲 28 号　邮编：100142
总编部电话：010 - 88191217　发行部电话：010 - 88191522
网址：www. esp. com. cn
电子邮箱：esp@ esp. com. cn
天猫网店：经济科学出版社旗舰店
网址：http：// jjkxcbs. tmall. com
固安华明印业有限公司印装
710×1000　16 开　16 印张　270000 字
2022 年 7 月第 1 版　2022 年 7 月第 1 次印刷
ISBN 978 - 7 - 5218 - 2576 - 3　定价：86.00 元
（图书出现印装问题，本社负责调换。电话：010 - 88191510）
（版权所有　侵权必究　打击盗版　举报热线：010 - 88191661
QQ：2242791300　营销中心电话：010 - 88191537
电子邮箱：dbts@ esp. com. cn）

前　言

　　一方水土养一方人，一方山水孕育一方风情，一个区域成就一方农业特色。中国地大物博，幅员辽阔，地理环境差异很大。不同的地理位置、自然禀赋导致各地的风物不尽相同，且各有特色，但产品独特的质量、特点和声誉均与其产地有着紧密关联。这种特色鲜明、品质上乘的农业地标产品比比皆是，经过长期积淀被当地消费者广泛认可。它们或是强调独特自然资源、天赐福地成就的产品特色，或是强调悠久的种植、养殖方式与加工工艺历史。但目前大多数已有的农业地标产品叫好不叫座，这些在当地值得骄傲的产品并未形成优势，并未带动区域农业产业的蓬勃发展，成为全国乃至全世界叫得响的产品。甚至一些靠历史积累知名度很高的品牌由于假冒伪劣泛滥市场而造成消费者认知混乱，品牌乱象丛生。如西湖龙井、五常大米、阳澄湖大闸蟹、杭白菊、金华火腿等著名地方品牌，均出现程度不一的"山寨"产品导致市场乱局。

　　反观世界发达国家的农业，其中不乏享誉全球的高品质著名农业品牌。如美国新奇士柑橘和爱荷达土豆、新西兰佳沛奇异果、韩国正官庄高丽参、日本新潟渔昭越光米等。新奇士在全球脐橙市场占有率、卖价高居榜首。其品牌象征着新鲜、健康、品质，是高品质水果的代名词。因此，即便新奇士脐橙售价是我国优质脐橙的几倍，但依旧畅销，供不应求。爱达荷土豆，一个十分不起眼的农产品，如今却成为消费者喜爱的世界级品牌。土头土脑的"土豆先生"卡通形象也家喻户晓。在全美乃至全世界享有很高声誉，在美国市场占有率高达84%，成为消费者喜爱的世界级品牌。佳沛奇异果亦是一个大家耳熟能详的水果品牌，也是目前公认的非常成功的全球化果蔬行销企业品牌，其品牌价值聚焦于"活力、健康"，专注于奇异果的质量管控，致力提供最营养美味的产品给消费者。其售价比中国猕猴桃高出很多，成为高品质猕猴桃的代表。人参是百草之王，在中国药典中有"大补元气、复脉固脱、益气摄血"的功效。中国是世界著名的人参主产区，人参种植面积、总产量都居世界首位，产量占世界70%（吉林人参研究院）。但在国际市场闻名遐迩的人参品牌却是韩国的正官庄高丽参，其"正官庄"的品牌名称寓意是"官制真品"，百年来坚持高品质，只选用养分完整的六年根高丽参，是高丽参的品类代表。目前，全球人参制成品的高端市场被日本、韩国、欧洲占有，我国的人参出口基本以生药原料为主，虽然品牌众多，吉林省注册的人参品牌就有30多个（吉林人参研究院），但却没有一个品牌可以和韩国的正官庄抗衡。日本新潟渔昭越光米得益于新潟地区得天独厚的自然条件，加上品牌经营者追求极致的匠心精神，成就了世界大米排行榜中的领头羊。在日本还有一大批诸如熊本熊、山梨葡萄、松阪牛肉、静冈茶叶、千叶蔬菜等农业品牌，在市场上享有很高的知名度与美誉度。上述农业品牌的成功均是通过充分挖掘当地优势资源，立足于本地特色产业，以地域特征为品牌创建要素，符合农产品生产受地域环境影响的显著特征，通过自主创新形成产业聚集，形成高级形态的产业集群综合体，建立农业集群品牌，通过品牌化战略打造出世界级强势品牌。在对这些世界级的成功品牌的观察中我们发现，上述品牌的影响力背后，既有品牌经营主体坚守品质和匠心精神而铸就的坚实基础支撑，又是举全产业之合力共同推动共同创造形成的巨大合力使然；既有品牌经营者在品牌战略和营销策略上的精妙之举，又有产业全体利益相关者的共识和努力。

随着消费升级和网络时代的到来，人们对高质量农产品的需求会越来越旺盛。知名度高的区域农产品会因其优秀的资源禀赋、品质优良、标准化程度高而成为消费者选择的重点。因此，品牌农业发展正逢其时。我国农业独特的自然环境、种养方式和农耕文明，形成品种丰富、品类应有尽有的优质农业资源，宛如一颗颗明珠在祖国大地闪闪发亮，熠熠生辉，吸引着全国各地的消费者趋之若鹜，这正是"品牌强农"的基础要素。

农业生产与气候、土壤、天气等自然因素息息相关，产品产地条件在一定程度上就决定了这个产品的品质：外观、口感、营养和安全。农业的产出根植于特定地域，这些地域有特色农产品生长的适宜气候、独特的生长环境、悠久的种植养殖历史，甚至还有独特工艺、美丽传说和名人轶事，这些自然风土与生产工艺特征带来的产品品质差异性都是无法复制或转移到其他地方的，这是农业的本质。如新疆瓜果（吐鲁番葡萄、哈密瓜）、东北大米（五常大米、盘锦大米）、福建和浙江茶系列（安溪铁观音、西湖龙井、安吉白茶）、山东瓜果蔬菜（烟台苹果、寿光蔬菜）等，在消费者心目中这些产地概念相当成熟，即使别的地方产出的农产品具有相当品质，但是在消费者心里，这种原产地的概念已历时数十载，难以改变。因此，农业的地域根植性决定了农业品牌大多数都是以地理标志产品作为整体呈现在消费者面前，作为一种特殊性的识别标记，不允许个人或公司将地理标志申请注册为集体商标，其商标注册人限定于当地不以营利为目的团体、协会或者其他组织，其业务范围与所监督使用的地理标志产品相关，从性质上属于区域公共资源，因此从品牌角度上被命名为区域公用品牌。这种特性也决定了农业不同于其他产业，首先应以集群聚合模式来发展产业，在产业发展基础上再以集群聚合模式来发展区域公共品牌，即农业集群品牌，是区域公共品牌发展到产业化阶段的表达。该品牌以特定特色化、规模化的农产品的地域集聚为基础，因独特自然资源、历史悠久的种植养殖方式或加工工艺而享有较高知名度和影响力，是一个地域内农业生产经营者共用的品牌的标志，并由于地域的根植性具有不可替代不可复制的特征。农业集群品牌对于区域经济发展而言至关重要，在提升农业竞争力、保持农业可持续发展、解决"三农"问题、实现农业现代化过程中价值斐然。

2018年6月26日，农业农村部专门印发《关于加快推进品牌强农的意见》的指导性文件。文件提出力争3～5年，我国农业品牌化水平显著提高，重点培育一批全国影响力大、辐射带动范围广、国际竞争力强、文化底蕴深厚的国家级农业品牌，打造300个国家级农产品区域公用品牌，500个国家级农业企业品牌，1000个农产品品牌。该意见对未来农业品牌发展提出量化指标，将为打造更多知名农业品牌砥砺前行。9月26日，中共中央、国务院印发了《乡村振兴战略规划（2018—2022年）》。要求各地区各部门要深入实施农业品牌提升行动，加快形成以区域公用品牌、企业品牌、大宗农产品品牌、特色农产品品牌为核心的农业品牌格局（中国区域农业品牌年度新闻事件，2018）。2019年农业农村部一号文件又一次提出实施农业品牌提升行动，大力推进农产品区域公用品牌、企业品牌、农产品品牌建设。但目前我国的农业集群品牌建设面临以下痛点：

第一，好产品比比皆是，但好品牌凤毛麟角，对品牌运营规律缺乏系统性认知。很多地方在打造农业集群品牌过程中不得要领，没有系统的品牌战略规划和策略执行，更不清楚如何把品牌理念与产品更好地结合。虽然整天强调其重要性，但收效甚微，多年下来，不但品牌没建立，还白白浪费了大量人财物力。农业品牌建设过程中经常存在的误区是"商标即品牌"，认为确立品牌名称、设计好品牌标志，并将其注册为商标，再开几场品牌发布会，品牌打造便大功告成。殊不知商标注册只是从法律角度对品牌进行保护，并不会自动形成并积累品牌资产，产生品牌溢价并创造品牌价值。品牌建设的终极目标是占领消费者心智，品牌价值的实现要将战场置入消费者心智空间。因为品牌价值本身就表现为顾客在主观上认为某品牌超出其感知价值的程度，即顾客愿意为品牌支付的溢价部分。品牌运营者只有通过"攻心"战，通过独有的品牌特征让消费者感知到品牌给他带来的功能性利益或情感性利益，让品牌个性具有激活心灵的魅力，才可以让消费者在主观上认同和依恋某个品牌，在其头脑里独树一帜，才能在信息泛滥、传播过度的感性消费时代的市场竞争中获取一席之地。但这场攻心战取胜的背后需要异常艰苦的系统工程，需要从农产品生产直到消费者餐桌全过程的管控。首先，农业品牌必须通过批量化生产规模作为支撑，小批量产品无法面对消费者市场。其次，规模生产基础上必须达到产出品质量一致，消费者心目中的好品牌意味着稳定标准化的品质。就拿奇异果来说，单果的重量、硬度、VC含量、酸甜度等指标符合规定的标准才能有资格被称为品牌，消费者每次买到的奇异果吃起来口味都能保持一致，只有满足稳定的标准化品质的农产品才具有独特的可识别的差异化品牌特征。再次，如何选择进入市场的渠道？如何和消费者建立联系进行传播？如何为产品定价？如何确立品牌形象？上述问题都是品牌建设中无法回避的重大决策，需要在对市场精准分析的基础上做出选择。最后，品牌建设的根本是品牌信任体系的打造，这需要在与消费者的重复博弈中长时间积累口碑，不是一蹴而就的。因此，品牌的底线是不能经受低劣的品牌管理，农产品品牌的打造是一项任务艰巨的系统工程，涉及农业规模化运营、质量标准化建设、产品定位、品牌形象塑造、品牌个性打造、品牌文化建设、顾客关系管理等方方面面，需要时间的打磨，需要协同产业集群网络中涉及的相关利益主体齐心协力，品牌才能深刻传达产品与消费者之间的联系。

　　第二，农业集群品牌利益主体各自为政，集群品牌名花无主，品牌运营主体缺位。上述第一点中阐述的品牌运营规律表明农业集群品牌靠个别组织单打独斗根本无法完成，必须建立一个以品牌价值决胜为目的的集群网络系统，该系统涉及的利益主体包括农业企业、合作社、农户、当地政府、行业协会、渠道商、顾客及其他产业附属机构等多个相关组织及个人。上述利益相关者必须在强有力的品牌运营主体的领导下建立多方利益联结机制，协同打造农业集群品牌建设的利益共同体，形成资源整合、密切互动、利益共享、风险共担、多方共赢的发展格局。这说明品牌建设的前提——必须明确农业集群品牌的运营主体。该主体是政府、是农民、是农业企业抑或是经销商？政府追求政绩，不可能从事商业行为；农民由于规模小无心无力经营品牌；农业企业倾力打造的是企业个体品牌，不会主动为公共品牌负责；中间商出于利益需要也不会认真去创建集群品牌。因此，我国现有的农业生产运营各环节很难出现农业集群品牌运营主体。农业集群品牌天生的"公共性"决定了其"命运多舛"，或是"丰收却价贱伤农"，或是"劣币驱逐良币"导致频频上演的"公地悲剧"，由于个别商户受利益驱动的违规行为破坏集群品牌的整体形象，将品牌断送在少数无良商家之手。这个局面要破解，则必须通过品牌治理结构的合理安排，明晰所有权和使用权。在农业集群品牌建设中，首先要确立处于行业主导地位、掌握核心能力并集中代表集群利益相关者的切身利益的组织作为品牌经营主体来运营品牌，由其来整合集群内的关联企业、合作社、农户、消费者及其他相关组织等利益主体的力量，通过合理的利益联结机制，形成各主体利益协调的品牌共同体，协同合作，建立相互对话和信息沟通的平台，通过价值共创创建与发展品牌。

　　综上所述，农业集群品牌价值共创战略的实施是促进农业资源优势向市场竞争优势转化的重要手段。推进中国特色农业现代化和构建新型农业经营体系的时代要求，决定了农业集群品牌价值共创战略的特殊性和理论创新的必要性、紧迫性。农业集群品牌价值共创需要构成集群的各个利益相关群体的共同参与，需要整合当地政府、行业协会、企业、专业合作社、农户以及消费者等利益主体的多方力量和资源。上述机理极其复杂，难以自发实现，必须借助地区、行业、市场及利益相关者等多个界面的机制共同发挥作用。但形成价值共创的"共识和系统化认知"是前提。因此，本研究首次提出农业集群品牌价值共创的概念，拟对其内涵、发生过程、形成动因、后果进行深入研究。

笔者希望通过理论与实践的不断探索，能够助力更多的农业集群品牌通过价值共创战略实现高附加值的品牌价值，加快农业产业化和品牌化升级！

目　　录

第 3 篇　农业集群品牌价值共创行为的驱动因素及其对品牌价值的影响研究

第 1 篇

农业集群品牌价值共创机制：
一个整合框架

本篇将在文献梳理的基础上提出一个整合研究框架，并对农业集群品牌价值共创进行理论溯源和实践合法性验证。

| 第 1 章 |

绪　　论

【本章提要】本章首先分析了项目研究背景和研究意义，对国内外相关研究的学术史及研究动态进行了梳理，阐述了本书的研究视角和价值，给出了研究框架，介绍了本书的主要思路和研究内容，并对本书的研究方法以及研究特色进行了说明。

1.1　研究背景和意义

2019 年农业农村部等七部门联合印发《国家质量兴农战略规划（2018—2022 年）》，提出要实施农业品牌提升行动，大力推进农产品区域公用品牌、企业品牌、农产品品牌建设，构建特色鲜明、互为补充的农业品牌体系，打造高品质、有口碑的农业"金字招牌"。广泛利用传统媒体和"互联网＋"等新兴手段加强品牌市场营销，讲好农业品牌的中国故事，加强品牌宣传推介。强化品牌授权管理和产权保护，完善农业品牌诚信体系，构建社会监督体系，将品牌信誉纳入国家诚信体系，严厉惩治假冒伪劣行为。打造国际知名农业品牌，提升中国农业品牌影响力和号召力。

由中央一号文件的文字表述来看，农业品牌建设的重要性已提升到国家战略层面，农业品牌建设已势在必行！中国强，农业必须强；农业强，品牌必须强！农业品牌化的过程本身就是实现区域化布局、专业化生产、规模化种养、标准化控制、产业化经营的过程。其价值在于通过建立稳定的消费群体而形成规模化的市场份额，从而有效衔接供需。强势品牌还可以通过溢价形成国际竞争力。通过农业品牌发展带动农业规模化、产业化、专业化、标准化，保障农产品质量安全，提升农产品品质和市场竞争力，引领农业产业升级，促进农民增收，提升农业效益，是农业现代化的重要标志和必由之路。

前面已经指出，农业品牌化的先锋一定是农业产业集群发展基础上的产业品牌。目前农产品个体品牌"多、乱、杂、弱、小、散"，如繁星满天让消费者无法识别，在市场上各自为战、无序竞争，如同一盘散沙，难以聚合地域优势形成资源合力、资金合力、品牌合力和传播合力，而且由分散的农户创建品牌本身成本过高、风险过大。因此，农业产业集群发展必须解决农产品个体品牌众多但影响力普遍不高的问题。农业经营的分散性、地域根植性、农产品质量的隐蔽性也确实需要通过产业集群，将区域内相关联的企业、合作社、农户、生产基地、科研院所等机构和要素聚合，将同一地域的生产者联合起来，在专业分工协作基础上形成集群网络。该网络具有的地理集中性本身则蕴含着不可替代、不可复制的统一的品牌内涵与要素，将其内涵深入挖掘提炼出代表地域产业的象征性符号，并发展出独特个性为人们接受认可，通过品牌整合，促进农业集群品牌的形成和快速传播。在此需整合各方力量，以地理标志产品认定为依托，通过农业产业集群将以农业活动为中心的企业和相关部门机构聚集在一起，形成产业的高度集中，从而使当地政府、农业企业、合作社、农户、科研机构及相关组织处于紧密相连的网络结构中，随时可以保持联合互动状态，共同探讨和制定农业集群品牌发展战略和具体策略，以共同谋求该品牌稳定持续的发展。

这里需要区别几个概念：地理标志产品、农业区域公用品牌和农业集群品牌。第一，地理标志产品是指产自特定地域，所具有的质量、声誉或其他特性本质上取决于该产地的自然因素和人文因素，经审核批准以地理名称进行命名的产品。地理标志产品包括两类：一是来自本地区的种植、养殖产品；二是原材料全部来自本地区或部分来自其他地区，并在本地区按照特定工艺生产和加工的产品。地理标志产品使用价值表现为农产品本身的营养、口味及品质；人文价值表现为所处人文环境赋予的价值。该定义认为地理标志首先标明了农产品的真正来源（即原产地特殊的地形、地貌及地理位置）；其次标明了该产品具有的独特品质、声誉或其他特点；最后，为该品质或特点与产地的自然因素和人文因素之间的关系进行了说明，将其归因于特殊的地理来源。因此，地理标志产品的特征是农业品牌建设独特的基因，在产品种养、品质管控、产业发展、文化背景、生产者等方面均具有区域共性特征，拥有专属地理标志特征的产品及产业，可以创造出区别度更高的农产品品牌价值。第二，农产品区域公用品牌指的是特定区域内产业相关机构、企业、农户等共同创建、共同使用、共同受益，在生产地域范围、品种品质管理、品牌使用许可、品牌营销与传播等方面具有共同诉求与行动，以联合提供区域内外消费者的评价，使区域产品、区域产业与区域形象共同发展的农产品品牌（涂传清、王爱虎，2012）。首先，农产品区域公用品牌建立在区域独特资源基础上，借助区域农产品资源优势；其次，品牌为区域内相关机构、企业、个人等共同所有、共同分享、共同使用，不属于某个企业或个人拥有；最后，该品牌既体现了一系列的区域共性特征，又通过品类的稀缺性建立独特的竞争力，形成品质差异化的品牌特征，体现地域专属的文化特色与个性价值，作为区域的"金名片"具有一定的表征意义，对区域的形象、美誉度都起到积极的促进作用。再次，农业集群品牌以特色化、规模化农产品地域集聚为基础，表现为该地域农产品在消费者心智中形成的认知、美誉和知名度，是依托于特色农业资源禀赋、地域文化及农产品加工工艺而产生的农业产业链聚集网络效应与协同效应在市场上的综合体现，一般以"区域名称 + 产业名称"命名，故又被学者称之为农产品地域品牌或农产品公共品牌（朱辉煌等，2009）。首先，该定义强调了农业品牌的发展必须以特色化、规模化的地域集聚为基础；其次，视角是从产业集群的角度进行的定义，认为农业产业集群的发展是品牌建立的根基。最后，农业品牌的发展需要借助独特的生态资源，用工业化思维深耕农业，优化农业产业结构，推动农业产业化，通过农业产业链聚集网络效应与协同效应来发展品牌是现代农业发展的必然趋势和农业品牌发展的高级阶段。

从上面定义可以看出，上述三个概念之间既有区别有联系。其区别主要体现在以下两个方面：从本质上看，地理标志产品实质上是从产品质量监管角度规定的产品标准，是经国家认证的具有潜在价值的认证标识，是一种特有的产品商标，是进入市场的一张"质量通行证"。认证通过后，所有种养过程、生产标准、产品品质、加工制作工艺均由相关部门严格制定并监督执行。我国《地理标志产品保护规定》经 2005 年 5 月 16 日国家质量监督检验检疫总局局务会议审议通过，并自 2005 年 7 月 15 日起开始施行。而农产品区域公用品牌则是从市场角度界定的一种具有"公共物品"性质的特殊品牌，不同于企业个体品牌、合作社品牌，本身具有超越单个企业、产品品牌的特殊力量，可以整合区域资源、联动区域力量产生整合价值。农业集群品牌则是从农业产业集群的视角对产业化阶段农业区域公共品牌概念的另一种称呼，强调必须以集群聚合模式发展产业，以集群聚合模式发展区域公共品牌，其本质是相同的。综上所述，地理标志产品属于质量、标准和规范性角度的概念，是产品功夫。而品牌则是根据市场竞争，利用地理标志产品的特色专属性提炼品牌核心价值和差异化特任，打造专属性强、无法复制的农业集群品牌，直击消费者心智和认知空间，借助区域名称提高品牌的知名度、联想度、记忆度，是营销功夫。或者可以说地理标志产品只能表明是产品是合格的或者是优质的，但并没有产生足够的差异化。而从品牌建设角度来说，没有差异化的品牌是无法获取竞争优势的。从范畴上来看，地理标志产品的生产，只要在限定地理位置范围内生产，其产品质量符合认证要求、获得认证保护管理权力机构认可的企业或个人，均可获得授权并拥有权益。而区域公用品牌则是经过地方政府、区域行业组织或农业龙头企业等其他营销主体有组织的运营与管理，形成的具有明显区域特征的品牌。因此，地理标志产品的生产区域，一般比区域公用品牌的范畴要大。而农业集群品牌是以特定特色化、规模化的农产品的地域集聚为基础发展的品牌，其形成需要区域内的集群具有一定聚集规模和产业优势，是地域企业品牌集体行为的综合表现，特指农业产业化高级阶段的区域公用品牌，其范畴面向更窄。上述三个概念的联系表现为地理标志产品是区域公用品牌建设的产业基础，农业集群品牌是区域公用品牌建设的高级阶段，强调通过农业产业链聚集网络效应与协同效应发展品牌。地理标志产品在农产品生产、品质监管、商标使用、文化特色、生产者等方面天然存在一系列区域共性特征，以此为基础突出其地缘依附性、联想性和专属性，建立独一无二的品牌形象，打造品牌个性，是打造专属性强、无法复制的区域公用品牌的不二选择。因此地理标志产品是农业集群品牌建设的主力军和预备队（韩志辉、刘鑫淼，2017）。但是由于过去很多年以来，我国一直存在多种地理标志产品专用标志并存使用的情况，使消费者对地理标志产品的来源产生混淆或者误认，地理标志产品的知识产权也不归属任何实体或个人，就缺乏相应的组织或个人会去爱护它，去保护其价值和真实性——即便是"有担当"的企业或者政府，也只可能去"倡导"保护这个"标志"。针对此问题，国家知识产权局于 2020 年 4 月 3 日，发布了《地理标志专用标志使用管理办法（试行）》，对地理标志专用标志进行了详细规定，这是我国地理标志保护监管历程中的里程碑事件。该管理办法的出台，规范了地理标志专用标志的合法使用人、使用标准、使用方式等，特别标注统一社会信用代码及商标注册号，对具有公共物品特征的地理标志产品保护监管提供了更加可靠的依据。而地理标志产品的授权，是区域公用品牌建设的基础和品牌核心价值的来源，对于区域公用品牌或农业集群品牌来说，避免"公地悲剧"同样是品牌管理中重要的课题。

综上所述，品牌的打造可以使地理标志产品以更高价值走向千家万户；品牌打造可以让地方特色农产品带活一家企业，带活一个村落，带活一个产业。前面已经指出农业集群品牌以特色化、规模化的农产品的地域集聚为基础，其核心战略意图是集群效应和集群受益，所以落脚点是集群，而集群是产业的集群，是基于农业产业链的相对闭环或半闭环的集群，需要政府、协会组织、合作社、企业、农户等产业链多方利益主体的协同形成合力，去传达产品与消费者之间的联系，收获价值回报和高效发展。因此，本研究将统一采用农业集群品牌这一概念，主要研究对象选取产业化已经发展成熟的品牌，重点从品牌系统运营角度去研究这种特殊品牌建设的规律。

农业产业集群是提高农业综合生产能力、推进农业和农村经济结构战略性调整的重要手段，是促进社会主义新农村建设、统筹城乡发展的纽带。其作为一种将农业"小而散、小而全"的生产经营方式引向专业化产业区的新型组织形式，已引起理论界和实践界的高度重视（李春海等，2011；Zepponi and Fisch，2007）。中共十八届三中全会明确提出"要加快构建新型农业经营体系，鼓励农村发展合作经济，扶持发展规模化、专业化、现代化经营"。农业集群品牌作为一种抽象品牌，是某个农业产业集群内的关联企业和机构、农户、政府及非政府组织等主体品牌集体行为的综合体现，并形成该集群在市场中的知名度和美誉度。该品牌由农业产业集群发展而成，以农业产业化为载体，反映集群发展的个性和特色，树立地区农业的整体形象，保持农业集群的可持续发展。目前，我国农业集群品牌建设呈蓬勃发展之势，一大批品牌在全国享有盛誉，如黑龙江寒地黑土、寿光蔬菜、斗南花卉、安溪茶叶等。集群品牌建设，已经成为我国现代农业发展中一道亮丽的风景。但品牌大而不强，具有相当知名度、美誉度和品牌价值规模的农业集群品牌少之又少（曹琳，2012）。

目前我国农业集群品牌的营销实践存在下列诸多问题：第一，品牌成功注册后便束之高阁。如"莱阳梨"品牌使用率不到20%，导致种植面积都出现萎缩。"烟台苹果"作为价值不菲的金字招牌，刚注册时远未发挥其应有功效，广大果农及企业依旧纷纷各自为政，无暇顾及其存在。第二，农业集群品牌名花无主，品牌运营主体缺位。农业集群品牌面临"拥有者不经营、经营者不拥有、政府协会推广而不使用、企业个体使用而不维护"的局面（韩志辉、刘鑫淼，2017）。该品牌如同美丽聪慧的"大众情人"，有品有相却"名花无主"，集群内的企业或农户都想用其拉升档次，占点儿便宜，但谁都不想为其承担责任。第三，假冒伪劣泛滥，农产品质量下滑。一些知名品牌的农产品在供不应求的情况下，靠造假获取利润。第四，集群品牌导致的株连效应。随着国内食品安全事件的频频曝光，集群品牌出现"一家造假，群体受罚"的"连坐"事件，如"龙口毒粉丝""山西假陈醋""昌黎假葡萄酒"等，使得许多企业不愿意使用集群品牌。第五，集群内众多农产品品牌恶性竞争。"集群品牌＋产品品牌"的联合品牌是目前集群成员普遍采用的品牌策略，但集群品牌之下往往存在大量数不胜数、生产规模小的产品品牌，产品之间的差异化程度很小，行业处于严重的恶性竞争之中，导致整体环境恶化，使得集群内个别主体的不法或不当行为给整个集群品牌带来恶劣影响，甚至导致灭顶之灾，致使耳熟能详的集群品牌销声匿迹。如"阳澄湖大闸蟹"旗下有至少1000种品牌，严重浪费了资源，使假冒伪劣具有可乘之机。第六，农业集群品牌定位不准确，品牌个性不鲜明，策略缺乏创新。多数农业集群品牌尚未挖掘出真正的品牌精髓，定位不能反映品牌核心价值，品牌个性模糊，品牌传播的手段比较单一，信息内容缺乏冲击力，制约了消费者心目中塑造的品牌形象的高度。

　　农业集群品牌营销中存在着的弃用、假冒、品牌株连、监管困难、同质化严重、经营主体缺位及品牌战略缺失等问题，已成为制约我国农业集群品牌进一步发展和提升的桎梏！上述问题从不同侧面反映出集群品牌价值的缺失。而价值缺失的根本原因在于农业产业集群内的关联企业和机构、农户、政府及非政府组织等利益主体尚未充分认识集群品牌的重要作用，没有建立广泛的合作关系，不能有效整合资源，发挥联动作用，主体间缺乏相互对话和信息沟通的平台，尚未建立有效的品牌价值共创机制。这些利益主体往往各自为政，个别成员即使以损害集体利益为代价也在所不惜。而农业集群品牌在市场中的知名度和美誉度则是上述主体集体行为的综合体现，反映集群发展的个性和特色，代表地区农业的整体形象。如果不能根据这些行动主体的经济或社会目的整合力量协同发展，则无法实现资源禀赋优势向集群品牌竞争力的转化。对于处于同一地域范围的生产者，如果大家能够彼此联合在一起，农业集群品牌的公共物品属性会全部或部分私有化，各个独立的生产者之间的利益将会内化到一个统一的利益共同体内部，该联合体的命运将与农业集群品牌的发展密切捆绑，因此，通过整合集群内外部各种资源，调动集群内外各个利益相关者如地方政府、行业协会、农业企业、合作社、农户、其他组织甚至消费者的力量，抱团共创市场，共同打造集群品牌。充分发挥地方政府的引领作用，发挥龙头企业在推进农业集群品牌培育及成长中的关键作用，发挥行业协会的监督作用，制定集群成员共同遵守的制度性契约来防止"搭便车现象"，有效克服"柠檬市场"和"公地悲剧"现象导致的"劣币驱逐良币"以及"品牌滥用"现象的发生。利用政府公信力进行产业背书，用平台思维建设品牌，在消费者原有的地标产品认知思维基础上，以龙头企业为排头兵，整合全产业链乃至集群内外的社会力量共建品牌，打造聚焦发展的平台，使专业的人做专业的事，促进产业快速升级，使品牌价值迅速放大，使被背书的产品和企业个体品牌迅速提高市场份额，提升溢价率。因此，从价值共创视角探讨农业集群品牌价值形成的内在规律则成为我国当前一个重要的研究课题。

1.2　国内外相关研究现状

1.2.1　农业集群品牌的相关研究

世界范围内农业集群品牌实践如火如荼，法国香槟、荷兰花卉、美国新奇士、加州葡萄酒、黑龙江寒地黑土、西湖龙井等均是业界有巨大影响力的品牌，而目前学术研究明显滞后于日益高涨的实践（Charters et al.，2013）。国内外学者已围绕农业集群品牌的概念、特征、经济效应、利益相关者的作用及面临挑战等问题进行了研究，但尚未发现文献探讨农业集群品牌价值共创机理及规律。首先，概念、特征及经济效应（Porter，1998；熊爱华，2010）。农业集群品牌作为集群内利益相关群体集体营销形成的无形资产，具有地缘性、伞品牌、俱乐部产品、第三方治理等典型特征，在农业、食品等以自然资源禀赋为主的行业广泛存在（李春海，2011；Wetzel，2006；Charters et al.，2011）。该品牌对集群内企业、个体品牌起到庇护作用，并对具有典型"信任品"特征的农业产品进行品牌背书，联合小企业进行集体营销，被政府大力推崇（Tregear et al.，2009）。其次，学者们已认识到集群内利益相关者进行品牌价值共创的重要性。需大力引导集群内部企业间依据价值链形成有效分工协作，达成集体行为，维护集群品牌（夏曾玉、谢健，2003；吴传清、从佳佳，2011；孙丽辉等，2010）；建立以内外部利益相关者不断互动过程为核心的动态集群品牌模型（Kavaratzis et al.，2013）；发现利益相关者参与能显著提升集群品牌绩效（Klijn et al.，2012）。最后，作为具有第三方治理结构兼具公共物品属性的特殊品牌，面临机会主义、"搭便车"行为等挑战（Tregear et al.，2009）。而处理上述问题有两条思路，一是通过设计和选择正式制度；二是采用非正式制度，即通过社会资本来解决（Granovetter，1985；Williamson，1985）。通过社会资本等非契约手段促进网络成员协同合作，是解决公共物品困境的有效机制（Putnam，2000）。

1.2.2 品牌价值共创的相关研究

品牌管理已步入以利益相关者共同创造品牌为特点的品牌利益相关者时代（詹刘满，2013）。但品牌价值共创研究尚处于概念研究阶段，相关理论尚未成熟，缺乏清晰的理论架构。第一，服务主导逻辑是理论基础。该理论视顾客与其他利益相关者为操作性资源，是市场资源的融合者和品牌价值的创造者（Vargo and Lusch，2004）。该逻辑范式下的品牌理论提出品牌价值依托于企业、顾客与其他利益相关者的互动，应关注多重利益相关者的品牌价值协同共创活动（Merz et al.，2009；Iansiti and Levien，2004）。第二，品牌价值共创的本质、内涵与关键维度。价值共创活动顺利进行的关键在于拥有不同资源的利益相关者积极参与到价值创造活动中，共同分享知识、整合资源（王世权，2010）；聚焦利益相关者的品牌理论将其价值形成看作是一个多方利益主体在一个可以对话的平台上进行交互的社会过程（Helm and Jones，2010；Iglesias et al.，2013）；普拉哈拉德和拉马斯维米（Prahalad and Ramaswamy，2004）指出对话、透明、信息的获取及风险收益是价值共创的前提；米勒（Mele，2011）强调信任、承诺及合作的作用；马瑞森和恩德鲁（Mariussen and Ndlovu，2012）提出包含过程、参与者、平台和遭遇等要素的价值共创概念化模型；阿奇和舒尔茨（Hatch and Schultz，2010）识别了品牌价值共创的两个关键维度：参与和组织自我披露；张婧等（2014）提出品牌价值共创的三个维度：共同制订计划、共同执行计划和共同解决问题。上述研究大多从供应商视角探讨品牌价值共创过程如何被组织，很少有学者关注利益相关群体通过互动而共创价值的过程，也鲜有文献探讨品牌价值共创与品牌绩效的关系。

1.2.3 品牌价值共创驱动因素的相关研究

品牌价值共创的动因可以分为内因和外因。关于该行为的内因目前尚未发现文献进行探讨。可参考社会心理学中的计划行为理论进行分析。该理论认为理性的行为主体，其行为是在系统分析、运用所掌握的信息判断特定行为后果的基础上发生的（段文婷等，2008）。

关于品牌价值共创的外因可以追溯到社会资本的相关研究。"社会资本"概念最早出现在社会学研究中，用来强调关系网络的重要性，属于"社会网络"理论范畴（Portes，1998）。作为管理理论已历时数十年，在组织间关系、知识管理以及企业创新等领域广泛应用，并围绕其操作化定义、测量、维度及与企业绩效的关系等主题取得丰硕研究成果，将社会资本与价值共创结合起来进行研究开始出现在学者们的视野里。第一，概念、测量及分类（Bourdieu，1985；Coleman，1988；Burt，1997；边燕杰、丘海雄，2000；Putnam，2000）。即个人或组织所拥有的嵌入在关系网络中的资源，包含网络本身及网络可以调动的资源（Adler and Kwon，2002；Nahapiet and Ghoshal，1998），包括结构资本、关系资本及认知资本三个维度。可划分为外部和内部（Adler and Kwon，2002）、个体和集体（赵延东、罗家德，2005）等不同层次。第二，对合作、信息流通、组织学习、组织绩效的影响。带来信息获取与控制、合作等利益（Gabriel et al.，2014）；有利于组织内和组织间信息流通、产品创新、人力资本提高、合作关系形成和组织绩效提高等（Tsai et al.，1997；Nahapiet and Ghoshal，1998）；对企业知识溢出、技术学习和创新扩散产生正面影响，促进知识流动与共享（Romano et al.，2001）；组织间社会资本使关系嵌入于制度脉络，进而影响行为人的行为（Moran，1996）；作为关系契约机制营造良好合作氛围、促进网络成员能力整合、价值共创和共享举措（郝斌、任浩，2011）。第三，被应用于产业集群治理及农业领域（张望、杨永忠，2011；陈剑锋、唐振鹏，2002；朱允卫、黄祖辉，2007）。产业集群本身作为一个社会网络，其成员行为是行动者在网络中的位置、结构以及社会关系背景决定的（Granovetter，1985；Brass et al.，2004）。集群社会资本存在于集群内部，是通过促使行为主体进行互动而产生的资源（Bell，1999）。集群营销合作的成功需培育集群成员间的社会资本（Gulati et al.，2000；Gulati，2007）。社会资本影响自然资源依赖型集群的营销合作（Felzensztein et al.，2014）。农村中直接影响农民社会活动的是长期交往形成的关系网络，体现于信任、合作、互惠、宽容以及乡土情谊（李怀斌，2012）。社会资本对社员参与及合作社绩效有显著影响（梁巧，2014）。社会资本嵌入机制能促进公司与农户合作并解决冲突（徐忠爱，2008）。

1.3　本书的研究视角、学术价值和应用价值

（1）研究视角。从文献梳理发现，品牌价值共创是农业集群品牌发展的关键路径，具有典型公共物品特征的农业集群品牌尤其需要培育社会资本以解决困境；社会资本作为网络结构角度的外因，可以推动组织内或组织间利益主体分享知识、交流信息、整合资源等互动合作行为。而上述行为体现了品牌价值共创的本质，利益相关群体正是通过互动合作行为而共创品牌价值。将以上零散研究成果加以整合，可建立如下逻辑关系：即通过关系型契约机制驱动品牌价值共创行为，促使相关利益主体通过彼此间交互分享资源、知识或者学习经验，协同力量进行品牌价值共创，从而获取组织彼此间的最大效益。故本书试图将社会资本理论融入农业集群品牌价值共创研究中，深入剖析其内在机理：农业集群品牌价值共创内涵与过程是什么？农业集群品牌价值共创的动因有哪些？社会资本以什么方式、何种程度对农业集群品牌价值共创发挥作用？价值共创对品牌价值影响如何？

（2）学术价值。首次对农业集群品牌价值共创的概念体系、互动过程、前因后果及跨文化差异进行探索性和经验实证研究，分析农业集群品牌价值共创行为发生的内因和外因，从社会资本视角为品牌价值共创的形成提供系统的理论框架，揭示其生成路径，建立一套系统化地反映农业集群品牌价值共创规律的理论体系。

（3）应用价值。使农业集群品牌明确价值共创行为发生的前提，使管理者认识到培育农业集群社会资本的重要性，明确如何采取合理措施建立集群利益主体间的关系契约机制，为整个集群网络营造良好的合作氛围，促进品牌价值共创活动；帮助管理者明确如何协同集群内利益相关者力量进行价值共创，熟谙此过程中的关键活动和要素，协助利益相关者明确承担的义务；跨文化研究成果对促进本土农业集群品牌通过价值共创发展为具有世界影响力的品牌具有理论借鉴。

1.4 研究框架与目标

1.4.1 研究对象

为保证最大限度回答研究问题,需通过目的性抽样选择业界有巨大影响力的成功品牌作为研究对象,并尽量考虑在不同品牌成熟度和文化背景等方面的差异,以提高研究外部效度。农业的弱质性使得目前世界范围内有高度声誉的品牌少之又少,结合自身便利条件,拟选择美国加州及我国著名农业产业集群品牌(美国新奇士橙、美国爱达荷土豆、日本新潟渔昭越光米、"丽水山耕"、安吉白茶等)作为典型案例研究对象以发现理论构念和研究假设。在此基础上对全国范围内包括山东、浙江、福建、山西、山东、湖北、河南等23个省份的农业集群品牌开展问卷调研,如庆元香菇、洛川苹果、安吉白茶、迁西板栗等品牌,以便对世界范围及我国大部分地区农业集群品牌价值共创实践的共性及个性化规律展开深入研究。

1.4.2 总体框架

从关键词出发,运用思维导图提出研究可能涉及的系列问题,围绕这些问题重点深入剖析"农业集群品牌价值共创机理"核心命题,构建农业集群品牌价值共创概念体系,探讨价值共创的动因,找到该行为发生的内在原因和外部条件。将集群社会资本作为外部因素,根据"结构-行为-绩效"的产业组织理论,形成总体研究框架(见图1-1)。

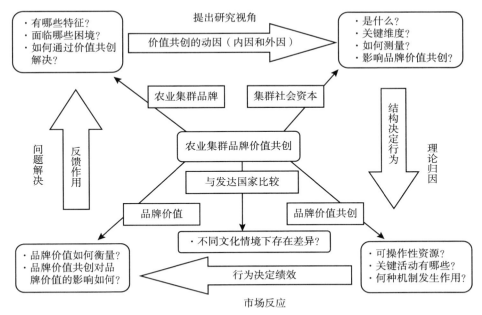

图 1-1 农业集群品牌价值共创研究的总体研究框架

1.4.3 重点难点

（1）农业集群品牌价值共创机理整合模型的构建及实证研究是重点。在回顾文献基础上建立农业集群品牌价值共创机理的理论框架，并对案例品牌进行调查研究，修正以往理论得到结论并进一步进行实证研究，是本书要解决的重点问题。如何在理论归因基础上通过案例研究构建概念化模型，如何进一步转化成调查问卷和数学模型，如何进行假设检验，这些问题仍待进一步深入研究。

（2）农业集群品牌价值共创概念体系探索性研究是难点之一。此前尚未有研究关注此问题，如何合理运用质化研究方法通过对现象的探究从原始资料中识别品牌价值共创的关键活动、提炼关键理论构念，初步发展和建构农业集群品牌价值共创概念体系，使研究结论具有准确性、科学性、可验证性和信度，是本书研究难点之一。鉴于现象的复杂性及涉及变量的多样性，将采用具有更强健理论构建能力的多案例研究法，并从多个视角（深度访谈、参与观察、阅读文献、学术交流等）相互印证以求真。

（3）农业集群品牌价值共创行为的影响因素探索是难点之二。目前尚未发现有文献涉足该领域，如何识别农业集群品牌经营主体价值共创行为的驱动因素，探讨驱动因素与价值共创行为之间的逻辑关系，构建驱动路径，归纳提炼出农业集群品牌经营主体价值共创行为产生机理的理论模型，是本书研究难点之二。

（4）"集群社会资本–农业集群品牌价值共创–品牌绩效"变量关系的结构方程模型验证是难点之三。首先，是设计信度和效度优良的问卷。参考相关文献形成初始问卷，之后进一步邀请相关领域专家及业界实践者对问卷设计及用词进行指导评估，并根据他们的意见与建议对问卷进行了修订。尽可能避免问卷内容具有引导性和模糊性，确保研究问卷符合学术规范，也便于问卷作答者理解，在此基础上形成调查问卷终稿，使量表在信度和效度方面表现良好。其次，是数据收集的难度。本部分的问卷调查对象是以农业产业集群品牌为单位展开，涵盖全国范围内各个区域各种品类的农业集群品牌，同时要考虑避免同源方差，实施难度较大。

1.4.4　主要目标

本书旨在对农业集群品牌价值共创的内涵、农业集群品牌价值共创行为的内在驱动、社会资本视角的影响因素，作用方式及路径、品牌价值共创与品牌价值的关系等问题进行深入探讨，以中国、美国、日本著名农业集群品牌为例对农业集群品牌价值共创规律做出全面、系统的理论阐释，试图解开农业集群品牌价值共创的形成机理"黑匣"。

1.5　研究基本思路

（1）农业集群品牌价值共创的理论溯源和实践合法性研究。农业集群品牌管理面临整合价值主张、机会主义行为和"搭便车"等现实困境。三大困境的解决亟须集群品牌管理者协同各个利益相关者，通力合作进行品牌价值共创。首先，本部分基于农业的弱质性、集群的网络特性、集群品牌的公共产品属性，广泛借鉴服务主导逻辑、社会网络、价值共创等理论展开研究，从理论角度追根溯源，论证其理论合法性。其次，对农业集群品牌实践进行考察，从实践层面论证其实践合法性。

（2）构建农业集群品牌价值共创概念体系。界定农业集群品牌价值共创的内涵，识别关键活动，剖析概念关键构成维度，设计测量方法和指标体系，开发农业集群品牌价值共创量表。拟对选定的典型样本品牌进行探索性案例研究，通过访谈和调查法收集数据，应用扎根理论探究关键活动，对各种品牌价值共创活动进行归类，识别共创过程中的关键利益相关者界面，提炼出各个界面的理论构念，通过多案例相互印证直至理论饱和。运用编制试题库、专家审核、预测试等程序开发测量量表，并进行问卷调查，对调查数据进行探索性因子分析明确其构成维度。

（3）探索基于计划行为理论的农业集群品牌价值共创行为内在驱动模型。旨在识别农业集群品牌经营主体价值共创行为的内在驱动因素，构建驱动路径，归纳提炼出农业集群品牌经营主体价值共创行为内在产生机理的理论模型。运用扎根理论研究方法，采用案例分析法，并引入计划行为理论对扎根研究所得的模型进行理论回归。

（4）探索集群社会资本驱动的农业集群品牌价值共创机理整合模型。在回顾社会资本、品牌价值共创、品牌绩效等相关理论的基础上，对农业集群品牌价值共创的原因变量及结果变量进行理论归因，初步确立理论框架：农业集群品牌利益主体的共享认知、在集群网络的位置、网络结构、关系质量等集群社会资本决定集群品牌价值共创行为，进而影响品牌绩效。并采用多案例研究法，选择研究对象中确定的品牌进行探索性研究，对上述理论框架进行修正，建立整合模型。

（5）"集群社会资本－农业集群品牌价值共创－品牌价值"关系模型的实证研究（见图1－2）。借鉴探索性研究建立的理论模型，拟构建一个包括自变量、中介变量、因变量的关系模型并进行实证检验。采用方便抽样法分别从山东、浙江、福建、山西、河南等农业集群品牌分布数量较多的省份开展调研，通过问卷调查获取数据。

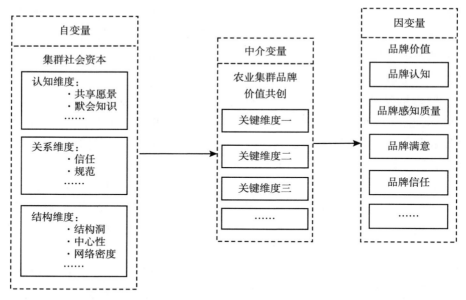

图1-2 "集群社会资本-农业集群品牌价值共创-品牌绩效"的关系模型

1.6 具体研究方法

本书将综合运用定性分析和定量分析相结合、规范研究与实证研究相结合的方法。具体包括以下：

（1）文献研究。深入研究农业集群、社会资本、价值共创以及品牌价值共创的相关文献，并将其理论整合到农业集群品牌价值共创研究领域，从而为质化研究和量化研究提供指导性框架。

（2）质化研究。本研究属于探索性研究，焦点是农业集群品牌价值共创的过程和缘由。聚焦于一系列当时发生事件"如何"和"为什么"的问题，研究者对于事件只有微弱的操控权，研究重点是真实背景中所发生的现象，故采用扎根理论、案例研究等质化研究方法。针对农业集群品牌价值共创"是什么"问题，尚缺乏相对成熟的理论研究，主要采用扎根理论；针对农业集群品牌价值共创"为什么"问题，在运用社会资本理论进行归因的基础上进一步通过多案例研究，构建理论模型。质化研究部分的数据收集主要通过深度访谈（样本集群的政府部门、行业协会、企业、合作社相关人员，农户及消费者等不同身份人员参与的多次访谈）和田野调查相结合的方法收集数据。

（3）量化研究。运用因子分析、结构方程模型等实证研究方法，对概念化模型进行实证检验。通过因子分析发现和验证各变量的构成维度，并对相关变量的测量量表进行信效度检验；运用结构方程模型对模型中各变量间的影响路径的方向和大小进行总体分析，发现普适性结论。所使用的统计方法，除了采用多变量统计分析（SPSS）外，主要使用结构方程模型（LISREL）研究概念化模型的适配度以及各变量间的因果层级关系。定量研究部分的测量除"农业集群品牌价值共创"采用自行开发的量表，其余变量均借鉴文献中成熟量表进一步修正检验形成。数据主要通过问卷调查法收集，即对样本集群品牌的运营机构、当地政府部门、行业协会、企业、合作社相关人员，农户等样本进行方便抽样调查。

（4）比较研究。对中国、美国、日本农业集群品牌关键利益相关者界面的品牌价值共创活动进行比较分析。

1.7 特色与创新

（1）首次运用质化研究方法拟对农业集群品牌价值共创现象进行探索性研究，析出关键变量，开发测量量表，建构系统的农业集群品牌价值共创概念体系。

（2）运用计划行为理论分析农业集群品牌经营主体价值共创行为的内在驱动因素及作用机理，对该行为的内在原因进行了阐释。

（3）从社会资本视角切入、从外因角度探究农业集群品牌价值共创的原因，打通从集群网络到价值共创行为再到品牌绩效的逻辑路径，探索农业集群品牌价值共创机理，构建一套系统化的反映农业集群品牌价值共创规律的理论。

（4）运用结构方程模型，对"集群社会资本 – 农业集群品牌价值共创 – 集群品牌价值"关系模型进行实证研究，探索该主题的定量化研究路径。

|第2章|
农业集群品牌价值共创的理论溯源

【本章提要】本章分别对农业集群品牌、价值共创、社会资本、品牌价值等相关主题的研究进行了梳理。首先，对有关农业集群品牌研究的文献进行了回顾，从概念特征与作用、形成原因及发展模式、相关的定量化研究等角度进行了系统归纳，对有关农业集群品牌的研究历史与研究现状做出述评；其次，对服务主导逻辑下价值共创理论的主要观点、理论框架、本质和主要维度进行了说明，从文献角度发现"价值共创是品牌价值培育的手段"的重要结论，进一步对农业集群品牌价值共创的相关研究和品牌价值共创的相关实证研究进行梳理；再次，对社会资本的概念、研究层面、构成维度进行了阐述，并针对产业集群社会资本及有关社会资本的定量化研究的相关文献进行了探究；最后，对品牌价值的内涵、价值测评方法以及品牌价值由谁创造等相关主题的文献进行了回顾。

2.1 农业集群品牌的相关研究

农业产业集群是农业农村经济发展的重要产业组织形式，是区域产业发展的一种产业组织现象，已成为国内外学术界关注的热点问题。中国农业产业集群总体上处于起步阶段（尹成杰，2006），但发展势头强劲。"区域产业集群品牌"（regional industrial cluster brand）是中国学者在区域产业集群领域中首倡的一个原创性命题，也是当今区域产业集群发展实践领域中的一个热点话题（吴传清，2011）。国内外对集群品牌的研究处于刚刚起步阶段，尚未形成足够的理论积累（Ikuta，Yukawa and Hamasaki，2006）。农业集群品牌的建立和发展在国内是一个较为崭新的课题，目前还没有太多成功的案例和模式可供借鉴（王兆君、陈洪增，2011）。近些年，我国农业集群品牌纷纷崛起。农业集群品牌战略的实施是促进我国农业资源优势向市场竞争优势转化，提升农业产业集群竞争力，加快农业现代化实施步伐，深入推进社会主义新农村建设的重要手段。因此，探讨新型农业集群品牌发展战略及共创模式，实现农业集群品牌建设的蓬勃发展是当前一项迫在眉睫的重要任务。

2.1.1 农业产业集群的概念、成因与发展模式

迈克尔·E. 波特（Michael E. Porter）最早提出产业集群这一概念并给出的明确定义是"在特定区城内范围内，业务上相互关联的众多产业以及相关机构的集聚"，是众多具有分工合作关系的不同规模等级的企业和与其发展有关的各种机构组织等行为主体之间，通过纵横交错的网络关系紧密联系在一起的空间集聚体（胡正明、王亚卓，2010）。经合组织（OECD）认为，农业产业集群是指一组在地理上相互邻近的以生产和加工农产品为对象的企业和互补机构，在农业生产基地周围，由于共性或互补性联系在一起形成的有机整体（徐丽华、王慧，2014）。黄山松、黄平芳（2007）认为农业集群指在一定区域范围内，同处于某一特定农业产业领域的农户、农业流通企业、农业加工企业等龙头企业及其他服务机构，按照产业化经营、专业化生产要求，发挥农业生产比较优势，为开发利用本地特色资源而在地域和空间上形

成的高度集合。宋玉兰、陈彤（2005）指出农业产业集群是在接近农产品生产基地的一定区域范围内，某一特定农业产业领域的大量企业和关联支撑机构，由于具有共性或互补性而与农产品生产基地相对集中在一起，从而形成的一个有机群体。朱玉林、康文星（2006）认为农业产业集群是以农业龙头企业和乡镇企业为主的聚集在农村城镇或周边地区的企业群体以及相关的组织和机构形成的类似生物有机体的产业群落。在其形成和发展过程中，大量企业及相关组织机构按照一定的经济联系逐步集聚在特定农村区域。尹成杰（2006）把农业产业集群看成是相互独立又相互联系的农户、农业流通企业、农业加工企业等龙头企业，按照区域化布局、产业化经营、专业化生产的要求，发挥农业生产比较优势，在地域和空间上形成的高度集聚的集合。武云亮、董秦（2007）从集群和产业链角度出发，把农业产业集群定义为以农产品生产基地为龙头，以上下游具有共性和互补性的农业企业为龙身，辅之各类支撑服务体系，围绕种植业和养殖业形成规模化优势农产品区域布局，并在地理上或特定空间集聚的现象。集群内大量相互关联的企业、辅助机构通过专业化分工与协作组合形成网络性的中间组织，其竞争力主要来源于集群内部固有的根植性、共同性、互动性和柔韧性（石荣丽、刘迅，2011）。多数学者普遍认同农业产业集群指一组在地理上相互邻近的以生产和加工农产品为对象的企业和互补机构，在农业生产基地周围，由于共性或互补性联系在一起形成的有机整体。是在某个特定产业中相互关联的，在地理位置上相对集中的若干企业和机构的集合（李春海等，2011）。因此，农业产业集群在表现形式上就是在地理上相互临近的农户、农业流通企业、农业加工企业等龙头企业和互补机构，在一定区域内大量集聚发展并形成具有持续竞争优势的经济群落。国外有关农业产业集群研究通常是与食品加工业集群（food processing industry cluster）、农业企业集群（agro-enterprise cluster）结合在一起的。WIA（2003）认为农业和食品生产集群开始于农作物包括谷类、家畜等的成长，结束于农产品的批发零售和配送，还包括一些支撑产业如冷冻仓库贮存、肥料制造、公共机构监察等环节。而美国俄克拉荷马商务部（Oklahoma，2005）把农业产业集群概括为农业生产、农业支持和增值加工三个部分。某一地理区域内的公司、机构和基础设施间的联系有利于形成规模经济和范围经济，即共享的基础设施、专业化技能的集中、劳动力市场的发展、地方供应者和消费者间增加的相互作用以及其他的地方化外部性等。

农业产业集群的形成是由内、外部因素共同作用的结果，其形成的诱因源于农业资源禀赋的差异、内在机制来自合作需求、市场决定力量是规模经济，而路径依赖是其主要的制度因素（宋玉兰、陈彤，2005）。资源禀赋是农业产业集群发展的物质基础，是其竞争优势的来源。在农业产业化集群的初建时期，各地应立足于资源、产品、基础等比较优势，选择竞争力最强的产业重点扶持发展（刘静，2015）。关键组织或个人的市场观念、创新素养、资源意识、组织和运作内外部资源的能力、市场行为等方面决定的基本营销素养是农业产业集群形成必不可少的因素（尹成杰，2006）。农业产业集群的发展依赖于创业群落、企业簇群的形成和发展，同时也受地理环境、文化环境、市场需求和市场竞争等因素的影响。周新德（2008）对发达国家农业产业集群产生和发展经验进行比较研究，认为资源禀赋是农业产业集群生存和发展的物质基础；根植性、规模经济、外部经济和学习效应是农业集群发展的内在动力。刘静（2015）指出政府行为和外部竞争环境衍生出来的外源动力机制是农业产业集群发展的外在推力。在农业产业集群形成发展过程中政府发挥的作用不容小觑。政府进行科学规划、出台相关保障政策、农业部门落实工作职责、各部门形成合力创造良好的产业环境，是农业产业集群形成、发展的强大动力。李铜山、杨绍闻（2017）对现代农业产业集群的动力机制，即从形成和发展的驱动力量和运行规则角度进行了论述，将动力机制概括为自生诱导机制、合作共赢机制、行为协调机制和政策运筹机制四个方面。并指出要规范性健全现代农业产业集群动力机制，就要强力创建因地制宜的自生诱导机制、多赢的合作共赢机制、良好的行为协调机制和持续的政策运筹机制。

由于主体要素、集群结构和发展环境的差异，农业产业集群存在着不同的发展模式。有学者按照农业产业集群发展阶段和专业化程度，把其划分为"公司＋农户"型、龙头互补带动型、市场中心型、纵向一体化型和同心多元化型几种模式（王建国，2005），也有学者提出农业高科技园模式、中心企业型模式和市场型模式（向会娟等，2005），还有学者按不同的生产流通过程把其归为种植业、养殖业、农产品加工业、农产品流通业和农业科技产业集群等几种发展模式（尹成杰，2006）。张晗等（2011）通过对辽宁省农业产业集群的个案调查研究，总结出农业产业集群有三种成长模式，即基础推动型农业产业集群，企业带动型农业产业集群和市场导向型农业产业集群。

刘春玲（2005）和宋一淼（2005）则按照农业产业集群形成的诱因把它归纳为依据优势建立在农村或乡镇工业基础上形成专业化小城镇的农业集群、依靠科技与专业优势建立的高科技农业集群、依托市场条件建立的农业集群、依靠外来资金带来多个配套企业的农业集群和改革公有制企业后衍生与集聚形成的农业集群等多种发展模式。杜建国（2018）以嘉鱼县蔬菜产业集群为研究对象，提出"农企、农户、生产资料供应商一体化"的产业集群发展模式（如图 2 - 1 所示）。

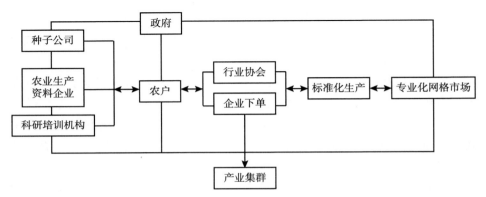

图 2 - 1　农业产业集群发展模式

徐丽华、王慧（2014）以山东省寿光市蔬菜产业集群为例对区域农业产业集群特征及形成机制进行了研究，发现技术创新、经营组织创新、管理与服务创新是农业产业集群竞争优势的来源，也是农业产业集群可持续发展的根本动力。集群中的农业企业、研究咨询机构、当地政府、金融保险服务和中介组织等创新主体在一定地理区域聚集，分工明确又彼此关联，形成支持并促进集群创新的区域创新系统（如图 2 - 2 所示）。

许炬、兰勇（2015）利用典型相关性的方法，分析了资源、经济、技术和环境四类要素对湖南省农业产业集群升级的影响程度。并指出促进湖南省农业产业集群的升级的路径：第一，从政府层面来看，政府宏观调控下实行的公共政策是农业产业集群升级的动力和制度保障；第二，从企业层面来看，应重点扶持龙头企业，加强企业与农户的联系；第三，从集群层面来看，应根据集群发展的内在逻辑，将要素优势转化为竞争优势，从而形成内在的推动力。

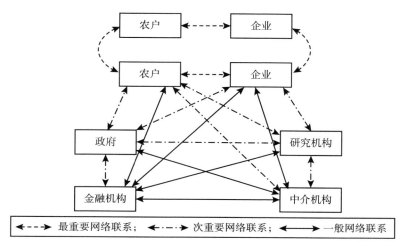

图 2 - 2　寿光蔬菜集群区域创新系统形态

许烜、王溶花、雷丽君（2018）认为湖南农业产业集群的形成，主要受到政府行为推动、规模经济、资源禀赋、市场需求、龙头企业带动等五个方面因素的影响。在此基础上发现湖南农业产业集群发展存在如下问题：特色产业不强，没有建立品牌优势；区域发展不平衡，区域分工不明确；龙头企业发展缓慢，拉动作用不明显。最后提出促进湖南农业产业集群发展的战略：进行区域分工，实施品牌战略；强化农业技术创新，提高农业科技水平；发挥龙头企业的带动作用，建立农业产业园区；加大投资力度，完善融资渠道（如图 2 - 3 所示）。

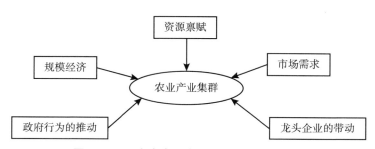

图 2 - 3　湖南省农业产业集群形成影响因素

尤晨、魏世振、陈良珠、陈传明（2007）从消费、竞争、资源禀赋等方面分析了农业产业集群形成的动力机制，指出消费需求是农业产业集群形成的决定因素；市场竞争是农业产业集群形成的内在动力；农业资源禀赋差异是产业集群形成的基本条件；路径依赖是农业产业集群形成的制度因素。

张晗、吕杰（2011）指出自然资源禀赋的差异是农业产业集群形成的基本条件。不同的气候、土质、水质等条件使得不同地区形成特色农业，具有不可移动和不可复制的特性，不同产业为利用特色农业资源有目的集中到特定区域内从而形成农业产业集群。农业产业集群的影响因素主要有三个：基础要素（自然资源禀赋、行业协会的引导、科研机构及高等院校与农业集群企业的合作、政府政策等）；企业要素（农户、龙头企业等）；市场要素（农业博览会、专业交易市场、农民经纪人等）。

黄海平、龚新蜀、黄宝连（2012）以山东寿光蔬菜产业集群为例，分析了农业产业集群在成本、技术创新、人才、制度环境等方面具有明显竞争优势。山东蔬菜产业集群结构、产业集群成本优势、产业集群技术创新优势、产业集群人才优势、产业集群制度环境优势分别如图2-4至图2-8所示。

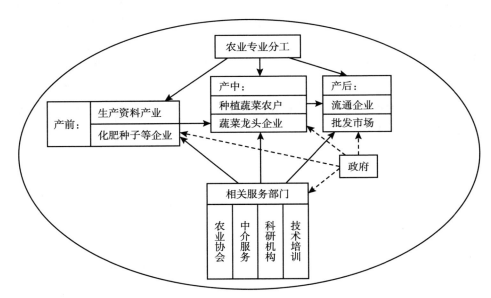

图2-4 山东寿光蔬菜产业集群结构

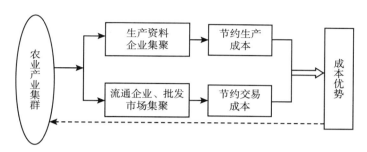

图 2-5　山东寿光蔬菜产业集群成本优势

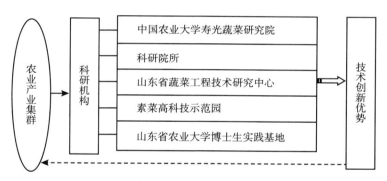

图 2-6　山东寿光蔬菜产业集群技术创新优势

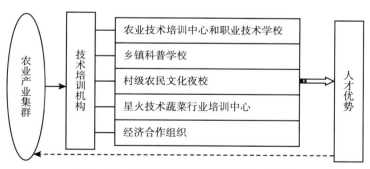

图 2-7　山东寿光蔬菜产业集群人才优势

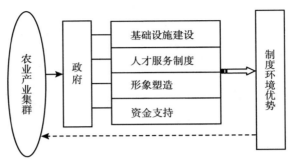

图 2-8 山东寿光蔬菜产业集群制度环境优势

周丕东、王永平、孙秋（2019）以贵州虾子辣椒、仁怀茅台酒、湄潭茶叶、罗甸蔬菜为典型案例，对贵州农业产业集群发展路径进行分析，构建了农业产业集群形成和发展机理模型（见图 2-9），即：良好的资源禀赋是农业产业集群形成的基础；旺盛的市场需求是农业产业集群形成的原动力；较长的产业链条是农业产业集群形成的重要条件；优良的区域根植性是农业产业集群发展的社会资本；有力的政策支持是农业产业集群发展的根本保证；强力的科技驱动是农业产业集群创新发展的持续动力；完善的基础设施与配套服务是农业产业集群发展的重要基础。并结合贵州现有农业产业集群成长经历及诱导该农业产业集群形成的关键因素将农业产业集群分为五种发展路径，即市场引导型、品牌驱动型、科技推动型、企业带动型和外资嵌入型。

陈永富、方湖柳、曾亿武、郭红东（2018）基于沭阳花木产业集群个案，探索了电子商务促进农业产业集群升级机理，提出电子商务促进农业产业集群升级的理论分析框架（见图 2-10）。通过案例研究，发现农业产业集群在引进电子商务上具有一定优势，而电子商务的引进为农业产业集群带来新的需求条件、竞争环境、供应网络和服务体系，使土地与空间得到进一步利用，农民企业家才能得到提升，政府扶持思路和行为发生调整，进而促进农业产业集群升级。

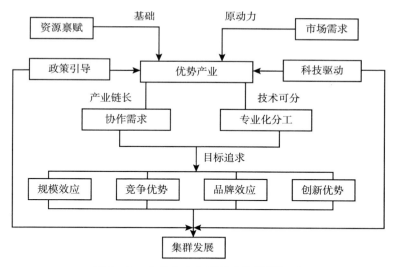

图 2-9 农业产业集群形成和发展机理

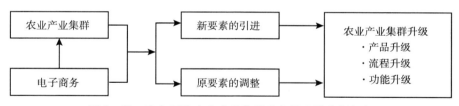

图 2-10 商务促进农业产业集群升级的理论分析框架

罗永乐 (2015) 通过综合考察特色农业产业集群的特性以及内外部因素，提出特色农业产业集群形成的"六力"，包括：资源禀赋的吸引力、农民专业合作经济组织的聚合力、龙头企业的带动力、专业市场的辐射力、关联产业体系的协同力、地方政府的引导力六大力量的动力机制模型，并有针对性地提出了增强特色农业产业集群发展动力的对策建议（如图 2-11 所示）。

史焱文、李二玲、李小建 (2016) 以寿光蔬菜产业集群为例，从多维邻近性视角探究蔬菜集群企业的地理邻近、关系邻近特征及两者在集群企业创新中的影响。研究发现，地理邻近对促进集群内创新氛围形成、提高新知识新技术在集群内扩散流通起正向作用；而关系邻近效应对集群创新影响更显著（如图 2-12 所示）。

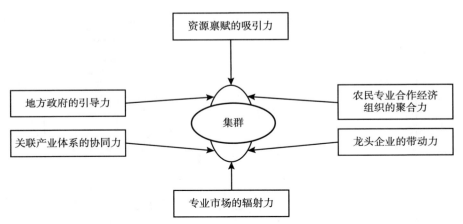

图2-11 特色农业产业集群形成发展的"六力"模型

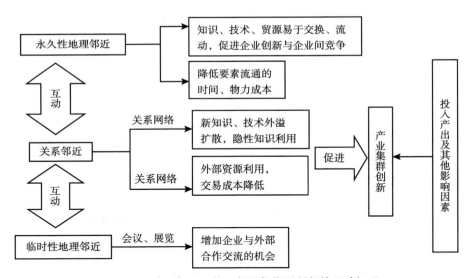

图2-12 地理邻近、关系邻近与集群创新的互动机理

2.1.2 农业集群品牌的概念及含义

农业集群品牌概念由农业产业集群的概念和集群品牌概念叠加产生，但相关研究尚不多见。由于产业集群内包含不同的利益群体，其品牌化的过程十分复杂。2001年北京大学王缉慈在有关企业集群研究论著中，最早关注区域产业集群整体品牌现象，创造性地提出"整体品牌""区域品牌""区位品牌"概念。浙江学者自 2002 年起采用"区域品牌"概念分析研究浙江块状经济发展形成的区域产业集群整体品牌现象。李永刚（2005）认为区域品牌是区域特色产业发展而来的市场声誉与影响力，区域是从空间方位状态对品牌主体做出的限定。而集群品牌则是由区域特色产业集群发展形成的市场声誉与影响力，区域内相互关联、相互作用的企业和组织形成的专业化集群是品牌依托的主体，突出整个集群"抱团"发展声誉的特点，是区域产业竞争力的核心表现。因此集群品牌一般应该是区域品牌，但区域品牌不一定是集群品牌。如果品牌目前尚处于初级发展阶段，还停留在一家一户小农经济生产基础上，没有形成规模化，更没有形成相互联系、分工明确的专业化的产业聚集模式，那这种区域品牌不能成为集群品牌。农业集群品牌是农业集群发展成熟程度的外在表现，是区域品牌的高级表现形式。该品牌是农业产业集群发展到高级阶段的必然产物，是产业集群核心竞争力的集中体现（王兆君、陈洪增，2011）。集群品牌是集群内企业集体行为的综合体现，是集群内众多企业在对某一种或某一类产品、服务长期的生产经营中积累而形成的，具有为外部购买者、合作者以及其他相关者所广泛认可的知名度、美誉度的名称和标识，反映着集群产品整体的质量、档次和服务以及集群内企业的信誉水平，代表着集群的市场竞争力（张国亭，2008）。波特（Porter，1998）在战略理论研究中采用"声誉"或"名声"一词概括产业集群发展所累积的集群整体品牌形象，"每个集群总是在持续不断地提高某地在特定领域的声誉，这一行为使得买者转向卖者集聚地的可能性更大"（王兆君、陈洪增，2011）。波特（Porter，2002）强调，"集群不仅使交易成本降低，大大提高生产效率，而且改进激励方式，创造出信息、专业化制度、名誉等集体财富"。农业集群品牌主要是依据该地域的地理人文特征作为区别于其他地区同类产品的特征。农业集群品牌具有区域性、品牌效应以及聚集效应（熊爱华，2010）。农业集群品牌是拥有独特的自然资源、悠久生产方式及加工工艺的农产品，由政府、行业协会、龙头企业营运形成的具有显著区域特征的品牌集合（郑秋锦、许安心、田建春，2007）。

学者们普遍认同农业集群品牌是特定农业产业集群发展所累积的知名度和美誉度等声誉，其品牌标志一般表现为地理名称和产业名称（或产品通用名）组合的集体品牌（李春海，2011）。由上述文献可知，农业集群品牌作为一种抽象品牌，是在某一特定农业产业集群区域内，基于当地自然因素和人文因素形成具有相当规模、较强生产能力、较大市场占有率和影响力等优势的主导农业产业，其特定农产品具有较高知名度和美誉度，从而形成以农业集群著称的集体品牌或综合品牌。该品牌由特定农业产业集群内相关机构、企业、农户等所共有，在生产地域范围、品种品质管理、品牌使用许可、品牌营销与传播等方面具有共同诉求与行动，以联合提供区域内对消费者的承诺，使区域产品与集群形象共同发展的农产品品牌。农业集群品牌是某个农业产业集群内的关联农业企业和机构、农户、政府、中介服务组织、营销组织、农业科研服务机构等主体品牌集体行为的综合体现。该品牌由上述重要利益相关者所共有，在生产运营管理、品牌使用许可、品牌营销等方面联合行动，逐渐形成该集群在市场中的知名度和美誉度。因此，农业集群品牌有两层含义，一是指在行政（地理）区域范围内相互联系的农业企业、农户及其关联机构，由于具有共性或互补性而与农产品生产基地相对集中在一起，建立的具有相当规模和较强生产能力、较高市场占有率和影响力的"集群品牌"；二是某区域农业产业集群中农业企业、农户及相关机构集体行为的综合体现，并形成了该集群的知名度和美誉度。该品牌由农业产业集群发展而成，以农业产业化为载体，反映集群发展的个性和特色，树立地区农业的整体形象，保持农业集群的可持续发展。集群品牌是产业集群和区域经济的集中表现。依托产业集群优势，打造集群品牌，已经成为区域经济转型发展的战略性思路。

2.1.3 农业集群品牌的构成要素、特征及作用

集群品牌的基本构成要素被概括为"区域""产业""品牌"三大元素，其典型特征是具有"公共产品"属性。全清（2008）认为产业集群区域品牌的基本构成要素应包括"区域"（产业集群所在地理区位的空间载体）、"产业"或"主导产品"（产业集群经济活动的物质载体）、"品牌"（产业声誉/产品市场影响），三者缺一不可。从学理的规范性而言，区域产业集群品牌包含"区域特性"（集群活动的地理区位）、"产业特性"（集群活动的产业载体）和"品牌效应"（集群产业声誉、集群产品市场影响力）三大元素（吴传清，2010）。区域特性表现为限定在一定的区域范围之内，带有很强的

地域特色。该品牌名称往往直接由地域名称命名，品牌形成与发展是由当地资源禀赋、区域条件、区域文化等因素决定的，而这种特殊特性亦使品牌更容易联想，更易于识别。产业特性则表现为是特定的农业产业集群的标志，即大量相关企业和关联支撑机构围绕某一特定农业产业形成簇群，品牌依托该集群而存在。该品牌与产业集群内部结构、价值链体系建设、产业发展的政策环境等密切相关，是整个区域内众多与产业相关企业有效合作的结果，也是众多产品品牌与企业品牌精髓提炼与精华浓缩的结果，是一种宝贵的无形资产（王秀海，2007）。因此，相对于单个产品品牌或者企业品牌来说，产业品牌具有更强大、更长久的生命力。随着产业内产品品牌或企业品牌的不断诞生以及部分的消亡，集群品牌由于自身所独有的优势竞争力使其具有更加宽广的发展空间和更持久的生命力。品牌效应则表明该品牌具有品牌的一切属性，往往代表一个地方产业以及产品的主体和形象，对当地的经济发展起着举足轻重的作用，并形成该区域产业产品的知名度、美誉度和忠诚度。学术界众多学者认为农业集群品牌有辨识促销效应、外部正效应、品牌伞效应、品牌株连效应、磁场效应、扩散效应和聚合效应，还具有规模经济效应和范围经济效应，能够降低企业的交易成本，增进企业合作交流（梁文玲，2007；孙丽辉、史晓飞，2004；熊爱华，2008；郑秋锦、许安心、田建春，2007）。

因此，农业产业集群区域品牌具有以下特点：第一，明显地域性。我国地大物博，幅员辽阔，地理条件和气候复杂多样，因此呈现出地理环境的多样性和生物资源的丰富性，并形成品种繁多、数量庞大的具有一定地域特色的农业产业和特色农产品。由于特定的地理位置、气候、土壤、水质、人文因素等独特的资源禀赋，生产出其他地区同类产品所不具有的优异品质的农产品，并结合该地域人们的风俗习惯、文化传统及特殊工艺，造就了丰富多样的地域文化。因此，特色农产品的关键点在"特"，即特定地域、特色品质以及特殊的历史文化沉淀。如果离开特定地域，其品质会明显失色下降，不能与原产地产品媲美。因此，该产品在产地上有极强的地理依附性。特色农产品是农业集群品牌形成的根基，承载着独特的自然禀赋及优异品质的品牌联想和情感基础。农业产业集群区域品牌的差异化一般通过地域性来体现，充分利用这种"地理专用性"资源生产差异化农产品，正是其区域性资源根基与品牌定位的源头。第二，品牌的公共属性。农业产业集群区域品牌不属于某个企业或机构、农户所拥有，而是集群内农业企业、相关机构与农户共同所有。波特（Porter，1998）指出产业集群区域品牌的公共属性，认为产业集群发展积累的集群品牌声誉是产业集群的集体财富。作为集群内所有利益主体共同拥有的无形资产，具有典型的公共物品特征。即具有非排他性和非竞争性，与私人物品相对应。如果不通过标准化、质量认证和严格管控，必然导致一部分不良商人对公共资源抢占滥用、市场上农产品鱼目混珠、劣币驱逐良币等公地悲剧现象的发生。尤其在网络技术高度发达的时代，传播媒体对产品质量的负面报道可以一夜间给品牌带来灭顶之灾。第三，经营主体多元化。农业产业集群区域品牌的公共产品属性决定了其经营主体的多元化。除了农业龙头企业，地方政府、行业协会或农民专业合作社等机构都可能成为该品牌的经营主体。第四，显著的形象性。农业产业集群区域品牌下的产品包括农业特色产业、农产品、服务、文化、自然资源、地理位置、组织、人员等，几乎涉及目前可以品牌化的所有对象，因此其品牌形象的内涵十分丰富。它是社会颁发给该区域的一张无形的信用卡，可以大大增强集群内部的凝聚力和综合竞争力。

有关集群品牌的产权属性，目前学术界主要有以下三种观点：一是波特（Porter，1998）强调产业集群发展积累的集群声誉（cluster reputation）是产业集群的集体财富，是一种"准公共产品"（quasi-public goods）；二是斯蒂勒斯（Stelios，2006）认为企业集群声誉是一种公共产品，为集群内所有企业共享；三是袁宇等（2009）认为集群品牌严格而言属于集群区域俱乐部产品，集群企业可以平等共享集群品牌，任何集群企业无法排斥其他集群企业使用集群品牌，具有消费上的非排他性特征。因此，集群品牌的公共物品属性被学术界广泛认可。

农业集群品牌的公共物品特征，决定了其存在的价值是服务于集群产业，即服务于农业产业中农业企业、合作社、农户等各个利益主体，并代表区域内全产业、全部组织以及个体的共同声誉及资产。因此，这种特殊类型的品牌自建立伊始便担当着引领产业、资源整合、组织联动等重任。农业集群品牌的作用具体表现在以下三个方面：

第一，引领产业。农业集群品牌通过凝练产业核心价值，设计统一的品牌识别系统，通过一体化整合营销沟通，便可快速实现集群品牌知名度的提升。作为产业名片，该品牌具有极强的推介力。如"临安山核桃、新疆葡萄干、新西兰佳沛奇异果",提到山核桃就立刻想到临安,提到葡萄干就想到新疆吐鲁番,提到奇异果就想到新西兰。产业核心价值是各个运营主体必须遵守的行为准则,是必须内化于心的终极信念,是集群品牌对消费者关于特色农产品的产地、品质、文化以及特殊工艺等方面的价值承诺,必须以水滴石穿的定力维系品牌核心价值不动摇。因此,农业集群品牌利用整个地域的社会声誉为旗下农产品进行背书,以明示方式对原有企业个体品牌对消费者的承诺再次确定和再度强化,与消费者进一步建立可持续的信任关系。产业内企业个体品牌通过农业集群品牌的背书可以迅速提升市场认知和市场份额,通过协同共创最终实现集群内全区域、全产业、全品牌、全产品的品牌形象的全面升级。

第二,资源整合。农业集群品牌的打造可以形成对产业主体的"凝聚力",具有强大的号召力和向心力,如同高举一面产业大旗引领产业升级,推进资源合理配置。通过品牌矩阵的结构安排使各主体在系统中占据各自独特的"生态位"。在政府指导和帮助下,充分调动各主体的积极性,发挥专业特长和资源优势,透过互动整合彼此的资源,通过专业化分工和组织化运作,实现农业产业的现代化和可持续发展。

第三,组织联动。农业集群品牌可以促进产业发展,增加企业利润,帮助农民脱贫,具有天然的公信力,代表当地政府、农业产业相关主体集体对外的承诺,亦代表了外部公众对集群产业、产品及文化的认同。农业集群品牌运营主体作为"公共品牌"的运营者和维护者,对集群内政府部门、涉农机构、农业企业、合作社、农户及其他产业服务机构乃至最终消费者均可以发号施令,通过组织联动进行有效的产业整合。

2.1.4 集群品牌与企业品牌

集群品牌与企业品牌既有区别又有联系。卡维尔特斯等(Kavaratzis et al., 2005)指出,集群品牌与企业品牌都是一种复杂的无形资产,两者都涉及多重利益相关者,都需要考虑对社会的责任。安浩特(Anholt, 2002)认为,一个产业集群的品牌化是这个产业中企业品牌理论应用的自然延伸。因此,集群品牌反映集群产品整体的质量、档次和服务以及集群内企业的信誉水平,代表着集群的整体市场竞争力。熊爱华(2007)深入研究了两者的辩证关系，并对集群品牌与企业品牌的特性进行了归纳对比（见表2-1）。集群品牌与企业品牌的区别体现在：第一，品牌承载主体不同。企业品牌反映的单个企业品牌的名称、标识及品牌联想，具有独特的品牌个性特征；而集群品牌则代表一个集群的整体形象，其个性也表征为整体的地域特征或资源特征，而不能反映某个企业的独特之处。第二，品牌利益相关者不同。企业品牌为个体企业单独投资经营建设，而集群品牌拥有多个利益相关者。第三，品牌性质不同。企业品牌是私有的个体品牌，而集群品牌是一种典型的公共物品。第四，品牌效应不同。一般来讲，企业品牌规模小，生命周期较短，而集群品牌一经建立，就代表集群内众多企业品牌的集体行为，一般不受单个企业生命周期的限制，品牌效应大且持久。第五，政府的作用不同。政府对个体品牌创建作用甚微，但对于集群品牌创建会发挥较大作用。

表2-1 集群品牌与企业品牌的特性对比

集群品牌特性	企业品牌特性
众多企业品牌的综合体现	单个企业的名称、标志物和联想
千百个原动力	只有一个原动力
品牌效应大且持久	品牌效应小且短暂
成功率相对较高	成功率相对较低
利益关系分散	利益关系集中
组织复杂性高	组织复杂性低
二级品牌不同并且彼此存在竞争	二级品牌统一
政府作用明显	政府作用不明显
广告、促销、研发等多方面的规模效益，范围经济效益	势单力薄，难以发挥规模效益和范围经济效益
联想丰富：区域化形象、品牌发源地，情感丰富，生命周期相对较长	缺乏联想：情感单一、单个企业生命周期相对短
公共物品：非竞争性、非排他性、正向外部效应	私有物品：竞争性、排他性

资料来源：熊爱华（2007）。

集群品牌和企业品牌是相辅相成的关系，集群品牌一定会带动企业品牌发展，企业品牌也会影响集群品牌。集群品牌建设应结合公共品牌、企业品牌的建设，形成农业产业集群品牌战略部署，落实从行业到区域再到企业的各层面分工，建立多层互动的行业品牌体系，实现"农业集群品牌 + 企业子品牌 + 产品子品牌"的综合品牌运营体系，有效发挥农业集群品牌对旗下各级子品牌的庇护作用。

2.1.5　农业产业集群与集群品牌的互动作用

农业产业集群形成的产业规模、产业集中度、市场占有率是农业区域品牌最初形成的基础；同时，农业区域品牌是否能不断和持久地扩大影响力，更依赖于其有形资产——农业产业集群的进一步发展与壮大（朱玉林、康文星，2006）。农产品集群的实力、规模和特征决定了农产品区域品牌的成长模式、成长规模和成长潜力（胡正明、王亚卓，2010）。

农业集群品牌建设必须以产业集群的发展和成熟为基础，集群内现有的资金、技术、经验、人力资源等生产要素，对于农业集群品牌的创建和培育具有极大的推动作用，可在一定程度上促进农业集群品牌的建设；而农业集群品牌通过不断的成长、扩张，形成一定的品牌效应后，又会反过来更好地促进农业产业集群的健康、快速成长，为集群的发展提供外部条件和动力支持，两者彼此促进，相辅相成，协调发展（王兆君、陈洪增，2011）。

产业间及农业产业内融合的需要是农业产业集群形成的一个主要推动因素。即农户、农企、合作社之间为实现集群品牌效应、规模效应、降低成本、增强竞争力等，通过合作（联盟）的形式订立共同的发展目标，形成资源相对集中、分工明确的农业产业链（徐维莉，2018）。

作为新阶段农村经济发展的一种新型组织形式，农业产业集群有助于把中国农业"小而散、小而全"的生产经营方式引向专业化产业区，形成区域农业品牌优势，为全球价值链下中国农业产业升级提供一种借鉴思路和拓展模式（李春海，2011）。从发展农业主导产业角度看，通过产业链的大量集聚发展，有利于促进形成包括农户、生产基地、龙头企业、流通市场、技术推广、安全检测、信息服务等相关支持体系，有利于形成产业间的关联和协作效应，从而形成具有较强市场竞争力的农业产业群落（胡新民，2008）。

发展农业产业集群是提高农业区域竞争力的有效手段，对地区经济增长具有重要的促进作用（Zepponi and Fisch，2007）。区域产业集群品牌（简称"集群品牌"）作为区域产业集群内集群企业、政府组织、中介组织长期合力经营、积淀而形成的集群集体无形资产，是提升集群竞争力、扩大集群产品市场的重要支撑力量。农业集群品牌由农业产业集群发展而成，又通过知名度、美誉度和诚信度增强农业产业集群的集聚力和影响力（易正兰、陈彤，2007；夏曾玉、谢健，2003；殷红春，2005）。集群品牌对农业产业集群的发展具有识别、搭乘、聚集和刺激、产业资本集中、信息传递和关联产业带动效应（李永刚，2005）。

2.2　农业集群品牌成因及策略的相关研究

2.2.1　农业集群品牌成因及策略的定性研究

学者们指出农业集群品牌的构建与资源禀赋、农户、农业企业、行业协会及政府支持等因素密切相关（熊爱华，2010；易正兰，2007；邵建平、任华亮，2008）。熊爱华和汪波（2007）认为集群品牌的形成和经营是一个复杂的系统工程，需要在集群内企业群体和区域政府以及中介协会等主体共同推动下才能形成。黄俐晔（2008）指出农产品区域品牌的建设和发展，是行政推动机制、社区自治机制、质量标准保障机制、法律保障机制、文化融合机制、舆论导向机制和教育保障机制等多种机制共同作用的结果。桑利（Sunley，2002）认为政府在集群中的地位和作用是有助于提供由于市场失灵而缺乏的地方公共产品等。而集群是企业的自发行为，是市场竞争的结果，因而政府在集群的形成与发展过程中的作用十分有限（刘世锦，2003）。邵建平等（2008）认为区域品牌的成长是一个由"区域品牌形成、推动区域经济发展、产业集群价值链体系建立、提升集群企业的竞争力、提高区域品牌竞争力"的逐次传导的过程。

刘丽等（2006）提出农业集群品牌的发展战略：大力扶持农业产业集群、发展龙头企业，加快农业产业化的进程、实行农产品区域品牌注册、加强营销，提高区域品牌知名度、提高农产品质量和安全性，实施农业标准化制度、加大政策扶持力度，加强企业之间的行业自律。易正兰等（2007）提出农业集群品牌的发展对策：促进特色农业产业集群发展；引导农产品产业价值链优化，积极培育当地龙头企业；从农业产业集群的地域根植性出发，注重培育本地区企业家并积极吸引外部企业。魏守华等（2002）、夏曾玉等（2003）和靳明等（2006）等都对产业集群下的区域品牌创建进行了探索，认为应完善集群内部的市场服务体系，引导集群内部企业之间依据价值链形成有效的分工协作。

还有一部分学者认为地理标志所拥有的声誉和品质已在消费者心智模式中成为可以有效区别同类产品的名称和符号，本质上就是一个品牌，因此注册了地理标志就拥有了巨大的品牌资产价值（王志本，2005；韦光等，2006）。郭红生等（2007）提出了生态型地理标志农产品品牌关系的概念，主张由具有地理标志特征的农产品品牌与相关品牌、利益相关者、资源和环境之间形成和谐关系，认为可导入生态型品牌关系理念，把地理标志品牌放在供应链上下游乃至整个商业生态系统里面进行考虑，协调好各种关系以形成有利的组织联想，便于做大做强地理标志农产品品牌。谢向英等（2011）提出在战略联盟思想的指导下，同质性质的地理标志品牌通过结盟优势互补，最终实现双赢并推进产业集聚与延伸。

杨建梅、黄喜中和张胜涛（2005）认为，"市场份额""区域文化""区域营销"是促使产业集群区域品牌生成的三大因素。区域品牌的生成路径（成长路径）与产业集群的成长过程密不可分。他们受西方学者布诺梭（Bruso）的集群两阶段模型和孔德（Kunde）的品牌演进模型启发，根据区域品牌与政府干预、企业品牌的相互作用，提出了区域品牌五阶段生成路径模型（见图 2 - 13）。

朱志由、曾路（2010）在总结前人对产业集群品牌概念和内涵理解的基础上，阐述了对产业集群整体品牌存在多种不同称谓的原因，并从品牌的基本定义出发对产业集群品牌的概念进行了重新界定。从影响集群品牌形成的要素和一般品牌的价值来源出发，通过产业集群品牌钻石模型阐释了产业集群品牌的形成机理（见图 2 - 14）。

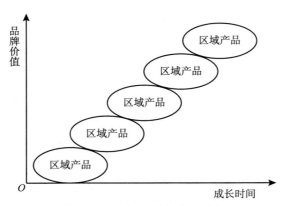

图 2 – 13   区域品牌的生成路径

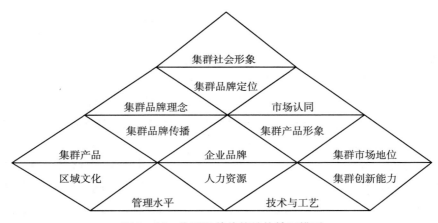

图 2 – 14   集群品牌价值结构钻石模型

盖宏伟（2010）指出，作为企业之间多元合作与动态竞争关系网络的集中体现，产业集群的生存发展也越来越依附于品牌优势和品牌战略。产业集群品牌具有统一性、时代性、区域性、动力性和持久性等特征，其结构可以划分为精神层、物质层、制度层和行为层，这四方面之间存在相互影响、相互作用的关系。产业集群品牌的形成发展是一个动态复杂的有机过程，会涉及诸多要素和层面，其发展离不开相关策略体系的有效构建。

张月莉（2012）分析了农业集群品牌资产的概念、特征与构成，构建了农业集群品牌资产影响因素及作用机制的整合模型。农业集群品牌资产包括集群品牌认知度、品牌知名度、品牌信任度和品牌忠诚度四个维度。其中区域性因素、产业性因素、品牌性因素是农业集群品牌资产构成的基础影响因素；农业集群价值链体系建设包括农业龙头企业建设、标准化体系建设、集群网络关系建设、农业配套企业的建设、集群营销努力等内容；农业集群价值链体系建设在上述基础性影响因素与集群品牌资产形成之间发挥着中介作用（见图 2 - 15）。

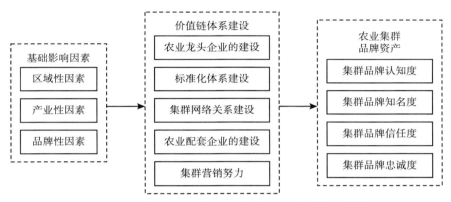

图 2 - 15　农业集群品牌资产影响因素及作用机制模型

邱爱梅（2012）则从经济学中的需求理论、交易成本、自主治理、信息不对称等视角出发，深入挖掘集群品牌的形成和维护机制，并探讨构建集群品牌的本质和维护机制。

胡正明、王亚卓等（2010）构建了农产品区域品牌形成和成长路径模型。将其分为区域农产品—农产品集群—农产品区域品牌形成—农产品区域品牌成长—品牌稳定发展/区域品牌消亡等五个阶段。并对当地政府、行业协会、农业企业等农产品区域品牌建设主体提出了相应要求：孕育期以区域农产品的发展作为焦点；幼稚期以市场开拓和区域品牌的推广为重点；成长期是区域品牌建设的关键阶段；成熟期对品牌的管理和保护是建设主体的首要任务，否则品牌将会消亡（见图 2 - 16）。

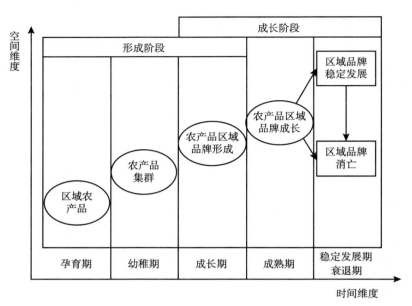

图 2 - 16   农产品区域品牌形成与成长路径模型

张月莉（2013）从产业营销的视角探讨了农业集群品牌营销成功的规律，选择寒地黑土品牌为案例研究对象，通过访谈和田野调查法收集数据，应用扎根理论，在对访谈数据进行逐级编码分析基础上，构建了基于"学习型地域网络""价值链体系""农业集群品牌战略"三大影响因素的理论模型，并进一步揭示了上述因素对农业集群品牌营销成功的影响机理（见图 2 - 17）。

姚春玲（2013）从农业科研院所、农业服务机构、涉农行政管理部门及农业企业等角度，探讨了农业产业集群提升农产品区域品牌竞争力的内在机理（见图 2 -3），在此基础上提出将农产品区域品牌转化为企业品牌，建立"政、产、学、研"互动机制、实施农产品区域品牌伞策略，以及提高区域品牌农产品科技含量，进而增加品牌资产价值等基于农业产业集群来提升农产品区域品牌竞争力的策略（见图 2 -18）。

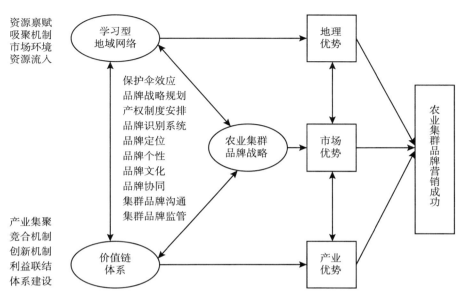

图 2 − 17 农业产业集群品牌营销成功关键影响因素模型

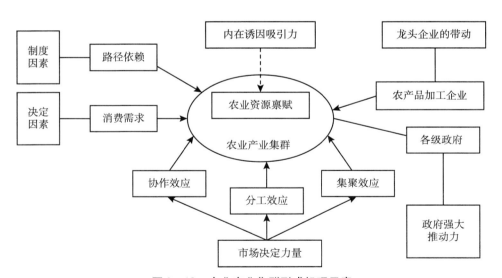

图 2 − 18 农业产业集群形成机理示意

王兆君、刘帅、房莉莉（2013）运用品牌资产要素模型及资产引擎模型，通过对"胶州大白菜""马家沟芹菜""章丘大葱""金乡大蒜"等四个典型农业集群品牌的案例分析，构建了农业集群品牌资产的评价指标体系，对山东省农业集群品牌资产进行了评估，并结合农业集群品牌建设的实际对评估结果和品牌要素进行了深入分析，在此基础上提出山东省农业集群品牌资产提升的对策。

杨佳利（2014）以戴维逊的"冰山理论"为基础，探析了集群品牌建设影响因素并构建产业集群品牌的机理模型，如图 2 – 19 所示，得到产业集群品牌构建的策略。

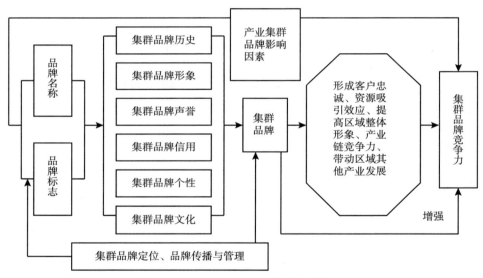

图 2 – 19　产业集群品牌建立过程

俞燕、李艳军（2014）对区域品牌创新对我国传统农业产业集群升级影响机理进行研究的基础上，通过研究提出了通过区域品牌的品牌文化定位创新、供应链组织创新和区域营销等创新活动推进集群价值链功能升级的基本策略（见图 2 –20）。

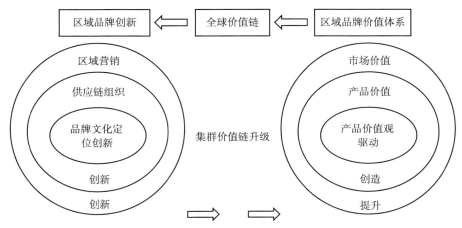

图 2 - 20 区域品牌创新驱动的农业集群价值链升级机理

2.2.2 有关农业集群品牌的定量研究

王海忠和赵平（2004）在文献回顾基础上，建立了品牌原产地效应的理论模型，如图 2 - 21 所示。提出理论关系假设，抽取北京、上海、广州、重庆四市共 1005 个成人消费者样本，运用相关分析、T 检验等方法进行实证研究。研究结论证实原产地形象与消费者品牌信念（或态度）、品牌购买意向（或占有）均成正相关关系，原产地常作为外在线索影响消费者产品评价（见图 2 - 21）。

图 2 - 21 品牌原产地效应模型

张晗和吕杰（2011）以本溪中草药产业集群为例，从集群主体成员的角度运用主成分分析，从基础、企业、市场三个方面，以本溪中草药产业集群为例，找到了农业产业集群的影响因素，并从集群主体成员的角度评价了农业产业集群影响因素的影响力作用。表 2 - 2 为该研究选取的 13 个农业产业集群的影响因素。

表 2 - 2　　　　　　　**农业产业集群影响因素指标的基本含义**

因素	含义
X1	是否有专业化集散市场,包括是否定期召开农博会、供销会等专业销售推广会议
X2	相关企业自身开拓的销售网络、渠道等
X3	相关企业是否与相关研究机构、相关高等专业院校科研合作
X4	政府是否有支持当地相关产业发展的优惠政策,如财政、税收、土地等政策支持
X5	当地生产相关农产品的县、市、省级龙头企业的数量多少
X6	当地生产相关农产品的县、市、省级龙头企业的规模大小
X7	集群当地农民经纪人的数量与作用
X8	当地集群的知名度,包括产品是否有地理标志,是否是国家、省、市级名牌产品
X9	集群当地行业协会的数量与作用
X10	集群企业间的竞争属于良性竞争还是恶性竞争,竞争的效果
X11	集群企业间是否具有长期或临时合作关系,合作的效果
X12	集群当地是否具有特色自然资源禀赋
X13	集群当地交通的便利性,包括海、路、空等运输条件

资料来源:张晗(2011)。

姚伟坤(2009)引进集群企业品牌网络的新概念,在界定集群企业品牌网络概念及内涵的基础上,借鉴社会网络理论、企业能力理论、企业学习理论、品牌理论等,利用数量模型推导、博弈论、案例分析、计算机模拟仿真、数据实证等实证研究方法对集群企业品牌网络的构成和特征,品牌网络关系机理,集群环境要素对品牌网络关系形成的驱动机理,品牌网络关系对群内个体品牌的驱动等问题进行了研究,把有关集群企业品牌网络关系要素以及对个体品牌驱动路径的结构关系利用图 2 - 22 的模型表示。

许基南、李建军(2010)结合问卷调查采用结构方程法分析特色农产品区域品牌形象结构,认为特色农产品区域品牌形象由四个维度构成:农产品的产品形象、区域形象、消费者形象和企业形象。

盛亚军(2010)将名牌群体效应、政府作用、行业协(商)会作用、区域品牌纳入一个分析框架,综合讨论四者之间可能存在的相互影响关系,提出"名牌群落效应——区域名牌"作用机理模型,如图 2 - 23 所示。模型共

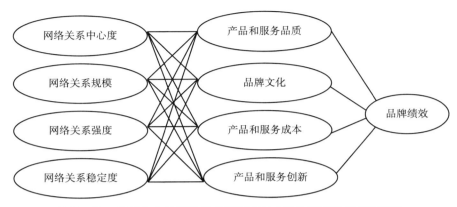

图 2 – 22 集群企业品牌网络关系要素对个体品牌驱动的结构关系

涉及四个构面的内容，构面之间存在的因果关系、调节关系交织在一起，将产业区域内大量聚集的名牌企业所形成的群落效应对区域名牌的培育和构建的错综影响过程和演进路径基本勾勒出来。本研究着力探讨了基于产业集群的区域品牌形成过程中名牌群落效应对其形成和创建是否存在影响作用，明确了名牌群落效应在区域品牌形成过程中的作用机理。

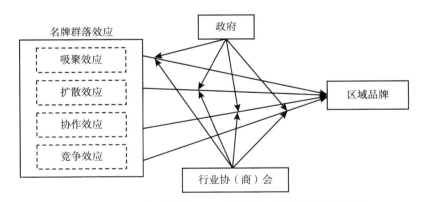

图 2 – 23 "名牌群落效应 – 区域品牌"作用机理理论模型

孙丽辉（2010）指出区域品牌的形成是产业集群发展到一定阶段的产物。在区域品牌形成过程中，集群内众多名牌企业的聚集及其效应的存在起着重要的中介作用。并进一步从理论上论证了在产业集群的产业优势向区域品牌转化过程中名牌簇群效应作为中介变量所起的作用及其机理，并通过对温州低压电器、鞋业和服装三大产业集群305份有效样本的数据分析，在验证产业集群产业优势与区域品牌之间因果关系的基础上，进一步验证名牌簇群效应所起的中介作用，如图2－24所示。

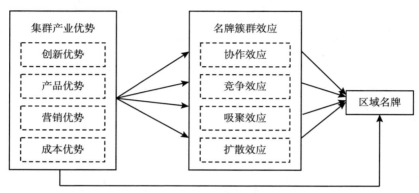

图2－24　产业集群产业优势与区域品牌关系的概念模型

郭克锋（2011）对区域品牌可持续发展的影响因素进行研究，运用SPSS进行探索性因子分析，提炼出区域品牌需求、产权、基础、关系、创新与资产六个公共因子，形成区域品牌可持续发展影响因素的作用机制的概念模型，如图2－25所示。在此基础上探索了各因子之间的逻辑关系及相互作用机理，从而形成区域品牌可持续发展影响因素的作用机制，构建一般的区域品牌可持续发展理论，并通过实证研究对该理论假设进行验证。

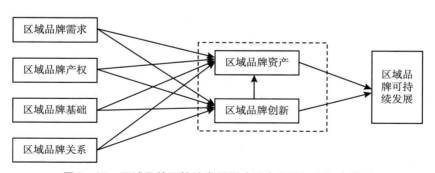

图2－25　区域品牌可持续发展影响因素作用机制概念模型

张高亮（2011）在对 210 家浙江省农业集群核心企业问卷调查的基础上，采用探索性因子分析和结构模型（SEM），对提升农业核心企业竞争力的影响因素进行结构测量和机理分析，如图 2－26 所示。研究发现农业产业集群核心企业竞争力影响因素（需求条件、集群生态、企业素质和社会资源）对核心企业竞争力（包括财务能力、市场能力、学习能力和研发能力）有不同程度的影响并明确了各因素之间的相互关系。

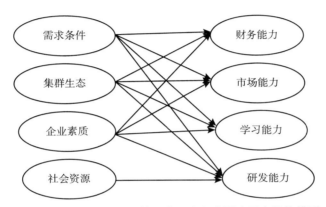

图 2－26　农业产业集群核心企业竞争力影响因素结构模型

张月莉和刘峰（2015）以产业集群和品牌理论为基础，对农业集群品牌提升过程进行了定量研究。研究认为农业资源禀赋是品牌提升的基础要素；价值链体系建设是品牌提升的直接驱动和关键中介因素；政府引导与服务、行业协会的推动促进了产业环境和外部环境的改善，进而通过促进价值链体系建设，最终促成农业集群品牌提升；政府引导与服务、行业协会推动在农业资源禀赋和价值链体系建设之间发挥重要的调节作用，政府引导与服务功能越完善，农业资源禀赋对集群内价值链体系建设的促进作用就越大。行业协会的推动作用越强，农业资源禀赋对集群内价值链体系建设的促进作用就越大。利用结构方程模型，基于上述变量间的关系假设构建农业集群品牌提升整合模型，通过问卷调查收集数据，验证关键影响因素对农业集群品牌提升的作用，形成有关农业集群品牌发展提升全过程的系统理论体系（见图 2－27）。

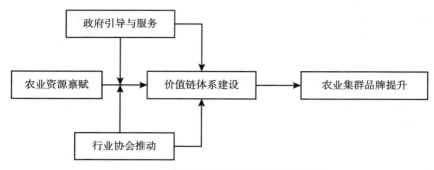

图 2-27   农业集群品牌提升的整合模型

俞燕、李艳军（2015）对传统特色农业集群区域品牌对中小企业品牌竞争力的影响进行了实证研究。首先根据理论建立"农业集群区域品牌美誉度—区域品牌辐射与协作效应—企业品牌竞力"理论模型，选择新疆吐鲁番葡萄产业集群为研究对象进行调研和数据收集，运用结构方程模型通过实证分析验证上述模型。研究表明，传统特色农业集群区域品牌对中小企业品牌竞争力的推动包括直接和间接两条路径。直接路径是区域品牌通过品牌声望、地位直接推进中小企业品牌竞争力提升；间接路径则是区域品牌美誉度带来的辐射效应和协作效应，增强企业的显性及隐形品牌竞争力（见图 2-28）。

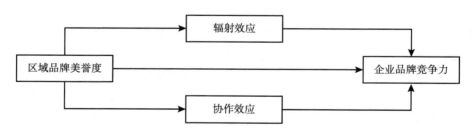

图 2-28   传统特色农业集群区域品牌对中小企业品牌竞争力的作用机理模型

夏天添、叶沁宇（2018）以生态农业集群理论为基础，从经济学、社会学等多重学科视角出发构建生态农业集群产业集群区域品牌形成机理模型，以赣南脐橙为调查样本，实地深度访谈法收集数据，构建出的由生态农业集群区域环境性、生态农业集群区域创新性与生态农业集群区域文化性三个过程性维度所构成的生态农业集群区域品牌形成机理模型，并通过结构方程模型检验上述模型的科学性、合理性；以品牌美誉度检验模型的预测效度。根据研究结果揭示出江西生态农业集群区域品牌应逐渐摆脱对资源优势的依赖，透过资源优势将其转换为效率化、品牌化的生态产业优势，以提升区域经济与地方发展（见图 2 - 29）。

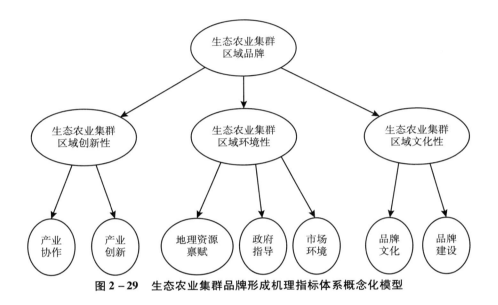

图 2 - 29　生态农业集群品牌形成机理指标体系概念化模型

上述研究均表明，农业集群品牌的塑造过程是一个逐渐沉淀、长期积累、不断丰富的过程，是一项牵一发而动全身的系统工程。该品牌不仅承担着规范市场、质量保障和区域农产品营销传播的重任，而且肩负着以科技创新和发展理念引领地方产业创新和转型升级的历史重任。

2.3　价值共创的相关研究

2.3.1　服务主导逻辑范式下价值共创的相关研究

瓦尔格和鲁斯柯（Vargo and Lusch，2008）提出的基于"服务主导逻辑"

的价值共创理论引发学术界的空前响应，该范式重新界定了经济社会的基础和价值创造的新逻辑，成为现代营销学演进过程中的一个重要转折点。随着知识经济、互联网技术以及服务经济的快速发展和营销环境、营销思想的变迁，传统的商品主导逻辑日渐式微，而新兴的服务主导逻辑范式日益盛行。标志着价值创造正从传统思路转向价值共创，推动着营销科学的蓬勃发展。价值共创作为一种新的价值创造现象越来越受到管理学界的关注，价值共创理论的提出对传统的价值生成方式、企业战略、营销理念乃至消费者行为研究产生了极大的冲击（武文珍、陈启杰，2012）。并从理论上提出两大转变：第一大转变是价值的定义。传统的价值被认为是产品或服务在市场交换时买卖的价格，即交换价值。而新范式下的价值被称为使用价值，即消费者使用产品或服务时的感受和体验（Ranjan and Read，2016；Grönroos and Voima，2013）。第二大转变是价值的产生方式。传统理论认为价值是由生产者单方创造的，而新理论认为由利益相关者共同决定价值（Frow，McColl-Kennedy and Payne，2016；Marcos-Cuevas et al.，2016；Paswan，D'Souza and Rajamma，2014；Ranjan and Read，2016）。

1. 服务主导逻辑的主要观点。

传统的商品主导逻辑（good dominant logic，简称 G-D 逻辑）认为价值是由企业独自整合资源创造的交换价值，产生于企业进行的产品研发、生产过程，并最终传递给顾客由顾客消耗使用。在此过程中，企业是价值的创造者，顾客不参与价值创造活动，是价值的被动接受者。而产品只是作为对象性资源为消费者提供交换价值。

服务主导逻辑（service dominant logic，简称 S-D 逻辑）指出，行动者提出价值主张，即"有关价值的互惠性承诺"，然后通过将其他行动者提供的资源转换为他们各自的价值过程中的特定利益，从而实现价值（Lusch，Vargo and Wessels，2008）。该范式在价值的创造者和价值实现的逻辑上与商品主导逻辑有很大区别。

首先，服务主导逻辑关注使用价值，认为顾客和其他利益相关者内生于价值创造过程。诺尔曼和拉米瑞兹（Normann and Ramirez，1993）指出将顾客作为价值共同创造者的思想实际上意味着企业和顾客在价值创造中扮演的角色是一样。诸多学者又将价值共创的参与者群体进行了扩充，认为除了顾客以外，还应包括其他一切利益相关者（Lambert and Enz，2012）。因此，价值共创需要企业、顾客、供应商、雇员和股票持有者和其他网络伙伴的卷入，而不仅仅是企业或企业－顾客界面。服务主导逻辑中的价值创造是通过包括生产者、消费者及合作者在内的价值共创系统来实现的。在系统内，供应商、商业伙伴、同盟者、顾客等不同的经济行为主体一起工作，共同创造价值（刘林青、雷昊、谭力文，2010）。其次，价值实现的逻辑关系是由企业提供价值主张、资源和互动平台，通过顾客及其他合作者与企业活动相互联结，激励他们在关系式的价值创造协同过程中为了同一使命而共同工作（Vargo and Lusch，2008）。在此过程中，顾客和其他利益相关者作为合作生产者整合各种资源、知识、技能、经验等创造价值，参与企业的生产过程。价值是由企业与顾客及其他利益相关者通过互动合作共同创造的。知识和技能是价值创造的关键性资源，产品只是向顾客提供服务的载体，充当价值传递的媒介。价值创造需要与企业相关的诸多实体的共同参与，价值来源于企业和其客户、供应商、雇员、利益相关者和其他网络合作伙伴互动中的服务体验（张婧、何勇，2014）。价值不再是在分离的、线性价值链中前后相继地被创造，而是在顾客、供应商和雇员等组成的网络中交互地共同创造（Normann and Remirez，1993）。瓦尔格和鲁斯柯（Vargo and Lusch，2016）提出服务主导逻辑的十一大命题（见表 2－3）。

表 2－3 服务主导逻辑的基本命题

命题	内容	命题	内容
1	服务是交换的根本基础	7	参与者不能传递价值，但能参与创造和提供价值主张
2	间接交换掩盖了交换的根本基础	8	服务中心观本质上是受益人导向和关系型的
3	产品是服务提供的分销机制	9	一切社会和经济参与者都是资源整合者
4	操作性资源是战略利益的根本来源	10	价值总由受益人独特地用现象学方法决定
5	一切经济都为服务经济	11	价值共创通过参与者创造的制度和制度安排协调
6	价值是由多个参与者共同创造，总是包括受益人		

但上述命题未将命题间的逻辑关系和层次结构表述清楚，李雷、简兆权、

张鲁艳（2013）对上述基本命题进行了逻辑归类与关系辨析，形成以"基础—过程—目标"为主线构建的关系框架。由此可以看出，服务主导逻辑的命题以"服务生态系统"构建为最终目标，说明了各促进因素的作用过程，各命题分别侧重于解决不同问题。其中命题7、命题10和命题11涉及服务生态系统的促进因素，分别强调价值主张、体验情境和制度，促进因素通过相互作用机制促进服务生态系统形成、发展和实现服务生态系统为目标；命题6和命题9涉及服务生态系统的价值共创，强调一切社会和经济参与者都是资源整合者，而且多个参与者（受益人）共同创造价值；命题1和命题5涉及服务生态系统的服务创新，强调服务是交换的根本基础，一切经济都是服务经济（见图2-30）。

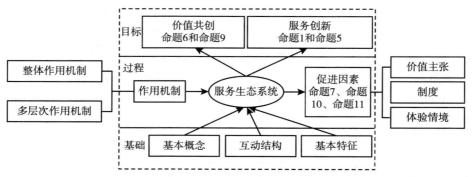

图2-30　服务主导逻辑基本命题的归类与逻辑关系辨析

刘林青、雷昊、谭力文（2010）将价值创造网络称为服务生态系统（service ecosystems），并用图示来表达服务系统组成的松散耦合关系。并指出在该系统中，企业战略的焦点不再是公司、甚至产业，而是服务生态系统本身。其任务是重新配置服务生态系统中行动者的角色和关系，目的是使价值创造进入新的形式（见图2-31）。

张建军、赵启兰、邢大宁（2019）立足服务主导逻辑思想，同时结合产品服务供应链的结构特征，构建了基于服务主导逻辑的产品服务供应链研究框架，即以产品服务供应链生态系统为中心，以价值主张、资源整合、服务传递、价值共创、价值共享和价值目标为支撑的闭环结构。在产品服务供应链中，不仅有制造商、零售商和消费者等参与主体，还包括为制造商、零售

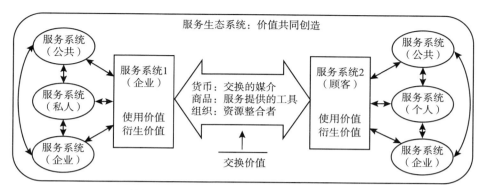

图 2 – 31　服务主导逻辑下的价值共同创造

商、消费者提供不同类别服务的服务提供商。服务主导逻辑理论对于解释基于客户深度参与的产品服务供应链等相关问题具有明显优势，可加快其向供应链平台生态系统的转化速度，对于构建平台生态系统理论框架、加快形成一体化的服务体系、满足客户需求、实现平台生态系统的价值目标等具有重要意义（见图 2 – 32）。

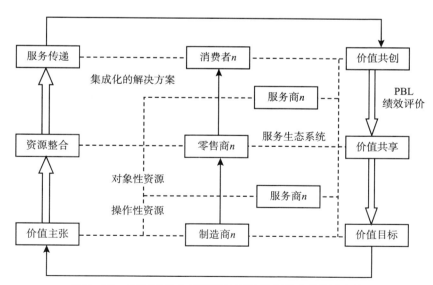

图 2 – 32　基于服务主导逻辑的产品服务供应链研究框架

2. 价值共创的本质、驱动因素和关键维度。

共同创造价值的基本思想要求企业在设计提供物时重新界定价值共创各方的作用和相互关系，把消费者的价值共创方式和消费者与企业的关系体现在其组织、流程设计等内部管理过程中，形成一个新的价值创造系统（Vargo and Lusch，2008）。在此系统中通过"成员组合"方式进行角色与关系的重塑，经由新的角色，以新的协同关系再创价值（罗珉，2006）。刘林青、雷昊、谭力文（2010）将价值创造网络称为服务生态系统（service ecosystems），并用图示来表达服务系统组成的松散耦合关系。并指出在该系统中，企业战略的焦点不再是公司甚至产业，而是服务生态系统本身。其任务是重新配置服务生态系统中行动者的角色和关系，目的是使价值创造进入新的形式。瓦尔格和鲁斯柯（Vargo and Lusch，2016）给价值共创下的最新定义是：价值共创是参与者通过资源整合、服务互换在服务生态系统中共同创造价值，并通过恰当的制度安排促进、协调参与者行为和促进参与者互动。价值共创的原则在于通过不断的参与和互动来创造竞争优势、创新方式、分工协作过程以及复杂网络中多方主体的健康关系（Akhilesh，2017），这将会为利益相关方提供参与解决品牌竞争力的机会。

由此，价值共创的本质可以理解为将经济中的不同参与者看作一个旨在汇集各种资源的"服务系统"，组织应充分整合自身和合作伙伴的资源，设法挣脱内、外部各种约束因素的束缚，与合作伙伴沟通、对话，共同提出价值主张、提供服务和构建价值网络，以组织网络、信息网络为支撑，进行资源整合、资源共享和价值共创（Vargo and Lusch，2004）。价值创造的驱动因素是组织的异质性知识，而知识内隐于各类资源之中，资源的现实拥有者又是组织的利益相关者，因此价值共创活动顺利进行的关键就在于拥有不同资源的利益相关者能够积极参与到价值创造活动中来，其本原是运用既有知识创造新知识的过程（王世权，2010）。瓦尔格和鲁斯柯（Vargo and Lusch，2008）指出价值共创过程实质上是社区中集体互动的产物。米特斯、赫尔和瓦尔格（Mertz，He and Vargo，2009）认为利益相关者之间持续的、社会性的、高度动态的互动是价值共创的行为轨迹。拉玛尼和库姆尔（Ramani and Kumar，2008）强调相关利益主体通过彼此间的交互，协同力量，充分利用操作性资源共创价值。价值共创需要共创主体的直接交互，这些交互的直接后果就产生共同活动（Grönroos，2011；Grönroos and Ravald，2011）。普拉哈拉德和拉马斯维米（Prahalad and Ramaswamy，2004）构建"DART"模型，指出对话、提供透明度、信息的获取及风险收益是价值共创的前提，上述驱动因素可以激发企业与消费者共同创造价值，以保证共创价值的效率。马瑞森和恩德鲁（Mariussen and Ndlovu，2012）通过定性研究提出的价值共创概念化模型中的关键硬件要素包含过程、参与者、平台和遭遇等。米勒（Mele，2011）则强调信任、承诺及合作等软性要素在价值共创中的作用。阿奇和舒尔茨（Hatch and Schultz，2010）识别出的价值共创的关键维度包括参与和组织自我披露。张婧等（2014）则借鉴文献以及探索性研究，识别出价值共创的三个维度：共同制订计划、共同执行计划和共同解决问题，并通过实证研究发现：服务主导逻辑导向将提升服务企业与顾客企业进行资源互动的能力，进而改善二者共同制订计划、共同执行计划、共同解决问题等价值共创活动，最终提升顾客价值认知。

综上所述，价值共创理论的产生是时代发展的必然结果，商业环境的变化使得企业在战略制定以及营销理念上必须转向服务主导逻辑。该理论提出至今，从商业模式创新、战略、品牌管理、消费行为、创新等领域为营销研究和企业实践提供了全新的逻辑框架和思维导向（Merz and Vargo，2009；Payne et al.，2009）。该范式使营销战略的关注焦点从售点销售转向聚焦服务关系，而为实现该目的，营销者必须更新资源配置的观念（Ballantyne and Aitken，2007）。但学者们也认识到，服务主导逻辑作为一种新的营销范式，目前仍处于理论形成和完善阶段，它提供了一种宝贵的思维方式，但尚缺乏系统完备的理论框架。任何领域的学者均能以其为视角，提出、检验、改变甚至摒弃相关理论（Gummesson and Mele，2010）。价值共创研究尚处于概念研究阶段，相关理论尚未成熟。价值共创缺乏可操作化的关键构念和实证研究结论（Payne et al.，2009），其形成过程、机理与驱动因素不清晰。

2.3.2 服务主导逻辑与品牌研究的整合：价值共创是品牌价值培育的重要手段

1. 品牌价值研究的理论演化。

从商品主导逻辑到服务主导逻辑范式的演变同样反映在营销领域学者们对"品牌价值如何产生及创造"这一重要问题的解释上。詹刘满（2013）在对大量文献进行研究的基础上，提出品牌价值来源经历了聚焦商品、聚焦顾客、聚焦关系，再到聚焦利益相关者的理论演化过程。

聚焦商品的观点主张根据现金流、收益、市场份额，股票价格、销售额等方法测量品牌价值（Chandon，2003）。品牌价值创造的焦点在于独特的商品上，品牌的价值被认为是被嵌入在物理性的商品上，只有通过交换才能实现和体现。这个时期的品牌化本质上是商品主导逻辑的品牌化（詹刘满，2013）。

聚焦顾客的观点则认为应从品牌联想、意识、忠诚度、感知质量、顾客的品牌知识以及顾客愿意支付给品牌的价格溢价角度来测量（Aaker，1996；Keller，1993）。由企业提出品牌主张，而品牌价值评估基于消费者头脑中的品牌知识结构产生。品牌价值来源于顾客心智，企业要充分了解消费者对品牌的认识、判断和感受。品牌形象和品牌认知是驱动品牌价值的主导力量。显然，这一阶段的品牌演化已经开始转化为顾客视角，遵循服务主导逻辑的思路进行演进并部分达成。

聚焦关系的观点认为品牌价值是由产品或服务使用过程中的顾客感知价值决定的。顾客作为行动者参与品牌价值的共同创造，强调企业、品牌、顾客之间的互动和价值共创的过程（詹刘满，2013）。顾客和品牌形成积极良好的互动关系，并主动参与价值创造。品牌价值的驱动因素是顾客感知价值，不再通过交换价值来体现。这个阶段的理论已将顾客置于品牌价值创造的核心位置，标志着在品牌管理领域已完全遵从服务主导逻辑的思路。

聚焦利益相关者的品牌理论是品牌演进的最高阶段。品牌价值形成被看作是一个多方利益主体在一个可以对话的平台上进行交互的社会过程（Merz，He and Vargo，2009；Iansiti and Levien，2004；Helm and Jones，2010；Iglesias and Bonet，2012）。学者们普遍认同企业的品牌价值来源于企业、顾客及其他利益相关者的互动共享过程。品牌价值被认为是品牌被感知的在使用中的价值，共同地由所有利益相关者来决定（Jones，2005）。品牌管理者应对所有利益相关者进行通盘考虑，整合其所拥有的资源，以达到共创品牌价值的良性循环（Brodie et al.，2009；Hatch and Schultz，2010；Frow and Payne，2011；Marandi et al.，2010）。不仅企业品牌需融合生产商、消费者及价值网络中的合作者共创价值，产业品牌更需融合价值链中的各个利益相关者的力量来实现价值共创（Ballantyne and Aitken，2007）。目前，学术界普遍认可的品牌理论已把品牌建设置于服务生态系统和社会网络下，关注品牌利益相关者的互动过程，认识到是公司、员工、顾客、利益相关者在动态的生态环境下相互互动共同创造品牌价值，并发挥好各自的作用。

2. 价值共创是品牌价值培育的重要手段。

服务主导逻辑范式为品牌研究开创了新的视角，鼓励品牌战略向多元化的沟通式交互模式演进。品牌与消费者及其他利益相关者的互动（通过直接经验、口碑或大众媒体）是品牌意义的来源。品牌营销沟通模式经历了从信息传递、交流沟通到对话的转变（Ballantyne and Aitken，2007）。价值共创与品牌进行融合，就形成了顾客与品牌的交互并最终发展为品牌关系（Fournier，1998；Muniz and O'Guinn，2001；Rozanski，Baum and Wolfsen，1999；Smit，Bronner and Tolboom，2007）。品牌部落、品牌社群等新概念不断涌现，上述组织是市场上品牌意义最活跃的传播者，是品牌价值的创造者（Cova，Kozinets and Shankar，2007，Kozinets，1999；Patterson，1998；McAlexander，Schouten and Koenig，2002；Muniz and O'Guinn，2001）。品牌价值在利益相关者生态系统中被共同创造（侯立松，2010）。顾客与其他利益相关者作为操作性资源，是市场资源的融合者和价值的创造者（Vargo and Lusch，2004）。品牌价值依托于企业、顾客与其他利益相关者的互动，多重利益相关者的品牌价值协同共创活动是品牌培育和发展的关键（Merz et al.，2009；Iansiti et al.，2004）。

上述思想的转变充分说明品牌理论的演化过程与服务主导逻辑范式下的营销科学演进路径不谋而合。近年来营销环境的变化，促使品牌领域的研究逐渐向关系营销、利益相关者营销方向转变。学者将关注点从企业与市场的二元关系中解放出来，转而研究如何通过保障由多元利益相关者参与的品牌共建来实现品牌价值的提升。价值共创是品牌价值培育的重要手段。但从收集到的文献来看，品牌价值共创过程如何被组织，其运作机理与驱动因素分别是什么等问题尚不清晰。

2.3.3 农业集群品牌价值共创的相关研究

集群价值共创是指集群管理者为集群网络中利益相关者创造共享价值并促进集群共享经济可持续发展的战略导向（何中兵、谭力文、赵满路、曲世友，2018）。郑秋锦、许安心、田建春（2007）在分析我国传统特色农业集群品牌建设现状的基础上，发现集群中普遍存在的品牌效应弱、集群分工合作意愿不强、企业品牌竞争力低下等问题，认为问题解决的核心和关键是强化农产品集群品牌协作效应。指出必须推进当地政府、行业协会、农户、集群企业及中介机构等多元主体的协同发展，实现集群品牌建设的战略协同、服务协同、组织协同以及品牌管理协同，提升集群中小企业的隐性品牌竞争力。胡正明、王亚卓（2010）指出建设农产品区域品牌是一项社会化系统工程，需整合各方面的资源，通过政府、行业协会、农业企业共同建设的方式，持续不断地经营和推广农产品品牌的核心价值，提升农产品品牌的消费者影响力、市场竞争力和社会影响力。俞燕、李艳军（2014）认为农业集群价值链功能升级过程实质以区域品牌创新活动为基础，以创新共生、信任合作、价值联盟、协同氛围为创新机制，以区域品牌价值提升为核心，以价值链功能升级为目标的动态互动升级过程。在品牌文化引领下，集群供应链建立以创新共生及信任合作为基础的集群生产网络，形成强有力的价值联盟。通过品牌价值的共同创造，提高了集群组织的生产效率与创新能力，进而提升了区域品牌的价值创造力。李铜山、杨绍闻（2017）认为现代农业产业集群形成和发展的关键驱动力量之一是合作共赢机制。即指参与到现代农业产业集群发展或受其影响的多方利益相关者在完成交易活动或共担任务过程中互惠互利、相得益彰并实现多方共同收益。利益主体间需同心同德、志同道合、诚实守信地共同采取行动，共同创造集群品牌，共同壮大现代农业产业集群。张姮、凌霓（2018）对"互联网＋"时代创意农业品牌服务生态系统设计进行研究，指出应从动态、系统、松散耦合的网络系统思考方式出发，将品牌服务需求主体从农户、新农人、农业合作社、农产品加工者、农业电商、农业园、民宿、农资服务商、农技服务商、农业追溯监测商等扩展到网络社区等各类相关主体，品牌服务亦从单纯的品牌设计扩展为一个"问题解决者"，构建品牌社区服务体系，加深各利益主体彼此间互动，更有效地进行创意农业品牌塑造。

　　国外也有部分学者对此进行了探讨。艾伦（Allen，2007）指出区域品牌领域中的两大关键问题：即政府领导作用和其他利益相关者在品牌建设中的重要作用。首先，政府对区域品牌的重视及强有力的支持是该品牌成功的关键；其次，集群中利益相关者的支撑是该品牌成功的重要保证。集群品牌建设要求其中的所有利益相关者行为协作一致，为共同的品牌愿景而努力。但实际经营中会遇到各主体往往有独立的个体品牌和个人利益，与公共利益不一致甚至不能被包容（Henderson，2007），因此，集群品牌或区域品牌管理者面临管理和协调网络中利益主体关系的重大挑战。

2.3.4 品牌价值共创的相关实证研究

张婧、邓卉（2013）将服务主导逻辑的思维范式整合到品牌研究领域，首先通过案例研究识别了品牌价值共创活动的关键维度，提炼出理论构念，确立研究模型和研究假设（见图 2 - 33）；在此基础上，通过定量研究对关键利益相关者界面上的品牌价值共创活动如何影响顾客的品牌价值认知，进而影响企业的品牌绩效进行了规范的实证研究。研究结论对指导产业服务企业关注多重利益相关者构建的社会网络中的互动性价值共创活动，以此提升品牌管理绩效，具有理论借鉴意义。本书是国内第一个从服务主导逻辑视角对产业品牌价值形成机理进行理论与实证探索的研究。

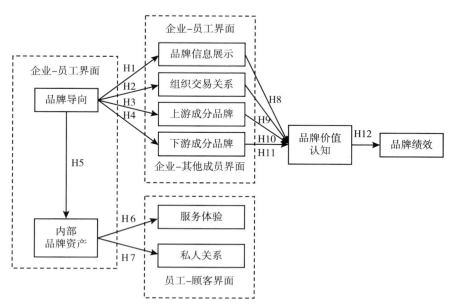

图 2 - 33 服务主导逻辑视角的产业品牌价值形成机理

　　杨保军（2019）通过对宁夏食品生产加工行业龙头品牌企业"敬义泰"案例的研究发现：企业、顾客、供应链共同创造品牌价值。品牌价值的构成要素包括消费者对品牌的认知价值、企业员工价值及供应链价值。品牌价值共创包括企业维度、顾客维度和供应链维度。其中，企业内部文化推动、员工参与和品牌内部化活动是品牌价值创造的第一层次；顾客参与企业的产品研发、营销活动中，将需求融入其中，是品牌价值创造的第二层次；通过与供应链系统的互动推动品牌价值创造，并实现了企业品牌绩效的提升是第三层次（见图 2 - 34）。

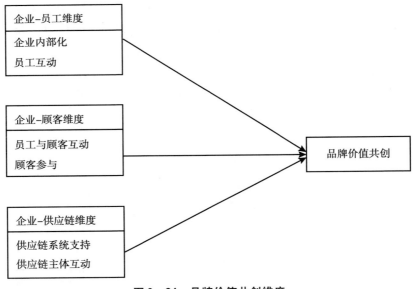

图 2 - 34　品牌价值共创维度

　　孙永波、丁沂昕、王勇（2018）将价值共创理论与品牌权益相结合，通过分析价值共创互动行为、感知价值、品牌权益之间的关系，探讨了在感知价值的中介作用下，客户参与以互动为中心的价值共创行为对品牌权益的作用路径，构建了三者之间关系的研究模型，通过问卷调查收集数据进行实证研究，揭示了服务产业领域客户参与互动对品牌权益的内在机理作用。研究证明激发客户价值共创意愿，增强对互动过程的感知价值和行为体验，有助于构建企业与外部利益相关者价值链，加强品牌认知、品牌联想、品牌感知质量和品牌忠诚，为管理企业品牌权益的创造和治理提供更加全面的视角（见图 2 - 35）。

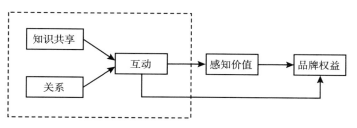

图 2 - 35　价值共创互动行为、感知价值、品牌权益关系模型

2.4　社会资本的相关研究

2.4.1　社会资本概念

近年来，社会资本作为社会学、经济学、管理学等领域的一种新的分析范畴与工具，受到广大学者的充分关注。普特南（Putman，1993）认为社会资本是指"社会组织的某种特征，例如参与网络、社会规范和信任，这些特征促进人们追求共同利益而采取行动和合作，从而提高社会效率"。他认为社会资本使合作成为可能，人们广泛参与社会网络，促进了稳固的整体互惠规范的建立，有助于社会信任的产生，而信任是解决集体行动困境的关键。因此，社会资本是解决集体行动问题的重要工具，可以最大限度减少背叛不履行义务和"搭便车"问题（Marshall，2009）。波拉迪尔（Bourdieu，1985）提出社会资本的概念，认为社会资本是社会网络成员或群体拥有的实际和潜在的资源的集合体，这些资源由一个特定群体成员共同拥有，为群体的每一个成员提供共有资源支持。人们通过对网络的占有来获取资源。行动者拥有的资源数量取决于其占有的网络规模及数量，并且同时依赖于和他发生联系的其他主体占有的资源数量。林南（2002）认为社会资本是在"镶嵌在社会网络中，服务于特定行动目标的可以被获取、被动员的资源，个体可通过先天继承及后天投资以获取相应的社会资本"。胡伯勒（Huber, 2009）将社会资本定义为"某种目的性行动中被嵌入在社会网络之中的资源"。那罕彼得和高莎（Nahapiet and Ghoshal, 1998）将社会资本视为来自于个人或组织所占有的关系网络之中，嵌入在网络之中并在网络中可以利用的资源，是网络中实际和潜在资源的总和。布雷姆和鲁恩（Brehm and Rahn, 1997）将社会资本界定为"个体间形成的合作关系网络"，有助于集体行为问题的解决。布尔特（Burt, 1992）指出社会资本是同事、朋友、熟人等人与人之间普遍的社会联系，通过这些联系，可以获得使用金融或人力资本等其他形式资本的机会。并提出"结构洞社会资本"理论，即网络中的结构洞有更大的获取非重复资源的机会，企业家可以通过寻找结构洞获得新资源。社会资本的网络结构受网络规模、网络密度、网络限制及网络等级制等因素的影响，关注网络中各节点如何提供资源和控制资源，如何实现利益共享，共享财富、权力、价值等（Burt, 1997; Burt, 1998）。都拉弗和法弗查姆斯（Durlauf and Fafchamps, 2003）认为在社会网络中形成的信任和行为规范就是社会资本，可以促进社会和经济价值实现。夫库亚玛（Fukuyama, 1995）指出社会资本是在社会特定的群体之中，行动者之间的信任普及程度。乌尔考克（Woolcock, 1998）认为社会资本是个体间社会网络的信任、信息与互惠规范。

张方华（2004）将社会资本定义为企业建立在信任和规范基础上的各种社会关系，以及借助社会网络及其他社会结构获取外部稀缺资源的能力。边燕杰、丘海雄（2000）亦认为社会资本是行动主体与社会的联系以及通过这种联系来摄取稀缺资源的能力。人与人之间在信任和合作基础上形成的社会网络（张其仔, 1999）。基于人与人、企业与企业之间的信任和合作基础上所建立的各种社会关系网络的总和，是提高资源配置效率的一种重要的组织形式（陈劲、张方华, 2002）。张宏（2007）则指出社会资本是镶嵌于社会结构和关系网络中的、可以在有目的的行动中汲取或动员的资源，以及由关系网络衍生的资源的总和。此概念包括三种成分：（1）镶嵌于一种社会结构中的资源；（2）个人（或组织）对这些社会资源的拥有和共享；（3）通过有目的行动来运用或动员这些社会资源。

从上述文献来看，学术界有关社会资本的定义尚未形成共识，但其内涵已逐渐清晰化，逐渐向网络、资源、规范与信任等三个方面收敛（Halpern,

2005）。首先，社会资本植根于网络之中，不能离开社会网络谈论社会资本；其次，社会资本是嵌入在网络关系中的可以增值的资源，是一种能够促进行为个体之间合作的生产性资源，可以帮助行为个体通过社会网络中的联系来获取利益；最后，信任、规范是其核心构成要素。

2.4.2 社会资本的研究层面

社会资本按照研究的不同的层次，可以分为微观、中观和宏观三个层面（Turner，1999）。微观层面的社会资本侧重研究个人通过建立社会关系来获取所需资源，个人通过地缘关系、血缘关系、亲缘关系、学缘关系等各种关系形式融入网络，主要涉及嵌入社会结构中的资源、资源的可获得性以及对这些资源的使用。是从个人层面出发，将微观个体作为研究主体，以其行为决策作为重点，探讨嵌入在个人社会网络中的资源，讨论个体的社会网络调动资源的潜力，关注的是个人的结果；中观层面的社会资本重点研究的是社会网络的结构化，主要是以正式和非正式的制度、组织惯例、习俗、规则等形式存在，强调个人、企业、社区、团体等因其在社会结构中所处的特定位置引起的对资源的可获得性。关注网络中成员之间连接的状况，以及资源在特定网络结构中的形成途径，包括开放的社会关系网络结构、有效的制度规范、信任、规范、共同的价值观以及合作性的社会组织等。组织视角的研究（包括企业的社会资本、集群社会资本等）均属于中观层面；宏观层次的社会资本关注的则是在团体、社会或国家中某一群体对社会资本的占有情况，特定的社会资本网络嵌入在政治经济体系中以及嵌入在文化或规范体系中的方式。

2.4.3 社会资本的构成维度

学术界最有影响力的有关社会资本的维度划分当属那罕彼得和高莎（Nahapiet and Ghoshal，1998）的三维度划分法：即结构维度（structural dimension）、关系维度（relational dimension）和认知维度（cognitive dimension），很多学者的研究均以此为理论基础。结构维度是指网络个体间各种连接的总和，重点强调网络中普遍存在的各种连接的特性、网络配置特点，比如连接的强弱、密度、中心性、连通性等结构特征；关系维度重点关注个体之间通过互动交往而建立起来的相互关系，包括信任、规范、认可、期望、尊重等；认知维度则关注网络中各相关主体的认知范式，提供主体间共同理解的表述、阐释及意义，包括是否拥有共同经历、共同语言、共同叙事方法、共同愿景等。众多学者以该理论为基础进一步形成自己的观点。特赛和高莎（Tsai and Ghoshal，1998）认为社会资本包括社会相互作用连接、信任与可信赖、共享愿景三个维度。尹柯彭和特桑（Inkpen and Tsang，2005）指出社会资本包括网络连接、网络构造、网络稳定性、信任、共享的目标、共享的文化等。陈明惠等（Chen et al.，2008）认为社会资本包含社会相互作用、网络连接、相互信任、共享目标等。摩勒、贝尔、孟古柯和维特维尔（Merlo，Bell，Menguc and Whitwell，2006）指出开放的交流、信任文化以及共享愿景构成社会资本的三大维度。韦影（2006）将社会资本划分为结构维（联系的频繁程度、联系的密切程度、联系的数量/时间）、关系维（基于戒备的信任、真诚合作、信守诺言）、认知维（共同语言、相似价值观）。其中结构维的作用在于产生网络信息收益，关系维的作用主要体现为建立主体间彼此信任的基础，而认知维的作用则在于有效沟通。上述学者提出的社会资本构成均是以三维度划分法为基础的。

格拉诺维特（Granovette，1985）和古拉提（Gulati，1998）从结构嵌入和关系嵌入视角分析社会资本。结构嵌入指社会系统和整体网络特征，说明联系的特征和强度；关系嵌入指人们在长期互动交流过程中形成的人际关系，比如信任、尊重、友谊等。克里诗娜等（Krishna et al.，2002）认为社会资本包括结构型社和认知型两种，结构型指通过规章、程序和制度建立网络并明确角色，促进资源共享、采取集体行动；认知型则是指彼此共享的社会规范、价值观、信任、态度以及信仰等。张方华（2004）将社会资本分为纵向、横向和社会关系三个部分，其中纵向关系社会资本指企业通过价值链系统与客户和供应商之间建立的关系资本；横向关系社会资本指的是企业与竞争对手以及其他企业之间建立的各种横向关系资本；社会关系的社会资本则是指企业与大学、科研机构、政府、金融机构、中介组织、行业协会、风投机构等外部组织间建立的各种关系资本。

2.4.4　有关产业集群社会资本的研究

作为一个具有地理临近性的网络组织，社会资本嵌入于产业集群中，通过主体间互动促进组织之间的合作，改善相互信任的关系。玛莎尔（Marshall，1920）发现产业集群的重要特征表现为基于信任基础的产业氛围。狄格鲁斯和卢戈曼（D'Cruz and Rugman，1993）指出，地理接近形成的集群通过协调彼此的网络利益，有助于建立紧密互惠的合作网络关系。陈慧娟、吴秉恩（2000）的研究表明成员企业之间彼此的承诺和信任关系构成产业集群发展的重要基础。聂鸣等（2004）认为集群社会资本包括规范、基于价值链的合作网络与信任、集群内知识流动。柏遵华、聂鸣（2004）认为，产业集群社会资本包含四种类型：企业内部社会资本、企业间社会资本、企业及相关产业间社会资本以及企业和政府、大学、协会等实体间的社会资本。朱允卫、黄祖辉（2007）认为集群社会资本是集群中的企业内部，企业同其他企业、政府部门、大学、科研机构、社会服务机构等部门相互之间的关系，具体表现为集群内部的规范、信任与合作、知识的流动机制，以及自增强机制的社会网络等，也包括企业获取并利用这些关系来摄取外部信息和其他资源的能力的总和。胡伯勒（Huber，2009）将基于网络和资源的集体社会资本概念应用于产业集群分析，认为集群社会资本是嵌入在集群网络中，可以为集群成员获得并调动的资源，包括内部社会资本和外部社会资本。其中内部社会资本是集群内部因成员之间关系带来的资源；外部社会资本是指集群中的个体与集群之外的群体互动关系带来的资源。肖为群、王迎军（2013）从个体层次和宏观层次将集群社会资本分为个体社会资本（资源）和集体社会资本（能力）两部分，认为集群社会资本对集群内企业的成长有重要的影响。刘中会、刘力臻（2009）指出产业集群社会资本包括集群的整体文化与人文环境、集群整体品牌等。集群社会资本的重要特点在于其整体性，一旦形成，将对集群内的所有行为主体产生作用，使得各行为主体成为一个共同体，彼此之间形成相互依存、相互促进的共生关系。陈礼林、崔祥民（2012）提出产业集群社会资本的多目标灰色局势评价法，并将评价标准规定为规模评价（联系对象的数量）、结构评价（联系人的类别和比例）、强度评价（主体间联系密切的程度）、信任性评价（对联系人的信任和对产业集群信任氛围的评价）和一致性评价（产业集群内企业是否具有一致的愿景、习俗、惯例、规则和制度）等五个指标。

　　上述有关产业集群社会资本的研究，均在以下三个方面达成共识：第一，产业集群的地理集聚为集群主体间形成频繁而持久的联系、彼此信任、互惠的规范提供便利条件。第二，产业集群社会资本是来自集群网络的资源，是集群中个人及组织可以从社会网络关系中获取的有助于实现自身行为目标的社会资源。第三，网络结构、信任、承诺、良好的行为规范、紧密关系、共同的价值观等集群社会资本有利于集群企业间的资源、信息和交流和共享，有助于彼此信任、促进合作、降低交易成本，从而极大程度促进产业集群的成长与发展。

2.4.5　有关社会资本的实证研究

　　张晓棠、安立仁、董广茂（2015）探究了关系强度、社会资本对知识获取绩效的作用机理。基于社会结构与行动模型，将社会资本细分为集体与个体两层面，包括信任、规范与网络异质资源三构件，建立以关系强度为自变量、社会资本为中介变量、知识获取绩效为因变量的理论模型，通过233家企业调研数据，应用结构方程模型予以实证检验（见图2-36）。

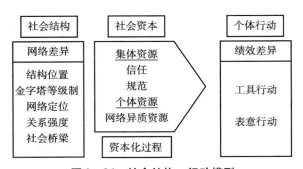

图2-36　社会结构：行动模型

　　朱建民、史旭丹（2015）指出产业集群由于特殊的空间组织形态，可以促进集群内各成员间很好的实现资源共享与信息交流，产生更多合作机会，有利于社会资本积累，更加便捷地获取有价值的互补性资源，对于产业集群创新绩效的提升具有十分重要的意义。并创新性地提出产业集群社会资本包括纵向、横向、斜向社会资本的三个维度，基于产业集群不同生命周期阶段，各个维度特征不尽相同的视角，对创新绩效的影响是否会呈现较大差距进行深入探讨，以此为处于不同生命周期阶段的产业集群创新绩效提升提供理论参考（见图 2 –37）。

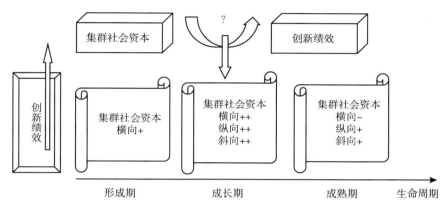

图 2 –37　产业集群不同生命周期阶段集群社会资本对创新绩效的影响概念模型

刘国宜、胡振华、易经章、阳志梅（2014）指出产业集群社会资本是指建立在规范和信任基础上的集群企业内外部关系网络中可利用的潜在和实际的资源，包括信任、规范、关系网络和资源要素等。并运用网络中心度、网络规模、网络开放度、关系强度和关系稳定性来度量集群社会资本，运用统计分析与结构方程模型方法探析了社会资本五个维度对集群企业自主创新能力的影响机制（见图 2 –38）。

李宇、周晓雪、张福珍（2016）认为社会资本对集群创新的主要贡献在于促进了企业合作过程中的知识转移，集群衍生效应又进一步影响知识转移效果，从而最终作用于创新绩效，他们以温州汽车零部件产业集群和大连保税区整车生产产业集群为例，对产业集群社会资本如何作用于集群企业创新绩效进行了深入的实证研究（见图 2 –39）。

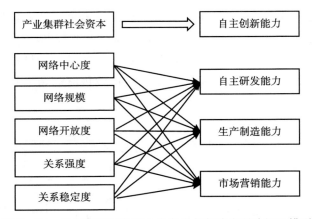

图 2 - 38　社会资本对集群企业自主创新能力影响机理模型

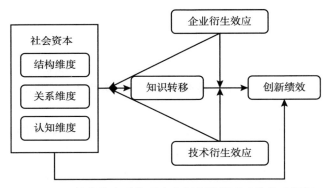

图 2 - 39　社会资本对集群企业创新绩效影响的关系框架

姚伟坤、周梅华、陈金波（2010）在梳理集群社会资本的构成维度以及集群内品牌学习关系的基础上，对集群社会资本如何影响集群内品牌学习进行了研究。将集群社会资本划分为集群主体的集体认知、集群信任水平、集群结构性社会资本。并将品牌间学习关系分为非正式学习关系、正式学习关系两种类型。研究发现社会资本能够促进集群内的非正式沟通，增强人才流动的效率，从而促进品牌的非正式学习的效率；集群社会资本能够促进品牌与相关主体的学习互惠性，降低合作学习的冲突以及合作成本，从而促进品牌的正式学习的效率；集群社会资本能够促进品牌知识吸收能力的提高，从而提高个体品牌学习的效率。

曾亿武、邱东茂、郭红东（2017）对集群社会资本如何影响农户网店经营绩效进行了实证研究。以八个发展比较成熟的淘宝村为案例研究对象，通过质性研究法提出集群社会资本对农户网店经营绩效作用机理的理论模型。研究发现，集群社会资本通过作用于资源获取、创新能力和市场开拓三个中介变量影响农户网店经营绩效：集群网络和集群声誉通过作用于资源获取对农户的网店收入产生影响；集群网络和集群规范通过作用于创新能力对农户的网店收入和销量产生影响；集群声誉通过作用于市场开拓对农户的网店销量产生影响（见图 2 – 40）。

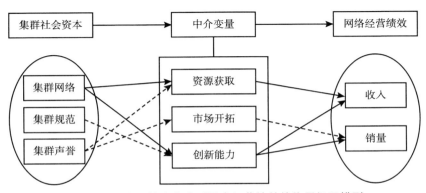

图 2 – 40 集群社会资本对网店经营绩效的作用机理模型

骆广祥（2010）提出集群企业间的地理集聚、专业化分工，通过促进集群内企业间合作为中小企业集群社会资本不断积累创造有利条件，其中地理集聚和专业化分工是前置变量，集群企业间合作是内生变量，地理集聚与专业化分工必须通过有利于集群企业间合作，从而为中小企业集群社会资本的正反馈效应创造良好条件（见图 2 – 41）。

图 2 – 41 中小企业集群社会资本正反馈效应的前置条件

2.5　品牌价值的相关研究

2.5.1　品牌价值的内涵

品牌价值（brand value）是 20 世纪 80 年代出现的重要营销概念之一，它的提出强化了品牌在营销战略中的重要地位。其英文表述有 "brand value" "brand equity" "brand asset" 等，中文翻译有 "品牌价值" "品牌资产" "品牌权益" "品牌产权" 等。品牌价值解释了拥有品牌的产品与不拥有品牌的产品之间营销结果差异化的原因。

法库哈尔（Farquhar，1989）提出 "经营品牌资产"（managing brand equity）的思想，引起了学术界广泛关注。阿克（Aaker，1991）在案例研究基础上提出完整的品牌资产理论构架，指出品牌资产作为和品牌名称与象征相联系的资产（或负债）的集合，它能够使通过产品或服务所提供给顾客（用户）的价值增大（或减少）。品牌资产作为企业最重要的资产之一，是品牌赋予产品的增值或者溢价（Aaker，1991）。凯勒（Keller，1993）提出基于顾客的品牌资产 CBBE（customer-based brand equity），认为是顾客品牌知识所导致的对营销活动的差异化反应。品牌价值由各种营销规划和活动创造的，表现为一种产品和服务积累起来的在贸易过程中可度量的财务价值，可以为产品或服务带来现金流。

综合上述研究成果，品牌价值可以被视为品牌能够为企业带来的当前和未来的超额收益。从品牌经营者角度，品牌因其具有的市场号召力和影响力而形成品牌价值，代表一份价值连城的资产；从顾客角度，顾客因对公司品牌以及产品品牌的喜爱程度进行产品选购，品牌具有的特殊含义改变了他们对产品的感知和经验。随着消费者对品牌认知度的提升、品牌与顾客形成固有的关系、品牌承诺与热爱不断提升，品牌将经成为企业的一种潜在创收资源。品牌将拥有价值，它能够降低企业成本，带来收益，形成进入壁垒，提高企业成长发展能力和抵御风险的能力等。因此品牌价值具有无形资产层面的 "资产" 属性。

2.5.2 品牌价值的评估

品牌价值是一种重要的无形资产。市场上的广告公司、咨询公司、品牌资产评估专业机构在实际应用中把无形的品牌和从其中获得的收益联系起来，发展了多种品牌价值评估模型。已有的评估方法大致分为三种类型（卢泰宏，2002）：第一类是基于公司财务数据的会计方法，利用会计学原理来测量，代表性方法有成本法、替代成本法、市值法；第二类是基于市场的品牌力概念模型，将品牌资产与市场表现相联系，认为品牌价值是品牌未来收益的折现，价值高低应取决于品牌自身成长与扩张能力。代表性方法有品牌资产评估机构英国英特品牌公司（Interbrand Group）提出的英特品牌公司评估模型、美国《金融世界》杂志提出的"金融界"（Financial World）方法；第三类是基于品牌－消费者关系的概念模型，主张品牌资产主要体现品牌与消费者关系的程度，消费者应是品牌资产形成和评估的焦点，假如品牌对于消费者而言没有任何价值，那么它也不可能向投资者、生产商、零售商及其他利益相关者提供任何价值。代表性方法有扬·罗必凯广告公司（Young & Rubicam）提出的品牌财产评估（brand asset valuator，BAV）电通模型、美国著名的品牌专家阿克（Aaker，1996）提出的品牌价值五星模型、凯勒（Keller，1993）基于顾客的品牌资产模型。下面筛选出代表性方面进行说明。

1. 英特品牌公司（Interbrand Group）评估模型。

英特品牌公司评估模型同时考虑主客观两方面的事实依据。客观的数据包括市场占有率、产品销售量以及利润状况；主观判断是确定品牌强度。两者的结合成了英特品牌模型的计算公式：

$$V = P \times S$$

其中，V 为品牌价值；P 为品牌带来的净利润；S 为品牌强度倍数。

英特品牌公司方法评估品牌资产分为两步，首先，确定品牌收益和现金流；其次，根据品牌强度确定折现率。品牌收益反映品牌近几年的获利能力。品牌强度倍数由 7 个方面的因素决定。每个因素的权重有所不同。品牌强度评价因素及其权重如表 2 - 4 所示。

表 2 - 4 　　　　　　　　　　　　　品牌强度评价因素

评价因素	含义	权重（%）
领导力（leadership）	品牌的市场地位	25
稳定力（stability）	品牌维护消费者特权的能力	15
市场力（market）	品牌所处市场的成长和稳定情况	10
国际力（international）	品牌穿越地理文化边界的能力	25
趋势力（trend）	品牌对行业发展方向的影响力	10
支持力（support）	品牌所获得的持续投资和重点支持程度	10
保护力（protection）	品牌的合法性和受保护的程度	5

2. 品牌价值五星模型。

美国著名品牌专家阿克（Aaker，1996）教授指出要从 5 个方面衡量品牌资产：即品牌忠诚度、知名度、感知质量、品牌联想或差异化、其他资产等，提出品牌价值五星模型（见图 2 - 42），并发展出这 5 个方面的 10 项具体评估指标系统（见表 2 - 5）。

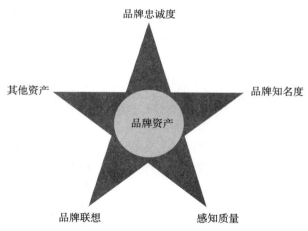

图 2 - 42　品牌价值五星模型

表 2 - 5　　　　　　　　　　　品牌资产评估指标系统

项目	要素
忠诚度评估	1. 价差效应 2. 满意度/忠诚度
品质认知/领导性评估	3. 品质认知 4. 领导性/受欢迎程度
联想性/区隔性评估	5. 价值认知 6. 品牌个性 7. 企业联想
知名度评估	8. 品牌知名度
市场状况评估	9. 市场占有率 10. 市场价格、通路覆盖率

3. 扬·罗必凯广告公司的品牌价值评估模型。

扬·罗必凯广告公司曾经提出过关于品牌资产评估的分析模型（BAV）——电通模型，认为品牌是在消费者的四个主要感知过程中逐步建立起来的，分别是：差异性（品牌在市场上的独特性及差异性程度，是品牌的基础）、相关性（品牌与消费者相关联的程度，是品牌个性与消费者适合程度）、品牌尊重（品牌在消费者心目中受尊敬的程度、档次、认知质量以及受欢迎程度，表明消费者对品牌的关注、态度及评价）以及品牌知识（衡量消费者对品牌内涵及价值的认识和理解的深度，即消费者通过体验最终建立的品牌印象）。在消费者对上述四个维度进行评估基础上，该模型建立了两个因子：一是品牌活力（brand strength），等于差异性与相关性的乘积；二是品牌状态（brand stature），等于品牌尊重与品牌知识的乘积。并进而构成了品牌力矩阵，可用于判别品牌所处的发展阶段（见图 2 - 43）。

4. 凯勒基于顾客的品牌资产模型。

凯勒（Keller，1993）指出基于顾客的品牌资产是由于顾客的品牌知识所导致的对营销活动的差异化反应。顾客在长期的经验中对品牌的所知、所感、所见和所闻形成品牌知识。其中品牌认知（brand awareness）与记忆中品牌节点的强度有关，反映了顾客在不同情况下辨认该品牌的能力；品牌形象（brand image）是顾客对品牌的感知，反映为顾客记忆中关于该品牌的联想。

品牌状态=品牌知识×品牌尊重
品牌活力=品牌差异×品牌相关

图 2 - 43　扬·罗必凯公司品牌力矩阵

积极的品牌形象是通过营销活动将强有力的、偏好的、独特的联想与记忆中的品牌联系起来而建立的。当顾客对品牌有高度的认知和熟悉度，并在记忆中形成了强有力的、偏好的、独特的品牌联想时，就会形成基于顾客的品牌资产（见图 2 - 44）。

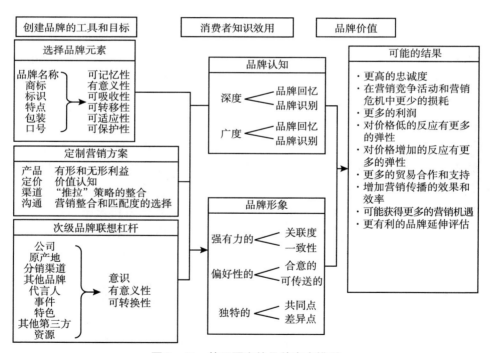

图 2 - 44　基于顾客的品牌资产模型

2.5.3 品牌价值由谁创造

关于品牌价值由谁创造的问题,目前学术界的主流看法有三种:一是企业视角下的资产价值来源理论;二是顾客视角下的品牌价值来源理论;三是利益相关者视角下的品牌价值来源理论。

企业视角下的资产价值理论认为品牌价值是一种超越生产、商品和所有有形资产以外的价值,是为商品或服务冠上品牌后所产生的溢价。该理论以生产和消费相分离为前提,认为品牌经营主体创造品牌价值,强调运营者与消费者之间的价值交换过程,消费者是价值的消费主体和接受主体。

顾客视角下的品牌价值理论强调品牌价值的最后实现是由消费者来决定,认为企业和消费者都是价值创造的主体,其中企业的角色是价值促进和价值合作创造者,而消费者的角色是价值创造者和合作生产者。价值创造的过程是由企业提供价值主张,由顾客使用资源与企业共同创造价值。该理论认为品牌价值是在产品(或生产环节)和消费者的互动过程中形成的。

利益相关者视角下的品牌价值理论则进一步扩大了品牌价值创造主体的范围,认为品牌运营商、顾客、企业员工、投资者、供应商、中间商、合作者、政府、社会公众等利益相关者均是品牌价值的创造主体,品牌与利益相关者的互动关系直接影响品牌价值的实现,要更好地创造顾客价值,必须依赖其他利益相关者的积极参与、支持与贡献(Duncan and Moriarty,1997)。企业要有效地将品牌与多方利益相关者的需求有机地结合在一起,通过满足利益相关者各自的价值需求,增强利益相关者对品牌的认同、信任和承诺,激发利益相关者对品牌价值创造的参与、合作、消费和支持的积极性和持续性。因此,品牌价值的创造应以满足所有利益相关者的价值需求为目的,并通过品牌与利益相关者之间的互动关系来完成。

第 3 章

农业集群品牌价值共创战略的实践运用

【本章提要】美国加州新奇士柑橘、美国爱达荷土豆、浙江"丽水山耕"等代表性地域农产品纷纷通过农业集群品牌打造，终结了散乱经营的小农经济模式，协同各方力量共谋发展，通过价值共创走向今日辉煌。上述典型案例是对农业集群品牌价值共创进行理论研究的事理基础。本章将分别通过对上述品牌价值共创实践运用过程的探究，从事理角度探析农业集群品牌价值共创的内在科学本质。

3.1 美国加州新奇士品牌价值共创实践探究

3.1.1 品牌发展简介

美国西部加利福尼亚州和亚利桑那州由于阳光充沛、土壤肥沃、昼夜温差大，是柑橘产业的主要集聚区，种植历史长达一个多世纪，种植面积超过 30 万英亩土地。100 多年前，当时市场上的柑橘主要由代理商收购和销售，由于产品同质化、销售渠道单一，柑橘收购时被大幅压价，甚至采用寄售方式，橘农承担绝大多数风险却利润低下，甚至陷入破产边缘。严峻的现实使果农意识到必须联合起来成立一个总控协调组织。于是，在 1893 年果农们自发组织起"南加州水果与农产品合作社"，协调种植者间的利益，制定标准、严控品质、统一提供运销服务。1908 年，确定"新奇士"这一品牌名称，并于 1909 年确立对旗下所有产品统一使用"新奇士"品牌。至 1952 年，"南加州水果与农产品合作社"正式更名"美国新奇士种植者协会"（Sunkist Growers Inc.），即新奇士合作社，成为目前世界范围内历史悠久、规模庞大、声誉卓著的非营利性组织。"新奇士"品牌由新奇士合作社组建的公司运营，目前在建立统一品牌、进行广告促销、介入全球运输体系、培植多元化的研究能力、借助政府之力开拓海外市场方面取得了卓越成就。向市场提供 700 余种产品，远销世界 77 个国家和地区。

美国加州柑橘集群品牌新奇士历经 100 多年成长为世界知名品牌。通过抢占"世界第一柑橘"从战略高度成功地实现了单品突破，成就了全球第一农业品牌。品牌价值高达 10 亿美元，在全美排名第 43 位，全世界排名第 47 位（来源于新奇士合作社品牌手册）。在"拥有柑橘类产品最高品质"和"成功的品牌授权"方面享有盛誉，被誉为代表行业标准的"神奇土地上孕育出的蕴含大自然精华的顶级柑橘"。百余年来，新奇士品牌始终如一地坚持向消费者提供"新鲜、健康、品质、年轻"的品牌核心价值，通过不断创新的广告策略，在消费者心智模式中占据代表世界柑橘品类行业标准的王牌地位。其品牌联想聚焦在一代代阅历丰富的年轻人、健康的食品、灿烂的阳光、美好愉悦的生活以及农业可持续发展。使该品牌成长为世界柑橘产业、果品行业的著名品牌，被誉为世界农产品第一品牌，其成长与发展堪称世界农产品领域的营销奇迹。近年来，新奇士品牌经营者通过价值共创战略将所有利益相关者团结起来，抱团取暖，打通价值网络的所有环节，专注于柑橘产业做强做透，利用集群品牌模式创建知名农业品牌，产业集群中充满了正知、正念、正能量，确保商业环境中的良好合作，建立起竞争对手难以超越的商业模式和竞争地位。2016 年，新奇士种植者公司宣布连续第六年收入破 10 亿美元大关，并首次实现连续两年向种植者支付超 10 亿美元的薪金，与 Ventura Coasta 合资的果汁加工项目也取得了巨大成功，在项目实施的第四年，便持续带来副产品收益增加、更加及时的付款以及对种植者分配的巨大贡献。新奇士授权项目和全球采购业务也表现不俗，共 49 个特许经营者，新奇士品牌总共在全球的 77 个国家约 700 中产品上使用（来源于新奇士合作社品牌手册）。

3.1.2 品牌价值共创实践

新奇士品牌的发展实践显示了利用集群品牌价值共创模式创建农产品品牌战略决策的价值。其品牌价值共创战略的实施表现在价值共创环境营造、品牌经营主体与利益相关者资源整合、品牌经营主体与利益相关者互动等三个方面。

1. 价值共创环境营造。

（1）确立品牌价值共创主体，明确治理结构。

农业集群品牌的"公共物品"属性往往导致品牌经营主体缺位、投资不足。集群品牌的共建必须由由集群中处于主导地位、掌握关键能力、并集中代表集群利益相关者的切身利益的组织来担此重任。新奇士合作社作为集群品牌价值共创战略的主导者，其财产由全体成员共同拥有，采取公司管理模式进行市场运营，聘用职业总经理实行专业化经营管理。合作社组织结构由社员大会、董事会、总经理、员工四个层次组成。合作社使用统一的种植标准、统一品牌 Sunkist（中文为"新奇士"），授权果农品牌使用权，全球统一价格，避免成员之间的价格竞争，以区域为核心平均分配订单，根据交易所水果销售量最终决定内部董事会席位分布。作为民间的非营利组织，新奇士合作社主要负责向集群内众多果农、包装企业、产业链其他成员提供技术改良、种植推广、品牌管理和市场运营等服务，合作社运作资金大部分来自政府对农业的大额补贴，如对果农的退税及对农业的预算补贴，少部分来自会员缴交的会费。在经营收入方面，合作社也只保留非成员和其他杂项产生的收入，而其余部分主要回馈给广大果农。

新奇士合作社采取"合同制"的运营模式，由果农、园管理公司、包装厂等自愿加入成为股东之一，聘请职业经理人贯穿经营整条产业链以确保整条产业链的利润分配的公开、透明，将产前、产中和产后各环节形成合同制的利益分配机制：给果农的股权不是按照实际出资额来分配，而是根据每个农民生产多少农产品来配给股权。包装厂负责收购、加工，区域交易所负责接收订单与营销。合作社驻世界各地的代表处将订单传回总部，总部将订单分散到 60 多个包装厂，包装厂根据情况向果农收购果品。合作社每年通过包装厂与果农签订购销合同，在采摘之后的 1~2 个月内，最终向果农付款。

（2）实现了专业化分工以及生产运营及销售方面的五个统一，即农资统一购买；种植技术统一；质量标准统一；采摘包装统一以及市场运营统一。

营销总部根据每年的市场需求预测统一安排种植计划，实现果子分批成熟，保持一年中最长时期的鲜果供应。果农作为新奇士的社员大会成员，除了把产品按标准种植好不用操心其他任何事，合作社会安排科技人员在种植的每个关键环节向果农传授关键技术。每一颗果树均建有电子档案进行数据化管理，包括种植时间、地点、生长情况、采摘记录等。保障各个时期的精确产量都可以向产业链主体精确公布。水果成熟后，果农只需要打个电话，新奇士会派人进行专业化采摘，目前全部采用机器配合人工的采摘方式以提高效率。合作社拥有 61 个包装厂，向果农提供摘、保鲜全套服务。

摘果后运送至包装厂首先会进行第一次人工挑选，之后由全自动流水线自动挑选水果，以保证其外观、色泽的一致。挑选后按照个头大小进行包装、贴标。标签上通过字母、颜色、数字代表其品种、品质、大小、生产条件，被称为 "product look-up code"（PLU），是美国水果商采取的产品标准化管理，将不同类别的水果区别开以利于消费者辨识。每个类别各种档次的水果都有统一价格，避免了成员间的恶性竞争。其中字母代表品种，Navel 是脐橙，每年由 12 月至 5 月季节性供应，易剥易切；Valencia 是夏橙，则由每年 2 月至 10 月长年供应，甘甜多汁，是榨橙汁的最佳之选。黑色标识代表 "晚熟"、蓝色代表 "普通"、粉色代表 "血橙"、绿标代表 "加州橙"。4 位数字的代码代表用传统的种植方法、5 位数字并且以 9 作为开头则代表有机耕种方式种植。标签上面的 4 位数字，则是指橙子的大小。夏橙的大、中、小果则分别是 4381、3108、4014。脐橙的中果、小果分别是 3107、4013。如 "3170NAVEL" 代表中等个头的 "黑标晚橙" 脐橙，该类别是橙子界尊贵身份的象征，代表着高品质和高甜度，意为 "late season 晚橙"，只有经过长年对优质果树的筛选种植，加上果实采摘后经过无破坏光谱设备的挑选，最终才能被佩戴上象征最优品质的黑标。一般在数百个脐橙中，才能有一个能被贴上黑标。质检人员若发现问题，可以直接追溯源头。挑拣剩余的水果被送到饮料厂，被加工成 "新奇士橙汁" 等饮料或其他产品。

另外，在产业链加工、仓储、运输、销售等环节的质量管控上，公司专职聘请督察员每天去包装厂、批发商和零售商处监督巡视，以确保各方执行相关规定、操作符合标准。

（3）建立了基于顾客的品牌资产。

在市场运营方面，百余年来新奇士紧随时代变化和消费者口味变化进行营销策略的创新和品牌形象的打造。

品牌方面，通过规划易读易记、联想丰富的品牌识别建立了深厚的、广泛的顾客认知。新奇士与众不同的品牌识别就是它的品牌名称"Sunkist"，由 Sunkissed（太阳亲吻过的）演变而来，其含义是"阳光之吻"，让人联想到沐浴着温暖的阳光的水果，散发出阳光般的甘甜，果肉细腻汁水丰沛。

产品方面，在新奇士品牌旗下不仅有脐橙，还有柠檬、葡萄等鲜果产品。通过运用商标授权和托权经营等策略，形成由初级农产品到工业品到服务业的完整产业链。新奇士的加工产品包括水果小吃、水果酒、果汁、碳酸饮料、糖果、维生素等。目前，在美国本土与一些农场合作，生产新奇士趣味水果产品，对新鲜水果经过直接加工，既保留营养价值又方便食用。已成为美国中小学校、高校和医院的重要供应商。

定价方面，由于新奇士形成标准化质量管理，酸甜度可以测定，品质优异并且稳定统一，被誉为"橙子界的爱马仕"。因此，价格略高于同类产品，但属于普通家庭完全可以接受的领域。

营销策略方面，新奇士的广告由初期的"理性路线"转向"感性兼顾理性的二元路线"。初期的广告始终围绕"健康"与"营养"两大主题进行诉求，首次提出维生素 C 的概念，结合营养学的最新研究成果，将维生素 C 能消除体内自由基，增加身体抵抗力等好处通过引发小册子等方式不断传递给消费者，并详细列出柑橘和果汁中维生素的含量，对市场进行深度教育。早期的广告口号有"柑橘有益健康，能使加州富强"，于 1907 年首次提出"饮用柑橘"这一概念，并推出"一天两杯，一生健康"的广告语。20 世纪 70 年代后，托权公司的广告则从品牌名称中蕴含的元素出发，广告中出现阳光、沙滩和娱乐等休闲主题。80 年代中期，曾经发生托权公司展开的品牌诉求不一致损害整体品牌形象的情况。因此，合作社重新制定新的广告标准托权规则，从制度角度加强监督，保证了品牌联想的一致性。70 年代以后，广告中开始突出年轻人的活力和激情，并结合理性角度对健康的诉求。随着新时代的到来，体验营销、互联网营销、微博营销、自媒体营销策略也纷纷登场，成为新奇士营销创新的主战场。经过上百年的品牌打造，目前在消费者心智中形成的品牌联想如图 3 - 1 所示。

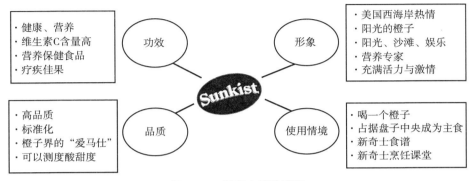

图 3 - 1　新奇士品牌联想

（4）以集群品牌为中心建立起价值网络系统。

新奇士合作社当初成立的初衷就是保障果农的生计。当时大量众多分散的小规模种植者依赖于代理商收购并销售产品，果农处于价值链的弱势环节，深受其制约，不仅承担所有风险，而且利润极其低下。为了控制销售渠道、抵御市场风险以及获得收益，迫切需要成立一个能够代表他们共同利益的组织，承担起生产管理、研发、市场推广、品牌运作等职能，替代果农完成一个完善的市场主体应执行的全部功能，以最小的投入获取最大的收益。新奇士合作社临危受命，由一些有能力、有眼光的柑橘果农于 1893 年共同创建，并于 1926 年将"新奇士"品牌用于合作社销售的新鲜柑橘，20 世纪 50 年代开始用于浓缩果汁产品，到了 70 年代广泛运用到旗下所有产品。新奇士合作社成员完全由果农构成，由其共同拥有和经营，是一个具有相同动机的成员为互利互助而集体拥有和经营的组织，成员有共享的知识和信念结构，拥有一致认可的目标。采用现代公司管理运营模式，聘请职业经理人担任总经理，建立高效的管理运营系统，聘请专业市场机构对品牌进行战略规划和营销运作。组织结构由社员大会、董事会、总经理、员工四个层次组成。首先，种植者自愿加入新奇士授权的包装厂或合作社，再由包装厂或者合作社在地方组成区域交易所。上述包装厂、合作社及区域交易所等组织隶属于新奇士合作社统一管理，但是不归其所有。由包装厂投票选举产生区域交易所主管，再由区域交易所选举出合作社董事会成员，每个区域能提名的董事数目与其销售额及市场份额相对应。这种自下而上的治理结构使得果农、包装厂通过自愿加入合作社成为股东，拥有对合作社拥有最终控制权。果农既是"员工"，又是"股东"，所有重大决策均由果农投票决定。

新奇士在长达 100 多年的实践历程中深刻认识到当地政府、科研机构、农业促进组织、金融机构、咨询机构、渠道商，还有诸多镶嵌在价值系统中的诸多组织或个人对合作社的支持或反对会在很大程度上影响集群品牌建设与发展。

价值共创不可能由企业、顾客及产业中的利益相关者一厢情愿而发生，各主体也不会天然产生共创意愿。新奇士不仅将果农、零售商、当地政府等视为价值系统的重要成员，而且将提供育种、生产资料供应、农业科技、产业咨询等产前活动的附属企业，与消费市场关联的家庭用榨汁机等产品的生产企业、产品深加工企业等组织均视为价值系统的重要成员，把上述拥有关键资源的利益相关者纳入价值共创系统，进行资源整合并实现资源共享。而且，在价值网络系统的输出终端，如何找准目标顾客并激发参与意愿，使品牌与顾客的互动具有可持续性是新奇士面对的另一项重要挑战。新奇士努力置身消费者情境，通过品牌利益和品牌价值主张使顾客产生强烈的需求意愿，并对品牌与顾客互动的内容、形式进行适当干预，筛选出合理恰当的内容，设计使双方共赢的活动，引导顾客进行话题创建、交流或活动的展开，为顾客参与互动提供便利与帮助，使其能厘清角色，能积极主动地参与到合作、互动的过程中，并在互动接触过程中产生愉悦而难忘的体验和经历。通过注重关注所有利益相关者的体验，通过组建起由"新奇士合作社 + 集群利益相关者 + 消费者"组成的价值网络系统，为各个利益相关者提供满意的体验，这种良好的体验营造了一个参与者积极创建关系的氛围，进一步促进各参与主体在该系统中通过资源整合及互动来创造价值，促使产业内部价值共创环境的塑造。

2. 品牌经营主体与利益相关者资源整合。

（1）品牌经营主体与合作伙伴资源整合。

通过价值共创环境的营造，服务生态系统内的不同经济行为主体——果农、合作社、商业伙伴前所未有地被联系起来。作为主导价值共创理念的农业集群品牌经营主体，新奇士面临以下问题：重要利益相关者分别拥有哪些关键资源？资源通过哪些形式进行整合？上述关键资源被整合进入价值共创过程的机制是什么？资源在集群内共享的绩效如何？

在新奇士产业集群中，果农拥有代际传承的耕作技术，他们把柑橘种植的经验和对土地的热爱根植于认知系统中并世代传承，使下一代人在耳濡目染中不仅通过"干中学"的模式掌握了柑橘种植的技能，而且培养了深厚的职业认同感。果农的经验技能以及对职业的热忱构成了新奇士集群最基础的操作性资源。历经百年沉淀，新奇士集群中的 6000 名柑橘种植者中传承最久的家族目前已经到了第六代种植者。而这些悠久的种植历史也成了新奇士标榜自己的重要素材，在公司网站主页上种植家族的农人故事被拍摄成视频置于其中（见图 3 - 2）。

图 3 - 2　新奇士柑橘种植者家庭故事

资料来源：新奇士，http：//cn. sunkist. com。

新奇士合作社在品牌运营、组织协同、产业知识、高效的流程、忠诚的社员等方面掌握核心资源，并在开拓全球市场、推广统一品牌、使用全球运输系统、发展全面的研究，以及接触海外市场的政府等方面拥有核心能力。合作社成立专门的研发机构从事针对该产业产供销各环节瓶颈问题的研发和创新，具有很强的自主创新能力。其核心竞争优势在于能为生产环节提供最高水平的技术保障，消费环节提供质量更高、更具创新力的产品。其他利益相关者也在技术性知识、能力、信息、机械设备、资金、政策等方面提供互补性的关键资源。

上述各个利益相关者所拥有的信息、经验、技术、能力、关系等私有资源需要被高度整合，转化为集群服务生态系统的共有资源，与所嵌入的系统不可分离，并与其他成员共同分享和利用。新奇士聘请职业经理人贯穿整个生态服务系统，通过敏锐地识别目标顾客"痛点"明确品牌使命，提出符合所有利益者需求的价值主张，设计和优化服务生态系统的运行方式、组织模式以及运作流程，协调成员组织之间的行为，使各成员所拥有的有价值的、稀有的资源通过战略整合、组织整合、流程整合、信息整合、知识整合、技能整合等形式嵌入新奇士农业产业集群，形成一种相互具有依赖性和补充性的跨组织资源。通过导入信息化管理系统，新奇士建立起产销信息档案，在生产作业管理、进销存作业管理等方面实现了产销信息的规范化、统一化和自动化管理，建立起具有多种功能的信息化平台，对运营系统的各个环节都记录清晰。在信息对称的前提下提升系统效率，实现内外协同共创。并将市场信息及时、准确地反馈给系统中的利益相关者，使系统中的每个参与者都能贴近市场，为消费者提供高质量的价值需求和服务。新奇士的网站平台上，各种信息按照整体服务流程规划以及利益相关者类型被高度分类整合，覆盖从种子、种苗、农药、化肥、科技指导、土壤监测、技术研发、收购包装、果品加工、仓储运输、营销渠道、产品种类、国际市场、消费者教育直到员工福利等整个产业链。该平台依靠网络信息技术将与产业相关的有效资源进行系统化整理，搭建沟通的桥梁，促进新奇士、各利益相关者以及外部环境之间的人力资本、技术、资金、设施以及信息政策等资源的高度整合。营造了农业产业集群内部以海量、高增长和多样化的信息为特征的互联网环境，从而优化果品生产、加工、物流以及销售等要素的最优配置。新奇士采用先进农业技术精确计算各个品种柑橘的成熟期并能精确预测产量，以保证产量的稳定性和产品的多元化。果农每年的种植计划都会根据新奇士反馈的市场信息进行种植品种、数量等方面的调整，以确保能够适销对路。在网站中植入各种指导农户种植经营的信息与联络方式，并为果农提供种植方法的建议。

通过上述资源整合机制的约束，新奇士价值系统中，每一项活动均由专注于自己擅长领域的具有某种核心能力的合作伙伴来完成，并与系统中其他参与者合作，为新奇士品牌价值共创做出贡献。成员彼此之间资源共享的方式、内容以及程度通过将成员间的关系制度化而得到保障，使整个价值系统可以完美无缺地履行对消费者以及所有利益相关者的价值承诺，新奇士则充当集群资源的整合者与匹配者的角色。

（2）品牌经营主体与顾客资源整合。

在新奇士打造的服务生态系统中，消费者被置于价值共创的核心地位，他们不仅是价值接受者，更被视为合作生产者。新奇士合作社必须在厘清顾客资源的基础上，通过资源整合机制的设计，以适合的方式实现顾客资源的活用。

新奇士的目标顾客是追求高质量的健康食品、安全无污染的种植及加工过程、对生态环境富有责任心、积极向上、崇尚"健康可持续的生活方式"的中高端顾客。他们十分关注食品安全、强调健康环保、追求知性唯美以及高品质的生活质量。为实现差异化的品牌定位，新奇士联合优秀的、具有共同理念的合作伙伴形成一个利益共同体，借助缜密完善的制度和流程，把产业链最末端的消费者需求反馈到最前端的种植环节以及各个中间环节，通过价值共创提供了问题的解决方案，与目标顾客关注点高度吻合，形成强烈的价值主张，建立对手难以模仿的竞争优势，其品牌核心价值历久弥新。但上述目标的实现是一个持续改善和进步的动态过程，不仅需要整合价值链相关环节的力量，而且必须动员顾客积极参与，为顾客创造交流和体验的平台和环境，使顾客将自身拥有的信息资源、人力资源、关系资源等投入价值创造系统，与企业充分交流看法、积极思考并产生创新思想、参与企业组织的活动、主动在社交媒体发表意见等，甚至充当生产经营过程中的临时参与者。使顾客资源在产前需求信息交流、生产过程协作、购买过程互动以及购后阶段互动等过程全程参与。

新奇士在集群品牌传播方面为业界楷模，通过不断创新的广告策略，在消费者心智模式中占据代表世界柑橘品类行业标准的王牌地位。其品牌联想聚焦在一代代阅历丰富的年轻人、健康的食品、灿烂的阳光、美好愉悦的生活以及农业可持续发展。1916 年，新奇士第一次提出"喝一个橙子"的针对果汁工业的促销广告；1917 年，第一次开创"喝一个橘子"的新鲜果汁榨汁方法，并推出榨汁机等使用工具；1922 年，新奇士第一次使用橘子含有丰富的维生素 C 作为诉求点，将健康作为营销主题；1926 年，新奇士商标作为品牌视觉标志第一次被印在新鲜水果的包装上。20 世纪 20 年代后期，新奇士第一次赞助商业电台并启用影视明星做广告。诸多的"第一次"成就了新奇士的品牌成长，每一步都走在行业的前列，通过引人注目、方便记忆、愉悦而又轻松的方式向消费者传达鲜明的品牌信息。新奇士广告运动早期致力于培育消费习惯，因此侧重于理性诉求，从营养顾问的角色建立与消费者的关系。为了适合新时代潮流，新奇士广告兼具情感诉求与理性诉求，建立品牌与消费者之间的情感联系。在广告镜头中，顾客为了发现最好的橘子，对每一个橘子又挤、又摇、又端详。新奇士提醒其实只需"转一下手腕"，还有"别忘了看一下标签"。时至今日，新奇士一直坚持在全球范围内进行不间断的媒体广告投放，通过长期坚持不懈的广告战略占领顾客心智，形成品牌偏好，为顾客价值共创建立了良好的根基。

新奇士在营销实践中不遗余力地进行消费者教育，如通过宣传在日常饮食中饮用橙汁有助健康、柑橘中维生素 C 的作用、柠檬可以使女性头发柔顺等，逐渐改变了人们的消费观念和消费行为。新奇士十分注重不断挖掘柑橘在人们日常生活中的价值，通过年复一年地开展新奇士食谱征集活动不断开发健康食谱，收集参与者的各种创意，经过筛选后建立资料数据库，发现各种美食的方法以及更具营养价值的做法，将各种菜单和制作方法制作成"新奇士烹饪宝典"在网站进行展示，如新奇士柠檬香鸡肉色拉、新奇士鲜橙薄荷鱼卷、新奇士橙酸汤肥牛片等上百种美食食谱，并开设线上线下烹饪教室，定期举办鲜果食谱比赛，分享美食经验。"新奇士健康生活"板块则是指导用户体验如何利用柑橘达到瘦身、缓解压力，享受健康的生活方式。

为庆祝品牌 100 周年纪念并在国际市场进行跨文化传播，新奇士于 2008 年特举办新奇士微笑（Sunkist Smiles）摄影比赛，通过挖掘人性共同元素——微笑，即柑橘切片的形状类似人们咧嘴大笑的样子，将其拟人化，打造新奇士个性特征，使品牌与消费者发生情感联系，希望参与者能充分体验品牌带来的健康活力。来自美国、加拿大、中国、韩国、日本、新加坡、马来西亚的柑橘爱好者提交自己原创的带有"新奇士微笑"的照片（即嘴里咬一片新奇士橙），展现 Sunkist Smiles（将鲜橙放入口展露微笑），就有机会赢取丰富奖品，获得国际旅游，优胜作品还会出现在纽约时代广场的大屏幕上。

3. 品牌经营主体与利益相关者互动。

（1）品牌经营主体与合作伙伴互动。

品牌经营者作为服务生态系统的核心结点，一方面，通过将集群各个利益相关者的资源整合其中，界定他们各自在价值共创中所起的作用及相互关系，并将这种关系体现在品牌经营者的组织、流程设计等管理过程中，从而构建起具有吸引力的集群品牌利益相关者关系网络，影响他们的交互行为，促使各种不可控的互动行为通过自组织从无序、零散的状态变为有序、持续的状态。另一方面，还需主动调节各种可控的互动行为，改变其强度和频率，使互动行为持续化、有序化。

互动是沟通参与者彼此之间相互作用、相互影响的活动过程，沟通主体在此过程中不断地影响他人或被他人影响。互动是价值共创理念在组织中的具体执行。新奇士打造的服务生态系统，十分重视考量合作伙伴之间能力的互补性，强调彼此在合作伙伴的支持下提升自身的能力及带来增值。新奇士在合作成员的遴选上要求双方必须有共享的价值观、一致的愿景，加入者必须有强烈的合作意愿。新奇士的角色不只是根据需求提出一致价值主张，而且必须确保价值系统中拥有操作性资源的每个利益相关者充分理解该价值主张并知晓自己在完成使命过程中所承担的角色。

新奇士主动要求利益相关者参与品牌战略管理全过程，使其能有机会直接参与品牌建设，在交互中将自己的观点融入品牌运营的全部环节中，使品牌内涵能够体现利益相关者意志，使确定的价值主张能够更好地满足利益相关者的需要，从而实现对其行为的战略引导。为确保利益相关者清楚品牌建设与他们日常工作之间的关系，新奇士通过利益相关者调查、访谈、定期会晤、建立利益相关者档案及资源数据库等常规化对话机制促进有效的沟通交流。重要合作项目的实施通常临时组建由双方人员组成的共同工作小组来负责完成。在新奇士合作社的网络平台上，相关利益主体与合作社之间以及各个相关利益主体彼此之间都可以通过网站新闻、邮件系统、网站链接、BBS、内部共享服务器等实现时时能沟通、事事能沟通的合作氛围。新奇士联合价值系统中的合作伙伴，综合打造了包括柑橘业生产运营、管理服务、科技服务、金融服务、政策服务以及消费者服务于一体的农业服务生态系统全方位问题解决方案，最终为消费者提供高品质、新鲜、美味、健康的柑橘类产品。

通过建立一致的价值观及行为规范，新奇士与其合作伙伴始终坚持保护耕地质量、保护生物多样性、维持农业生态平衡，促进农业可持续发展的生产理念，并提出不断改善的互动目标。新奇士集群的利益相关者在相互影响中逐渐形成长期的持续改善习惯，在不断创新中发现问题并解决。新奇士联合其合作伙伴 Ventura Coastal 公司主动与全球最著名的食品质量与安全保障组织 Safe Quality Food（SQF）建立长期关系，作为其认证生产商，通过包含持续的规则（sustainability principles）、持续的过程（sustainability processes）、持续的实践（sustainability practices）、持续的绩效考核（sustainability performance metrics）、持续的进步（sustainability progress）等内容的 5S 生产管理过程获得持续改善。在新奇士的目标引领下，果农们逐渐培养起对大自然的特殊情怀，他们十分自豪地一代代传承着传统的种植经验和技术，并始终致力于保护耕地，通过在耕作上和市场上的持续创新实践大大降低创新成本和风险，从而带来创新优势。为他们的子子孙孙看管着赖以生存的家园，促进生态环境的良性循环。经过近百年的积累与传承，"持续改善"已成为新奇士农业产业集群成员的习惯和性格，形成无所不在的集群氛围。

（2）品牌经营主体与顾客互动。

价值共创不可能由于企业或顾客一厢情愿而发生，顾客也不会天然产生共创意愿。如何找准目标顾客并激发参与意愿，使品牌与顾客的互动具有可持续性是新奇士面对的挑战。新奇士努力置身消费者情境，通过品牌利益和品牌价值主张使顾客产生强烈的需求意愿，并对品牌与顾客互动的内容、形式进行适当干预，筛选出合理恰当的内容，设计使双方共赢的活动，引导顾客进行话题创建、交流或活动的展开，为顾客参与互动提供便利与帮助，使其能厘清角色，能积极主动地参与到合作、互动的过程中，并在互动接触过程中产生愉悦而难忘的体验和经历。

随着社交媒体的海量增长，新奇士紧跟时代发展进行社交网络营销的创新，使用企业网站、电子邮件、微博等社交媒体与消费者在线交流、持续互动，形成顾客的品牌归属感和参与性。还利用脸书（Facebook）、推特

（Twitter）与全世界消费者进行互动，与顾客建立持久的关系，进一步开发顾客以及深入挖掘顾客的兴趣和爱好。使营销人员准确悉知市场上正在发生的事情，并采取及时的应对措施。互动过程可能是提供认知形式，以认知点为目标进行意义构建，对品牌承诺、价值阐释信息等进行沟通。例如，知识分享（交换使用经验）、创造专家（提供及使用在线指导）。互动过程也可能是情感支持，目的是影响顾客或使顾客参与主题、隐喻、故事、对话、设计要素、新观点、惊奇。如激活意见领袖、制造惊喜；互动过程也可能是行动支持，使顾客能够从事于实验、知识分享、自助服务以及产品使用。如创建顾客意见反馈系统并对反馈做出反应。

通过定期举办"新奇士烹饪教室""新奇士鲜果食谱比赛"等活动，不仅可以使顾客学习各种简便快捷的鲜果美食的制作方法，还可以从顾客那里获得大量关于产品创意、烹饪方法、生活窍门等多方面的奇思妙想。新奇士官方网站界面设计简洁又富有童趣，进入者在柠檬卡通人物引导下轻松地打开一个个链接，了解其发展历史、品牌承诺、产品大类、相关食谱以及利益相关者等内容。顾客可以快速、自由登录企业网站，通过留言或邮件对想要的生活、想要的产品及服务提出任何意见或建议。新奇士通过持续生动的传播策略、优秀的集群文化氛围、体验营销和事件营销不断加强与顾客的沟通互动，全面为顾客提供方案和体验，培育了一大批忠诚的顾客，建立起品牌社群。他们不仅会重复购买，愿意支付较高的价格，而且会进行对品牌进行积极正面的口碑宣传。品牌社群中的成员彼此之间交换产品评价、分享经验和使用心得，为他人提供购买及使用建议。

3.2　美国爱达荷土豆品牌价值共创实践探究

3.2.1　品牌发展简介

爱达荷州位于美国西北部，自然环境绝佳，农田含有高浓度营养丰富的火山土壤，拥有先进的农牧技术，先进的灌溉系统，以农牧、矿产、森林为主要产业。理想的生产条件十分适合土豆的生长，出产的土豆品质出色，与其他州种植的土豆差异化明显。1957 年，爱达荷州已有超过一个世纪的土豆种植经验，耕地面积超过 121400 公顷，年产量超过 500 万吨，产量位居全美第一，占全美总产量的 30%。每年可以为该州贡献 70 亿美元，占该州生产总值的 15%，故被称为"土豆州"（爱达荷土豆协会官网数据）。"爱达荷土豆"（Grown in Idaho）品牌广受美国及全球市场认可，其盛名源自爱达荷州马铃薯的极佳口感。"爱达荷土豆"不仅在美国拥有很高的品牌知名度、认知度和美誉度，而且被出口到全世界 40 多个国家，是一个在全世界范围内享有很高知名度的农业集群品牌。独特的生长环境，适宜的气候和海拔，温暖的阳光及充沛的日照，昼暖夜凉的高原温差，加上冰川水源丰沛的灌溉与高浓度营养丰富的火山土壤的滋养造就了该州土豆"唯一"的独具特色的口感和值得信赖的口碑，质地紧实、口感香甜，依靠科技支撑，通过产业集聚走规模化、产业化和市场化之路，最终将"爱达荷土豆"做成一个世界级著名农业品牌。

产业伊始，爱达荷的土豆也是由农场主高度分散经营，各自为政，体量很小，不成规模。质量标准不一致，品类十分繁杂，因此在市场上缺乏话语权，处于被动地位。但随着产业规模的发展壮大，当地农民逐渐认识到了个人分散经营的弊端，为了发挥地方优势、增强凝聚力，有序整合区域土豆种植资源，1937 年成立爱达荷土豆协会（IPC），其前身是爱达荷水果和蔬菜广告协会，是一个州立机构，协会成员包括该州的种植者、包装公司、船运公司和加工公司等。负责推广和保护著名的"Grown in Idaho"，确保消费者购买的是真正的，最高质量的爱达荷土豆。具体任务是进行爱达荷土豆的标准制定、技术推广、营销、市场教育及开拓。联合产业链相关利益主体（种植技术、生产资料、市场推广、研究、质量控制）进行资源整合，通过"Grown in Idaho"（种植在爱达荷）联邦认证标志确保只有在该州种植，并且达到行业认定标准的土豆才可以得到授权使用。在认证条例中，协会对土豆生产流通环节的各个主体的行为在使用标识和包装方面均做出严格规定：代理商、包装生产商、经销商、零售商、包装运输商，都在其约束范围内。协会负责"爱达荷土豆"在美国的注册，将其注册为证明商标和服务商标，对其进行保护。在其官网上有专门的认证链接窗口，如果要下载使用注册或认证商标时，必须通过协会的授权。协会提供的产业服务包括以下：研究与开发（如种植、生产技术改良、开发土豆新用法）、标准化，以及储存、运输与配销，通过市场推广与传播向全世界宣传土豆的特点以及品牌，提供教育推广、训练及销售资源。由此，爱达荷土豆产业通过集群发展有了强有力的市场主体，采用"农业集群品牌＋行业协会"的品牌运营模式，通过联合生产、联合研究、联合营销、质量标准化使土豆产业发生聚合效应，实现了统一主体、统一质量、统一品类价值、统一品牌营销，使品牌发展获得有力保障。

3.2.2 品牌价值共创实践

1. 品牌价值共创环境打造。

（1）制度环境的打造。国家层面成立了国家土豆委员会，进行贸易立法及贸易纠纷的解决。在国家层面设有严格的土豆标准（共有几百项），按照美国食品药品管理局（FDA）及农业部规定，品类选育、种植、储存、加工，每道工序和整个过程均需检测认证，以确保产品符合质量标准。爱达荷州政府下设爱达荷土豆协会（IPC），其职责是对整个产业的育种、疫病防控、营养、储存、促销、推广和消费进行研究，根据产业客户需求提供服务，并为政府相关部门关于立法提供建议，同时负责监督技术标准的执行和检查。土豆在装运之前，农业部会进行一系列强制性的生化检验。州政府下设检验机构，检测人员均需严格培训才能上岗。检验标准和检测过程完全统一，确保产品标准化和质量的一致性，检验过程与结果均需存档并可追溯，只有检验合格的产品才能最终进入市场。

（2）明确的分工与合作体系。爱达荷土豆产业集群内专业化分工十分明确，专业化生产格局更为明显。农民在土豆种下去的时候就可以预判远期销售价格，加上国家的农业补贴、农业保险，农民获得的收益很明确，他们的专职工作就是专心地把土豆种好。加工企业通过流水线作业将产品深加工，生产出薯条、薯片、薯碗、薯泥和冷冻薯等多种产品供应国内外市场。Idahoan 爱达荷先生品牌系列土豆泥以产于爱达荷州的土豆为原料，添加美味调料新鲜制成。目前有几十个口味，并畅销全球。同时，加工企业也通过远期合约可以锁定采购和成品的销售价格，由专业商务团队密切关注汇率、供求和天气等复杂的因素，商务团队会在一定的风险敞口范围内做适当的投机或远期套期保值、期货的交易，确保工厂有合理的加工利润。同时，工厂的生产高度自动化，铁路运输的专线可以直接通到工厂。研究机构不断地研发与创新，对食品口味和脂肪含量最佳配比进行实验，在保证美味的同时减少脂肪含量。解决消费者关心的问题，增加销量，扩大土豆产品的使用范围。土豆协会会通过各种营销手段，建立土豆的个性化形象，宣传其营养价值，提供创新菜谱，鼓励人们多食用，并向零售商推销。产业链中镶嵌的成员各司其职，分工协作，优势互补，相互依存，即获得了规模效益，也促进了土豆协会作为集群品牌的运作主体与利益相关者的交流与合作，共同构建起以产业集群中以土豆协会为中心的服务生态系统整体框架。

2. 品牌与消费者的密切互动。

"爱达荷土豆"十分善于和消费者建立深度的联系及信任关系。百余年来，土豆协会通过各种事件营销、内容营销、体验营销将品牌在消费者和社会公众面前频繁亮相，好戏轮番上演，精彩持续不断。其目的就是通过品牌传播与公共关系手段培育消费者的品牌知识，进行产品层面的营养教育，举办零售点活动，实行餐饮服务营销和出口计划，致力于向消费者、零售商、烹饪专业人士等关键利益相关者宣传爱达荷土豆的特点、利益和价值，向行业服务部门宣传推广土豆的烹饪方法。

1927 年 9 月 19 日，爱达荷土豆协会首创"爱达荷土豆日"，该节日持续至今仍经久不衰，已成为美国顶级节日之一，吸引了全世界的目光。每年的土豆日，都会有几十个以土豆为主题的活动和竞赛，例如，"土豆日"孩子们大游行、土豆日游行、烹饪大赛、挖土豆世界冠军赛等。通过这些形式多样的活动，让游客深刻体验土豆世界所带来的愉悦感和兴奋感。该活动的举办为消费者与品牌之间搭建了一个有效、直接，且轻松化、娱乐化的沟通平台。一举占领消费者心智制高点和行业制高点，使爱达荷成为全球高品质土豆的代名词。

除了这一盛大活动，爱达荷土豆协会还会在不同的月份举办各种类型的常规活动持续开展与消费者的高频次沟通。协会将每年二月份定为土豆爱好者月，并举办"土豆爱好者月零售展示竞赛"，在淡季吸引消费者注意力推动销售。协会将"土豆"与"健康"相对应，努力消除"土豆导致肥胖"的错误观念，突出"优质钾源、富含维 C、有益膳食纤维"等卖点，并利用权威人士（医生、营养学家、教授等）作为发言人向目标受众介绍有关产品知

识，在普及土豆对人们健康有益的知识的同时，也在人们心中树立起了对
"爱达荷土豆"的良好形象。为开发更多创新性的烹饪方式，协会每年发起
爱达荷土豆食谱竞赛，通过网络收集消费者提供的各种食谱创意。基于味道、
来源、视觉呈现和"消费者友好性"等标准选择优秀作品，并制作土豆烹饪
食谱（包含菜名、配料、图片及制作方法等基本内容，附带经准确计算得到
的营养价值，以及对钾、维 C、热量等具体指标的详细说明），同更多的消费
者分享。

协会也会不定期根据产业发展和市场状况推出适宜的活动。如 20 世纪
60 年代中期，协会发起的"损伤者便是失败者"活动，向种植者和包装者传
授如何减少土豆损伤的知识。近些年，协会定期举办"爱达荷土豆马拉松"，
在提倡大家健康饮食的同时，也不忘告知大家加强身体锻炼的重要性。

协会创造了一个可爱、憨厚、胖胖的土豆先生作为卡通形象，并取名
"Spuddy Buddy"，将品牌性格与气质特征通过活泼生动的个性表达形式展现
给消费者（见图 3-3）。尤其对于儿童市场，十分具有感召力和亲和力。协
会在此形象基础上又专门设计了一系列的广告和促销活动，比如举办了"为
土豆先生涂颜色"活动，讲述"土豆先生"的故事和"妈妈怎样辨认真正的
爱达荷土豆"等来加强与消费者互动。

图 3-3　土豆先生 Spuddy Buddy

资料来源：爱达荷土豆协会，www.idahopoto.com。

土豆作为日常生活中常见的食物之一，使我们的饮食变得丰富多彩。为让更多的人了解和关注当地土豆，了解土豆产业对当地经济的贡献，协会以官方名义建设了土豆博物馆，该博物馆坐落于布莱克富特（Blackfoot），向全世界展示爱达荷州的土豆和土豆产业发展史。馆内的大部分展品为捐赠而来，馆内最受关注的是世界上最大的炸薯条，达64厘米，由美国宝洁公司品客薯片捐赠。馆内详细介绍了土豆的营养成分和价值，对人类健康的积极作用；展出各种土豆加工机器，展示如何通过机器，加工出各种特色美食。馆内还有一个纪念品店，出售各种与土豆相关的纪念品及衍生品，如土豆形状的香皂、T恤、饰品等，感兴趣的游客可购买留念。

3. 品牌与社会公众的密切互动。

农产品品牌的意义除了能够给消费者带来物质的有形价值，包括营养、健康、安全等，还包括能够带来更多升华的无形价值，包括身份感、品味，以及历史、文化、情感和快乐的体验等。为了能更有效地提升无形价值，爱达荷土豆协会近年来十分注重与社会公众的密切互动。

2012年，在爱达荷土豆协会成立75周建之际，"你是哪种马铃薯？"智力竞赛创造了一个巨大的土豆，该大土豆全长7.2米，宽3.5米，整体采用混凝土和钢筋、涂料构成，重量达到6吨，里面是一个可以活动的空间，并把它装在卡车的后部。协会开始用它创办"爱达荷马铃薯大卡车之旅"活动，卡车根据活动安排开到指定地点参加各种活动，替爱达荷州的土豆做巡回宣传，用于美国各地的土豆促销之旅。从2012年至今，协会持续通过"爱达荷州马铃薯大卡车之旅"活动，一方面，继续深化消费者的品牌知识，向合作者输出产品卖点及合作利益；另一方面，该卡车还有承担着"传播慈善"的社会责任。在连续多年的行程中，这辆卡车在它访问的市场上识别了大量慈善机构，并收集到该组织面临的困境与现实需求。爱达荷土豆协会与选定慈善组织合作，通过策划创建一个活动，针对其需求提供"大帮助"，并在活动中提高人们对非营利组织、资金、食物以及三者之间关系的认知。目前，该卡车已在全国范围内为诸多慈善机构提供了巨大帮助。爱达荷马铃薯大卡车有专门的社交媒体频道照片墙（Instagram）、脸书（Facebook）和推特（Twitter）及微博向全社会传播 Big Idaho Potato 的冒险！

3.3 浙江"丽水山耕"品牌价值共创实践探究

3.3.1 品牌发展简介

丽水地处浙江省西南部，以山地、丘陵地貌为主，山清水秀，物产丰富，是典型的"九山半水半分田"的地区。自然资源丰富，生态环境优越，森林覆盖率高，四季分明，温暖湿润，雨量充沛，生物丰度指数、植被覆盖指数均位居全省第一，被誉为"浙江绿谷"。丽水农耕文化浓郁厚重，有上千年的历史。主要由食用菌、蔬菜、水果、茶叶、畜禽、笋竹、油茶、中草药、渔业等九大主导优势产业构成。其中最具规模和特色的食用菌产业，年产量达 40 余万吨。龙泉、庆元、景宁是世界香菇人工栽培发祥地，有 800 多年的人工栽培历史，丽水有"中国香菇之乡""中国黑木耳之乡""中国灵芝之乡"之称。高山蔬菜已形成水生、豆类、瓜果类蔬菜等产业带，是长三角地区特色优势蔬菜主产区，在杭州、温州、上海、南京等长三角城市有很大市场。2017 年，全市绿茶茶园总面积 56.5 万亩，茶叶产量 3.63 万吨，总产值近 37.72 亿元。水果品种多样独具特色，生产的水果早熟、味浓、果靓、质优，极具市场竞争力。主要品种包括柑橘、杨梅、桃、梨、蓝莓等。笋竹、油茶、中草药等产业发展迅速，分别打造百万亩基地。丽水市水系众多、渔业资源丰富、产业特色鲜明。2017 年，全市渔业养殖面积共 6752 公顷，总产量达 21763 吨，产值 60699 万元。丽水下辖的九个县市区，也都形成自己的优势主导产业，如遂昌菊米、青田田鱼、云和雪梨、缙云麻鸭、处州白莲、庆元香菇、松阳茶叶、北界红提、龙泉木耳等，并形成单一产业品牌。农业主体数量达数千家，但有实力的企业和品牌尚不多见。虽然这些产业和企业在浙江小有名气，但到了全国则名不见经传。丽水农产品虽然具有与生俱来的地域优越性，但长期以来叫好不叫座，养在深闺人未识，一直处于有好产品却无好价格无好市场的境地。同时，丽水市的农业主导产业种类很多但产值有限，体现了山地农业"多小散"的特点，无法形成规模经济。

由于丽水农业品类繁杂，主体繁多，唯有整合梳理各自资源，推动产业集群式发展，并推出一个公共品牌聚焦品牌核心价值，方能引领各方力量，使其"力出一孔，利出一孔"，大家相互提携，互为整体共荣共生。并由政府出面为品牌背书，以统一形象进行传播，并通过不断强化教育，逐渐获得消费者认可，在全国范围形成一定的影响力。基于这样的现实背景，"丽水山耕"品牌诞生了。该品牌由丽水生态农业协会进行注册商标，并委托丽水市农业投资发展有限公司（简称农发公司）经营管理，即品牌所有权归属协会，品牌经营权属于农发公司。通过协会和企业的共同管理，搭建起一个由政府牵头成立而又完全进行市场化运营的农业产业集群品牌。通过在地级市层面将全域农业资源进行整合，将丽水下辖的七县一区一市知名特产整体打包，以统一品牌"丽水山耕"推向市场。丽水市生态农业协会是一个涵盖农业产业发展、农业综合体项目开发、农业品牌创意打造和农村金融主体服务等公共性资源集中服务平台。协会会员由省市级农业龙头企业、获得丽水生态精品农产品认定资格的专业合作社、家庭农场、农产品加工、销售企业、文化创意公司、广告公司、金融服务机构、担保公司、保险公司及学术研究院校等组织团体或自愿申请加入的行业专家等个人会员组成。农发公司是经市政府批准设立、市国资委出资的国有独资企业。作为政府和企业、市长和市场的纽带，农投公司运用政府支持，发挥市场化优势，是推动丽水农业发展的策源地和生力军。

"丽水山耕"品牌识别为流水状变形的"丽"字和"丽水山耕"四个字构成，并在加注品牌主题"法自然、享纯真"（见图3-4）。由此标识系统，可以使人联想到秀丽的山水、特色农耕文化、山地农产珍品，这正是丽水"九山半水半分田"的环境特征的写照，正是在这种优良的生态环境下，通过传统的"耕作"方式生产的"生态精品"。

图3-4　"丽水山耕"品牌识别

资料来源：蒋文龙. 品牌赋能——"丽水山耕"营造法式［M］. 北京：中国农业出版社，2017。

"丽水山耕"是国内第一个覆盖全区域、全品类和全产业链的农业集群品牌，是全国第一个注册成功的含有设区市名的集体商标，也是经国家认监委批准同意的国内第一个采用第三方认证开展品牌建设管理的农产品区域公用品牌。在品牌管理运营模式上，"丽水山耕"采用"1 + N"的全产业链一体化公共服务模式，或称母子品牌模式，形成"丽水山耕 + 县域品牌（产业品牌）+ 企业品牌"的母子品牌矩阵，实现子品牌产品溢价。自 2015 年品牌创立以来，"丽水山耕"将"生态精品战略"作为品牌目标，通过"基地直供、全程追溯、检测准入"为品牌质量保驾护航，建立"母子品牌"运作方式，通过"产品背书"为旗下农产品品牌保驾护航，整合县域、企业农产品品牌，形成品牌矩阵，实现品牌溢价。

3.3.2　品牌价值共创实践

1. 品牌价值共创环境打造。

（1）组建品牌运营主体，打造品牌价值共创平台。

2013 年 8 月在市政府支持下，由财政投资 4 亿元成立了丽水市农业投资发展有限公司。该公司为国有独资企业，出资人为市财政局。该公司成立的意图有二：一是国有资产保值增值，需要有盈利能力；二是公益服务，要打造一个公用品牌，帮助农民和农业增收、发展。具体任务是引导生产主体进行标准化生产、科学种植、承担农业发展项目、提供技术培训、储运指导、引导金融机构提供金融服务、进行风险管控、进行菜篮子工程建设、品牌运营及传播、文创物流渠道对接等。作为肩负"丽水山耕"品牌化重任的公司，其本质就是一个打造品牌价值共同体的平台。即以"丽水山耕"品牌为中心，以品牌运营管理公司为倡导者，吸纳整个产业网络的成员，整合其拥有的资源，打造产业集群发展的平台，为丽水全市农业主体提供标准化、金融化、电商化等品牌发展所需的全方位服务，提升了农业主体自身能力，推进了农民增收。农发公司共扮演三个身份：一是"连接政府与市场的桥梁和纽带"，即政府和市场之间的"中介"；二是"助推精品农业发展的生力军"，为市场提供服务，市场缺什么就做什么；三是"跨界融合的互联网 + 农业企业"，通过市场运营、品牌打造、电商拓展来壮大自身（蒋文龙，2017）。

农发公司根据公司的使命和承担的职能，在产业内众多利益相关者的协同下，制定了"1＋N"服务体系。1代表通过"丽水山耕"品牌引领，N则由标准化、金融化、电商化三部分构成，具体包括标准化生产、追溯体系建设、产品文化内涵挖掘、电商主体培育、"壹生态"信息化服务、物流体系支撑、农村产权评估、经营主体增信等支撑体系。"1＋N"服务体系最终将以品牌为纽带，以生态精品农产品为基础、以科研合作为支撑、以信息技术为手段、以线下物流为保障，推进农业、科技、金融、文化、旅游、互联网的跨界融合，实现丽水生态精品农业的全产业链升级发展（蒋文龙，2017）。以此引导地理标志产品及农业个体品牌加入"丽水山耕"品牌体系，实现以集群品牌作为"母品牌"，地标品牌和个体品牌作为"子品牌"，通过母子品牌双商标方式运营，有效增加农产品的市场声誉和附加值，形成"平台＋企业＋产品"价值链，实现利益均衡分配。

在"丽水山耕"品牌创立之初，以农业龙头企业、农民专业合作社、家庭农场、职业农民为代表的农业生产经营主体呈现多样化发展态势。全市有国家级农业龙头企业1家，省级骨干农业龙头企业33家，农民专业合作社社员7.04万人，带动农户42.7万户，联结基地7.52万公顷。基本形成以专业骨干市场为中心的多层次、多元化的市场流通体系框架，庆元香菇市场、松阳浙南茶叶市场等专业市场，规模和交易额均位居全国同类市场前茅。农民科技应用意识增强，科技知识水平明显提高（潘超，2018）。品牌的创建积极促进了农业产业集群的发展，形成了"龙头农企＋产业集群＋农户"的产业发展模式，为进一步为品牌发展提供了有力的产业支撑，实现了规模化生产。

由此可见，农发公司作为一个平台，吸聚了产业集群内大量经营主体和资源，建立了以"丽水山耕"为核心的平台生态圈，并将各类资源攥成一个拳头，统一推进丽水农产品的品牌化、标准化、电商化、金融化，迅速强大了供应链系统，打造了一个良好的品牌价值共创环境。

（2）通过标准化管理保障品质。

从全产业链角度进行制度设计，确保产品品质。制定食用种植产品、食用淡水产品、食用畜牧产品、加工产品等多项产品团体标准，统一规范产地生态环境、种（养）殖环节、生产加工过程、物流贮运操作、销售推广方式以及文创内涵挖掘等各个过程。在数据传递方面，开发"壹生态"农业信息化服务系统，系统包含农产品质量安全追溯平台、电商平台、农村产权交易平台、农业数据中心等，可以利用全球编码系统 GS1 开展全过程溯源，该系统通过对供应链全过程的每个节点进行有效标识，进行数据实时录入、全产业链的标准指导、全程物联网监测，从而实现生产过程透明化，实现从农田到餐桌的全程跟踪与追溯，确保食品安全，使得农产品生产与销售过程变得完全透明。任何人只要点击鼠标，从栽种方式到成长过程，再到各种监测数据一览无余。除了向消费者传递信任，通过对系统沉淀的数据和公共数据资源的挖掘，还可以不断提升"丽水山耕"利用农业数据进行科学决策的水平。在组织保障方面，由政府牵头成立丽水市蓝城农科检测技术有限公司，属于市级第三方综合质检机构，可以提供农产品质量安全方面的检测服务。

2018 年《"丽水山耕"建设和管理通用要求》浙江省地方标准正式发布，标志着"丽水山耕"农业区域公共品牌认证标准体系基本建立。该要求规定了"丽水山耕"建设和管理的通用要求，"生态环境良好、全程管理追溯、农耕文化传承"，符合"三品一标"质量要求，对良好生态环境进行规定；对生产、经营和销售"丽水山耕"农产品的农业企业、农民专业合作社和家庭农场（以下简称"生产经营主体"）的生产和管理、质量安全追溯和履行主体责任要求进行了规定；对监管部门的监管要求进行了规定；对传承历史农耕文化做了规定。可作为"丽水山耕"农产品生产经营主体管理活动的基本准则，亦可作为"丽水山耕"第三方评价依据。该标准是农业产品采用认证认可手段开展农业区域公共品牌建设的重要依据，倡导环境友好、生态文明、精耕细作的生态农耕理念，追求方法合理、设施先进、加工科学、信息追溯等现代农业特征。传承地域特色农耕文化、引领特色农业实现品牌化发展、生态化发展、可持续发展，并与国际接轨（佚名，2018）。

2. 品牌与行业利益主体互动。

"丽水山耕"品牌成立五年间，已吸纳加盟企业 863 家，建设合作基地 1122 个，累计销售额达 135.2 亿元，产品平均溢价率 30% 以上（2018 年数据）。这些成果的取得有赖于品牌与行业利益主体密切持续的高频互动。

农发公司本质上是一个丽水生态农产品服务供应商。主要的服务内容是，向市场提供优良品质的标准化高端农产品，对产业链提供从种（养）植、生产、加工、品质检验、流通直到市场推广等各个环节的增值服务。因此，它是一个联系整个产业链和产业网络的服务平台。需要将联合行业利益主体，彼此密切地看问题，一起讨论、一起设计新的解决方案，系统性串联彼此的问题，设计出全方位的解决方案。

为了实现产业信息透明化，农发公司开发"壹生态"农业信息化服务系统，通过密切互动促进利益主体能跨界整合彼此的资源，促成参与者共同创造价值。该系统包含农产品质量安全追溯平台、电商平台、农村产权交易平台、农业数据中心等。农发公司邀请丽水市农、林、渔等多个职能部门"进驻"质量安全追溯平台建设，由上述部门的专业人员负责在线监督生产者的种养流程是否规范，饵料、药物投放是否符合标准。一旦发生农产品质量问题，通过溯源系统还可以倒追监管者、责任人。农户还可以在线申请申请农村产权交易，可以在网上直接查询丽水农业生产的各类数据，为生产提供决策参考。农户只要登录"壹生态"平台，就可以解决多数涉农事务。平台未来还会整合丽水市农机资源及人力资源。企业主通过手机便可以预约各类农机服务。农忙季节，农民也可以通过手机，在专门的用工平台发布求职信息，将闲散时间充分利用起来。消费者可以利用产品二维码，通过手机直接查询产品生产过程的相关信息，进行溯源信息查询。可以查看到原产地的各类图片、影像资料以及原产地相关的温度、湿度、土壤酸碱度、大气 PM2.5 等各类与作物、动物生长生存息息相关的重要资料。

农发公司旗下的"梦工厂"项目，是一个集创意设计、技术创新、创业孵化、金融服务、产权交易、检验检测、科技成果转让、电子商务、创客培训、产品加工配送等服务内容为一体的产业创新公共服务中心。该项目总用地面积约 29 亩，建有农业科技创客空间、农产品展示配送物流中心、农业文化体验及节庆活动中心、农产品安全与监测中心、农业信息化及物联网展示中心、游客接待中心等。该项目共分为三期：第一期是农产品加工线和星创天地，加工线面向有加工需求但买不起设备的农企提供公共服务，星创天地则致力于农业电商和农学科研；第二期主要面对农产品高附加值深加工；第三期针对与农业旅游业结合。梦工厂的生产线目前已全面实现自动化。比如水果生产线，整个生产线包括传送、杀菌消毒、分选等一系列环节。分选时根据果实的大小、酸甜度等指标进行自动分级，把水果分为多个质量等级。产品装箱前，会运用质检设备进行检查，将重量大小不符合标准、含有农药残留的产品自动筛选出来。"丽水山耕"梦工厂现辐射会员企业 695 家、合作基地 1122 个、背书农产品 800 余个，为优秀人才提供了创业创新的平台，吸引 300 余名大学生、退伍军人等有创新积极性的人士进驻，每年培训 1000

名新型农民，带动 60000 余名专业化农民。

3. 品牌与消费者互动。

从 2014 年开始，"丽水山耕"每年九月份在杭州和平会展中心举办丽水生态精品农博会，至今已成功举办 5 届。在农博会上，来自丽水大山深处的蔬菜、水果、茶叶、菌菇、土猪肉、麻鸭、蜂蜜等生态农产品，以及特色民族歌舞、科研成果将全部展现在杭州市民面前。农博会不仅让杭州人知道丽水有青山秀水，还有众多的优质农产品，而且让杭州市民在家门口就能吃到丽水的特产。

在农博会上，古法酿制的鱼跃酱油、工序繁杂的缙云土面、深山高地的畲乡雪梨，还有青田田鱼、云和木耳、遂昌薯脯，这些特产齐齐登场，吸引了无数"吃货"光顾。除了农产品，还有畲族风情的手工鞋帽、龙泉特色的青瓷宝剑等具有地方浓郁文化特色的产品。众多展馆通过精心设计的卡通人物与消费者沟通。农博会除了以图片、文字形式，向广大市民分享了"中国长寿之乡""农业信息化技术""丽水山耕"品牌和农产品转化为旅游地商品等发展成果，到访者还可以通过 VR 眼镜身临其境地去感受丽水山水全景。

集群内部分个体品牌也通过"观光 + 销售 + 餐饮 + 文化"的体验营销模式，以产品为主题，形成集研究开发、加工制作、产品销售、观光农业为一体的经营模式，巧妙地将种植、加工、销售与观光体验结合起来，形成一个循环的生态商业模式。如丽水市百兴真菌生物科技有限公司开设的"蘑幻菇林"主题观光景区。结合当地资源和菌菇特色产业，以"菌文化奇妙之旅"为主题，将老厂房改造成"菇文化主题公园"，顾客可以走进魔幻菇林的生产车间，来这里采菇，学习菇类的培育生长、科普知识。采摘后，还可以DIY，亲自动手制作蘑菇饼干和比萨，和家人享受劳动的快乐。最后将采摘的成果拿到"菇爷吴三之蘑锅"尝鲜，品尝全菇宴，临走时再选购加工产品。全菇宴将以最健康的食材及加工方式，让食物回归本味，使消费者最真实地感受到食物的原始味道，体验养生食疗的乐趣。使顾客身临其境、零距离感受食用菌的奇特迷幻世界、感知大自然的神奇，带来崭新而又富有教育意义的游憩体验。

第 2 篇

农业集群品牌价值共创概念体系

本篇通过对中外著名农业集群品牌价值共创实践与创新活动的案例研究，识别农业集群品牌价值共创的要素与过程，发现农业集群品牌价值共创内涵及关键维度。

第 4 章

农业集群品牌价值共创的要素与过程：
来自美国新奇士的例证[*]

【本章提要】 本章聚焦于农业集群品牌"价值共创"的构成要素、动态过程以及"服务生态系统"的形成缘由，从农业产业集群利益相关者多元化对象与错综复杂关系的研究中探讨集群品牌价值共创的机理。选择著名的美国加州新奇士柑橘集群品牌为案例研究对象，分析其品牌价值共创实践与创新活动。研究发现：农业产业集群品牌价值共创的三要素包括角色、平台和动作。品牌价值共创的过程包括：识别利益相关者、平台搭建、资源整合、参与者互动、制度及规范建设、服务生态系统打造。农业产业集群服务生态系统建设管理既是品牌价值共创的前提，又是品牌价值共创的结果。

＊ 本章核心部分已发表。张月莉. 农业产业集群价值共创机理研究：以美国新奇士柑橘集群的例证 [J]. 价格理论与实践，2017（8）：76 – 79.

4.1　问 题 提 出

随着互联网技术的快速发展以及共享经济的繁荣，通过价值共创提升农业产业集群品牌竞争优势成为我国当前农业现代化领域的重要课题，主动和深层次采取品牌价值共创战略已成为农业产业集群品牌获得竞争优势的关键。作为新时代聚合集群中所有利益相关者力量进行品牌价值创造的一种创新商业模式，价值共创战略促使利益相关者通过彼此互动达成共同目标、获取网络资源、通过信息透明化增加沟通效率、在实现共同目标的过程中使各自的问题得以解决，通过互动与协作实现价值提升。

在当前复杂的网络环境下，价值创造被视为是在一个产业网络内所有主体共同参与的过程（Lusch and Vargo，2014），学术界对价值获取的研究焦点从双边伙伴情境拓展到产业情境并进一步延伸到服务生态系统情境（龚丽敏、江诗松，2016；Lusch and Vargo，2016）。价值创造的主体变得更为复杂，股东、原材料供应商、生产商、渠道商、顾客在内的利益相关者各自占据不同的生态位，聚集成相互支撑相互影响的网络系统，价值正是在所有利益相关者组成的网络中交互地共同创造（Ramaswamy，2014；Pinho et al.，2014）。

农业产业集群作为农业现代化、产业化经营的代表，其本质特征是农产品生产者、收购商、加工者、流通者、消费者之间的网络联系（朱纪广、李二玲、史焱文、王晓，2014）。而随着互联网技术在农业领域的不断运用，农业产业集群克服了资源、产业在空间上的局限性，可以在更大的空间范围内配置和整合网络资源（王山、奉公，2016）。目前，学术界已普遍认同将农业产业集群的价值创造视为在一个开放互动、多元共生、协同共进和动态演化的服务生态系统中，利益相关者联合起来协同合作，形成利益共同体，共同提高农产品竞争力的过程（王胜等，2015；Higgins et al.，2010）。通过价值共创将科技、农资、物流、金融、零售、政策等在内的涉农生产服务资源全部加以整合，实现对农业产业集群所有利益相关者的整体开发和全面服务，形成强大的产业引擎，达成集群农产品供给和消费需求的畅通对接（李仪，2016），从而保障集群中相关经营主体互利共生与合作共赢（寇光涛、卢凤君、王文海，2016）。

目前，西方发达国家农业产业集群价值共创实践如火如荼，打造出许多具有世界影响力的产业集群。美国加州柑橘集群品牌新奇士（Sunkist）在价值共创方面的实践是实业界极好的例证，显示了利用价值共创模式打造世界知名农业产业集群的战略决策的价值。农业产业集群品牌价值共创已成为当前农业现代化领域的重要课题，主动和深层次采取品牌价值共创战略已成为农业产业集群品牌获得竞争优势的关键。然而，农业产业集群品牌价值共创如何实现仍是一大理论黑箱。针对上述实际和理论问题，提出本研究拟探讨问题：农业产业集群品牌价值共创到底是一个什么样的过程？关键构成要素有哪些？服务生态系统与品牌价值共创是什么关系？

本章将基于价值共创相关理论，通过案例分析深入研究新奇士柑橘集群的商业实践与创新活动，探讨以其为代表的美国农业产业集群蓬勃发展的过程，观察农业产业集群品牌价值共创的发生过程，识别该过程中的关键要素，探究服务生态系统的形成缘由，进而揭示农业产业集群品牌价值共创的产生机理，并进一步从农业产业集群利益相关者多元化对象与错综复杂关系的研究中构建农业产业集群品牌价值共创的系统范式，为农业产业集群确立品牌价值共创战略提供理论支持和政策建议。

4.2 理论框架建构

4.2.1 研究构念提出

1. 服务生态系统的定义及特征。

服务生态系统：瓦尔格和鲁斯柯（Vargo and Lusch，2010）指出一切经济都是服务经济，并进一步提出服务生态系统（service ecosystem）的概念。认为系统中一切经济和社会参与者都是价值创造者，包括完成一个产品或服务所需的各种系统成员，如企业、消费者、供应商、渠道商、服务商以及其他合作伙伴等。服务生态系统被定义为：不同的社会和经济行动主体基于自发感知和响应，根据各自的价值主张，通过制度、技术和语言为共同生产、提供服务和共同创造价值而互动的松散耦合的时空结构（简兆权、令狐克睿、李雷，2016）。是一个由彼此交互的组织及个体组成的相互依赖、共同进化、共同发展的统一体（Iansiti and Levien，2004；Moore，1993），目前已被广泛应用于商业领域。

瓦尔格和鲁斯柯（Vargo and Lusch，2011）进一步明确提出服务生态系统的 A2A 导向，即参与者 – 参与者（actor-to-actor）导向，认为该系统中供应商和受益人、生产者和顾客等所有参与者的角色区别都将消失，所有角色都不再以上述二元角色出现，而是作为系统中与其他角色共同创造价值的重要成员。服务生态系统作为一个 A2A 网络提供了参与者服务交换和价值创造的组织逻辑（Lusch and Nambisan，2015）。价值共创是包括所有参与者的动态、网络和系统导向的共创过程（简兆权、令狐克睿、李雷，2016）。

服务生态系统中的系统成员需要迅速共享信息并通过快速反应获取竞争优势，这种能力的获取关键取决于系统成员的认知距离。认知距离代表成员在知识、技巧以及认知框架上的差距（Hendriks-Jansen，1996；Weick，1995）。当系统成员拥有共享的价值观，认知差距就会缩小，成员拥有共同标准和相似的认知加工方式，更容易产生有效的沟通方式、积极的情感和可信赖的行为（栾贞增、杨东涛，2015），通过一致的价值主张实现"共同生产、共同提供产品和服务和共同创造价值"。

2. 价值共创的内涵及构成要素。

价值共创：价值共创的前提是必须将经济中的不同参与者看作一个旨在汇集各种资源的"服务生态系统"，组织需充分整合自身及合作伙伴的资源，设法挣脱内、外部各种约束因素的束缚，与合作伙伴沟通、对话，共同提出价值主张、提供服务和构建价值网络，以组织网络、信息网络为支撑，进行资源整合、资源共享和价值共创（Vargo and Lusch，2016）。价值共创就是把不同参与者的交互空间塑造成"服务生态系统"，并通过不同参与者的互动和资源整合来不断提高服务生态系统的适应性和可持续性（李雷等，2013）。瓦尔格和鲁斯柯（Vargo and Lusch，2016）将价值共创的过程描述为：所有参与者通过服务交互和资源整合，在制度及制度安排的约束和协调下，在彼此嵌套、松散耦合的服务生态系统中共同创造价值。

价值共创的主体是服务生态系统的所有成员，统称为利益相关者。拉马斯维米和古伊拉特（Ramaswamy and Gouillart，2010）提出价值共创的首要步骤就是识别利益相关者，并共同寻找解决问题的办法。A2A 网络中的所有利益相关者都是知识和创造力的来源，拥有包括能力、信息和关系在内的三位一体的操作性资源（Lusch and Nambisan，2015）。价值共创取决于 A2A 成员的涉入程度及承诺（Gummesson and Mele，2010）。

价值共创的连接媒介是共创服务平台，即为服务交互和资源整合提供一个有组织的载体。服务平台被定义为包含有形或无形成分的模块化结构，以促进资源分解和流动，并将各种共享资源嵌入平台，帮助系统成员更好地互动，确保更快速、更经济和更有效率的资源整合。服务平台的主要作用是促进资源分解及增加资源的密集度，服务平台通过增强资源密度和资源流动性而增强服务交换的效率和效果（Lusch and Nambisan，2015）。有形部分包括基础设施、制度、合同、规则等合作的正式结构安排，为成员聚集和资源融合提供一个物质载体；无形部分包括社会规范、组织及人际间的信任、平台的通透性等。威廉姆森（Williamson，2000）强调制度或社会规范是价值共创和服务系统的核心推动力。制度及社会规范被认为是实现价值共创的重要因素。规范合同、契约等制度建设，提高平台透明化程度，形成彼此信任的社会规范，在此基础上对系统参与者与平台交互的界面进行管理，是将服务生态系统的人和技术连接在一起的共同创造价值的核心（Vargo and Akaka，2012）。

价值共创的主要动作包括资源整合和服务交互。资源整合是指根据参与者的期望、需求和能力将其资源并入其他参与者的服务供给过程，包括三种不同形式：互补、冗余及混合；服务交互是指在价值主张的引导下与其他服务主体进行的包括人员、信息和技术等在内的资源配置，包括对话、资源转移和学习三个维度。价值共创由资源整合和互动两个阶段构成（Gummesson and Mele，2010）。价值共创是价值创造主体通过服务交互和资源整合而共同创造价值的动态过程（简兆权、令狐克睿、李雷，2016）。拉玛尼等（Ramani et al.，2008）强调相关利益主体通过彼此间的交互，协同力量，充分利用操作性资源共创价值。价值共创需要共创主体的直接交互，这些交互的直接后果就产生共同活动（Grönroos，2011；Grönroos et al.，2011）。瓦尔格和鲁斯柯（Vargo and Lusch，2011）将价值共创活动区分为在组织内部和外部通过制度进行交互以及包括人、技术和信息在内的内外资源整合。上述研究一致认为价值共创产生于网络角色的共同行动，强调复杂网络系统下各成员间的资源整合和服务交互。

4.2.2　研究框架建构

基于上述研究成果并结合农业产业集群的特征，参考瓦尔格和鲁斯柯（Vargo and Lusch，2016）提出的价值共创的过程，本研究提出农业产业集群品牌价值共创机理的理论框架（如图 4 - 1 所示）。农业产业集群品牌价值共创是指在地理上相互邻近的农产品生产者、农业合作社、加工企业、物流企业、销售机构等农业相关组织或个人在长期合作、互补和竞争中，通过资源整合和彼此互动形成一个有机的服务生态系统，在制度及规范约束下共同创造品牌价值。该系统将上述利益主体在农业生产运作直至最终消费过程中存在的问题、资源串联在一起，通过彼此互动、信息交流、资源整合寻求问题

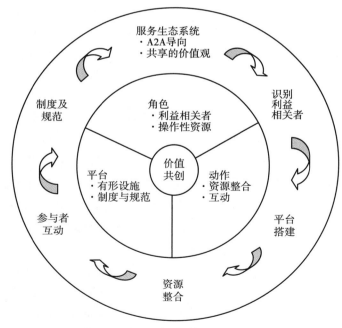

图 4 - 1　农业产业集群品牌价值共创机理的要素与过程

解决方案并提升整个网络价值。涉及三个重要议题：第一，价值共创涉及的利益相关者及其拥有的重要资源。该议题是明确服务生态系统中各利益相关者扮演的角色与功能，找出农业相关组织及个人拥有的关键资源并识别各自需要解决的关键问题。第二，品牌价值共创实现的物质基础是平台的搭建。通过平台连接农户、合作社、农业企业、政府、其他组织以及消费者等多个利益相关者的问题，通过互动使其问题在平台上有效得以解决，从而提升各自的经济价值、社会价值及认知价值。而平台运作的本质则是通过发展互动规则，形成制度与社会规范保障互动的系统性。第三，品牌价值共创的关键动作是资源整合与互动。探讨如何增加利益相关者的参与程度，通过何种互动模式跨界整合资源，创造共同利益。由此总结出农业产业集群价值共创三要素包括角色、平台和动作。共创角色包括界定利益相关者及其操作性资源；共创平台包括搭建有形设施，形成制度和社会规范；共创动作包括资源整合与互动。

农业产业集群品牌价值共创的过程包括：识别利益相关者、平台搭建、资源整合、参与者互动、制度及规范建设、服务生态系统打造。这是一个循环往复、不断调整完善的动态过程。战略主导者首先从"影响产业链的关键事件、人物和机构"等问题出发，识别出从生产到销售整个链条中有影响力的利益相关者，将其纳入价值共创系统。接下来吸引更多有相似价值观并拥有优质资源的合作伙伴加入，不断扩大网络规模，积累起广泛的用户基础，构筑起一个构成丰富的行动集合，创建平台并赢得领导权，使系统成员以平台为媒介不断互动，逐渐增加成员对系统的依赖。战略主导者作为资源整合及协调者，把入驻的种植户、上下游产业链核心成员、第三方服务商、银行、金融机构、消费者等平台中的各个利益相关者都视为服务对象，协助系统多边顾客间的服务交换和传递，使核心组织与各方参与者形成互惠关系，高效驱动价值共创。要求利益相关者参与共创战略管理全过程，使其能有机会直接参与价值创造，在交互中融入自己的观点，使产品内涵能体现其意志，使确定的价值主张能够更好地满足需要，从而实现对其行为的战略引导。并通过制度和社会规范将系统内的资源、个人以及组织连接在一起，打造一个共学、共创、共利的持续调适的服务生态系统。成员拥有共享的价值观，各自占据明确的生态位，在特定空间位置扮演重要角色，彼此之间联系密切，通过符合规范的行为方式在系统中发挥特定功能。上述过程是一个循环往复、不断调整完善的动态过程。农业产业集群服务生态系统的建设管理既是价值共创的前提，又是价值共创的结果。农业产业集群服务生态系统具有 A2A 导向、成员拥有共享的价值观等特点。

4.3 美国新奇士柑橘集群品牌价值共创实践案例分析

4.3.1 案例背景

美国加利福尼亚州与亚利桑那州是美国高品质柑橘类产品的主产区，这里阳光充足、降水充沛，气候宜人，具有 100 多年的柑橘种植历史，拥有超过 30 万英亩的肥沃土地种植柑橘，产量居全美首位，是世界知名的柑橘生产和加工产业集聚区，被业界称为新奇士柑橘集群。该集群涵盖了新奇士种植者股份有限公司、加利福尼亚州和亚利桑那州的 6500 家柑橘生产果农、60 多个包装厂、16 个区域交易所，以及果园管理公司、加工厂和价值链上的相关组织，向市场提供包括柠檬、橘、柑、橘柚、葡萄柚等新鲜果品以及果汁、果汁饮料、碳酸饮料、果干、浓缩汁、维生素、冷冻水果、果冻、冲饮果汁粉等深加工产品在内的 700 余种产品，集群出产的果品 80% 以新鲜水果形态售卖，剩余的 20% 进行深加工，所有产品统一使用新奇士品牌。每年销售水果约 8000 万箱，其中 70% 在美国和加拿大销售，30% 出口到其他国家和地区。柑橘鲜食和深加工市场份额占美国柑橘市场的 50%，柠檬占据全美 70% 的市场份额。在国际市场上的授权公司有 49 家，全世界范围内有 77 个国家获得授权使用新奇士商标。

新奇士合作社被誉为世界最大的柑橘合作社、著名的农业集群品牌经营者、成功的饮料供应商以及全球公认的柑橘供应商。近年来随着市场竞争的加剧和互联网时代的到来，新奇士管理层逐渐意识到统领产业集群利益相关者实施价值共创战略的重要性，成功打造了以新奇士合作社为中心的柑橘集群服务生态系统，对系统成员的资源进行有机整合，将系统成员所需的涵盖农业研发、科技指导、农资、物流、金融、保险、咨询、信息、消费指导等各种服务嵌入系统，以期实现对利益相关者资源的整体开发利用及全方位服务，降低交易成本，提升效率，实现供需双方无缝对接。价值共创战略实施以来，新奇士合作社收入连年大幅提高，2014 年惠及果农的回报上涨 26%，达到 11 亿美元。

4.3.2　美国新奇士柑橘集群品牌价值共创实践

1. 识别利益相关者。

从"影响柑橘产业链的关键事件、人物和机构"以及"影响营销的关键事件、人物和机构"等问题出发，新奇士首先识别出从生产到销售整个链条中显著地、有影响力的利益相关者，接下来进一步识别出处于边缘位置但拥有关键资源的利益相关者，在可接受的成本控制范围内，将其纳入农业集群品牌价值共创系统。

新奇士合作社将产业链最前端的种植户视为重要的合作者。在合作社网页上记载着数十位家庭农场主的柑橘种植故事，他们纷纷表达了对这块土地的依恋、对合作社的忠诚、对柑橘种植的热爱、对后代的培养、对事业的嘱托。

合作社将目标顾客也视为关键利益相关者，动员顾客积极参与价值共创，为顾客创造交流和体验的平台和环境，使顾客资源在产前需求信息交流、生产过程协作、购买过程互动以及购后阶段互动等过程全程参与。

除了种植户及消费者，新奇士上游产业链中的核心成员包括合作社、包装厂、合作生产商，下游产业链核心成员包括交易所、渠道商等，他们构成系统最关键的利益相关者。为了实现产业链条深度衔接，合作社将提供育种、农资供应、农业科技咨询、研发等产前活动的生产服务企业，解决储存、运输、仓储、质量监控等流通环节问题的流通服务商，广告公司、咨询公司等销售服务商，以及与消费市场关联的家庭用榨汁机等产品的生产企业、营养师等消费服务商，乃至金融、保险、市场信息公司等第三方独立服务机构均视为价值系统的重要成员。例如，新奇士合作社长期与美国农业食品领域的综合服务供应商 Sure Harvest 公司展开深度合作，在战略实施、技术开发、金融支持以及服务管理方面寻求支持。

政府在基础设施建设、农业信息化建设、法律保护、信贷支持、税收优惠等方面对新奇士柑橘产业产生重要影响。为了提高对政府的影响力，反映种植户利益和诉求，新奇士十分注重与政府保持密切联系，以争取有利的农业政策、资金支持、税收优惠以及信贷支持。

2. 平台搭建。

新奇士提出"整体的商业关系"概念，逐步吸引更多有相似价值观并拥有优质资源的合作伙伴加入，通过价值链环节扩张、产业扩张以及地理扩张不断扩大网络规模，积累起广泛的用户基础，构筑起一个构成丰富的行动集合，在系统不断扩大的基础上创建平台并赢得领导权，使系统成员以平台为媒介不断互动，逐渐增加成员对系统的依赖。2012 年，新奇士合作社与美国西部最著名的柑橘果汁类深加工及销售一体化企业 Ventura Coastal 公司建立合资关系，将蒂普敦加工厂纳入该公司旗下进行统一管理。作为强有力的合作者，该联盟能够确保深加工产品满足全球最高质量标准。新奇士与美国吉利贝、通用磨坊、日本森永乳业等世界知名食品企业密切合作，共同研发水果谷物棒、水果糖、果饮、果冻果汁、橙味苏打、开心果、杏仁粉等产品。新奇士的渠道合作商包括沃尔玛、克罗格、好市多、阿诺德、西夫韦等零售巨头。在世界五大洲 77 个国家，新奇士授权有能力的合作伙伴使用其品牌，但产品质量和传播策略都必须经由合作社严格监督。

将互联网技术用于平台建设，建立了信息化管理系统以及标准化种植系统，并将物联网、大数据、云计算等技术嵌入供应链系统中，实现"智能化精准农业"。新奇士合作社建立起产销信息档案，在生产作业管理、进销存作业管理等方面实现了产销信息的规范化、统一化和自动化管理，建立起具有多种功能的信息化平台，对运营系统的各个环节都记录清晰。并将市场信息及时、准确地反馈给系统中的合作者，使系统中的每个参与者都能贴近市场，为消费者提供高质量的价值需求和服务。全面实现产业信息采集、存储、处理、使用及反馈的一体化管理，在信息对称的前提下提升系统效率，实现内外协同共创。新奇士旗下的农场均已实现物联网化，种植户可以用 iPad 研究农田数据，监控种植全过程。合作社可以随时监控每个农场的经营数据。合作社采用先进农业技术精确计算各个品种柑橘的成熟期并能精确预测产量，以保证产量的稳定性和产品的多元化。

新奇士官方网站设计形象生动、动感十足。主页面通过充满童趣的柠檬卡通人物引导用户进入一个个连接，很轻松地找到有关行业、品牌、历史、产品、种植以及包装、消费指导、产业利益相关者等各种信息。例如，网站上的小游戏可以引导顾客体验利用柑橘食材做出美味的菜肴，体验水果缓解压力及瘦身美容的生活技巧。网站留言、微博、脸书（Facebook）、推特（Twitter）等社交化媒体被用于合作伙伴沟通和精准顾客分析。在网站中植入各种指导农户种植经营的信息与联络方式，并为果农提供种植方法的建议。当果农遇到技术问题时，可以立即与科研人员以及技术人员进行交流。网站推荐的约翰迪尔（John Deere）拖拉机，通过嵌入 Microprocessors、GPS 等软件，不仅可以帮助农民更快地用更少的燃料进行土壤培育，而且可以评估土壤条件，决定每一块土壤应该施肥的恰当数量。

3. 资源整合。

新奇士作为集群价值共创的推动实施方，处于网络中心地位，是整体供应链系统资源的整合及协调者，把入驻的种植户、上下游产业链核心成员、第三方服务商、银行、金融机构、消费者等平台中的各个利益相关者都视为服务对象，协助系统多边顾客间的服务交换和传递，使核心组织与各方参与者间形成互惠关系，高效驱动价值共创。这需要将系统成员的资源溶化、拆解、移动并嵌入平台。溶化拆解的资源越多，资源密集度就越高，资源流动和重组效率越高，成本越低（Normann，2001）。

在新奇士产业集群中，果农拥有代际传承的耕作技术，他们把柑橘种植的经验和对土地的热爱根植于认知系统中并世代传承，使下一代人在耳濡目染中不仅通过"干中学"模式掌握了柑橘种植的技能，而且培养了深厚的职业认同感。果农的经验技能以及对职业的热忱构成了新奇士集群最基础的操作性资源。合作社及附属包装厂、交易所等组织在品牌运营、组织协同、产业知识、高效流程等方面掌握核心资源，并在开拓全球市场、推广统一品牌、使用全球运输系统、发展全面的研究，以及接触海外市场的政府等方面拥有核心能力。合作社成立专门的研发机构从事针对该产业产供销各环节瓶颈问题的研发和创新，具有很强的自主创新能力。其核心竞争优势在于能为生产环节提供最高水平的技术保障，消费环节提供质量更高、更具创新力的产品。合作生产商 Ventura Coastal 公司从持续的规则、过程、实践、绩效考核以及持续进步等方面实施严格的 5S 生产过程管理，故而享有果汁领域全球最高质量的声誉。新奇士联合世界零售巨头作为渠道终端，充分利用消费数据实现对市场的快速反应。动员顾客将拥有的信息资源、人力资源、关系资源等投入价值创造系统，与企业充分交流看法、积极思考并产生创新思想、参与活动、主动发表意见等，甚至充当生产经营过程中的临时参与者。第三方独立服务机构在技术性知识、能力、信息、机械设备、资金、政策等方面提供互补性的关键资源。

新奇士合作社将上述优质资源进行了溶化分解，将来自利益相关者的各种优质资源并入服务过程。大量的技术专长、隐性知识、操作技能被提取出来，促进了系统成员彼此间的深度沟通，合作伙伴之间互补的、冗余的资源得到最大程度的整合与匹配，彼此在合作伙伴的支持下提升自身的能力及带来增值，实现了对资源自上而下的有机整合和优化。例如，橘农的资源被开发成覆盖科学体验、田间观察以及动手实践的课程，从农具到柑橘种植技术、从田园百科到趣味科学实验，为顾客提供了一个学习橘业知识、体验农耕乐趣的场所。再如，Ventura Coastal 公司的 5S 生产过程管理被全程引入新奇士的深加工产品。

在网站平台上，各种信息按照整体服务流程规划以及利益相关者类型被高度分类整合，覆盖从种子、种苗、农药、化肥、科技指导、土壤监测、技术研发、收购包装、果品加工、仓储运输、营销渠道、产品种类、国际市场、消费者教育直到员工福利等整个产业链。该平台依靠网络信息技术将与产业相关的有效资源进行系统化整理，搭建沟通的桥梁，促进新奇士、各利益相关者以及外部环境之间的人力资本、技术、资金、设施以及信息政策等资源的高度整合。营造了农业产业集群内部以海量、高增长和多样化的信息为特征的互联网环境，从而优化果品生产、加工、物流以及销售等要素的最优配置。

4. 参与者互动。

新奇士合作社主动要求利益相关者参与共创战略管理全过程，使其能有机会直接参与价值创造，在交互中融入自己的观点，使产品内涵能体现利益相关者意志，使确定的价值主张能够更好地满足利益相关者的需要，从而实现对其行为的战略引导。

新奇士与种植户建立了通畅的沟通渠道，使种植者随时根据消费者偏好的变化调整种植计划。果农每年的种植计划都会根据新奇士反馈的市场信息进行种植品种、数量等方面的调整，以确保能够适销对路。面对 2015 年美国零售市场有机柑橘年销量 14% 的迅速增长趋势，新奇士提前指导农户调整有机柑橘的种植规模，很好地迎合了市场变化。

为确保合作者清楚集群建设与其日常工作间的关系，新奇士通过利益相关者调查、访谈、定期会晤、建立档案及资源数据库等常规化对话机制促进有效的沟通交流。重要合作项目的实施通常临时组建由双方人员组成的共同工作小组来负责完成。在新奇士合作社的网络平台上，上下游组织与合作社之间以及他们彼此之间都可以通过网站新闻、邮件系统、网站链接、BBS、内部共享服务器等实现时时能沟通，事事能沟通的合作氛围。

在与目标顾客互动方面，新奇士十分擅长创造引人入胜、令人印象深刻的体验活动，实现使顾客的生活更精彩。围绕"健康生活、娱乐、活力激情"等主题设计各种体验活动，并进行跨文化传播。如定期举办"新奇士烹饪教室""新奇士鲜果食谱比赛"等活动，使顾客学习鲜果美食的制作方法，并从顾客那里获得大量关于产品创意、烹饪方法、生活窍门的奇思妙想。在美国本土每年举办"柑橘小姐"比赛，选拔优胜者作为系列品牌形象代言人。为了发现全世界各地的饮食舆论领袖——各地名厨，定期举办"新奇士柑橘庆祝"活动，邀请来自全世界的顶级厨师和美食家，共同探讨柑橘类水果与餐饮食谱融入后的营养、风味、口感等问题。在中国地区，新奇士联合广州屈臣氏在广州于 2014 年举办"热辣 Sun 骑士，向阳光出发"、2015 年举办"缤纷新骑士，你我一起嗨"等夏日远征活动。从"热辣 Sun 骑士，向阳光出发"这一活动，可以片段性地了解新奇士与目标消费者在品牌核心价值共享方面进行互动意向与努力。活动伊始，将主题活动与"阳光、年轻、激情"等品牌元素融为一体进行宣传，提出畅饮新奇士果汁汽水，集齐一套包装就可以参加活动的条件。在活动过程中，通过影视明星作为"热辣 Sun 骑士"的现身将活动推向高潮，增加与粉丝的情感性互动。活动结束后，为获奖者提供专业山地车等骑士大奖、3000 元阳光海滩旅行券等诱人奖品，将美好祝愿与品牌价值巧妙融合。最后，通过在社交媒体转发粉丝"感言"，激发粉丝情感共鸣，体现其对品牌价值主张高度认同，并通过价值内化扎根于脑海，体现于行动。使顾客在参与中不仅获得经济利益，还满足了归属感、关爱、自我尊重、自我发展与实现等心理需要。

新奇士紧跟时代发展进行社交网络营销的创新，使用企业网站、电子邮件、微博等社交媒体与消费者在线交流。新奇士官方微博账号会在各种节日、不同季节等各种时机设计主题发送微博，微博内容围绕主题，配图并附有一段话进行说明。近期的主题包括："探秘加州""开学季""通缉令""橙双成对""六一儿童节""母亲节""橙心橙意"等。互动形式丰富多彩，有参与性、分享性、知识性、创造性以及情感性互动多种形式。利用脸书（Facebook）、推特（Twitter）与全世界消费者进行互动，与顾客建立持久的关系，进一步开发顾客以及深入挖掘顾客的兴趣和爱好。使营销人员准确知晓市场上正在发生的事情，并采取及时的应对措施。

5. 制度及规范建设。

在新奇士产业集群中，新奇士合作社与合作伙伴往往都是通过合同制、建立联盟以及非契约形式来合作的，通过制度将系统内的资源、个人以及组织连接在一起共同创造价值。

新奇士在产品质量、绿色生产以及可持续发展等方面执行十分严格的监督机制。合作社针对农户统一规范种植标准，成熟的果实由包装厂派技术人员手工采摘，并由全自动流水线进行选果和包装。从品种培育、育苗、栽种及管理、采摘、分拣、制品到包装，所有环节均采用标准化生产方式进行。专职督察员每天前往包装厂及交易所巡视。实行全程可追溯，确保所有产品从农田到餐桌可追溯，明确建立各环节的责任制度。

在风险控制方面，通过严格的制度对合作者进行管理和评价，合作社要求价值系统中的合作者在与产业相关的所有环节必须严格奉行合作社的规章制度。如新奇士深加工产品每年均由全球最著名的第三方机构即食品质量与安全保障组织 Safe Quality Food（SQF）进行年度审计，该机构是全世界唯一一个被全球食品安全机构承认的认证体系，被业界公认为是一个严格可信的食品安全管理系统，代表食品安全与质量体系的最高标准，可以向社会公众确保食品在生产、加工、运输、储存等全产业链生产运营过程中都是参照安全环保的最高标准执行的。

在利益分配方面，建立"收益共享、风险共担"的利益共同体。新奇士合作社始终按照公开、透明的原则来分配产业链的利润，确保每个环节赚到合理的利润。合作社在扣除收购成本、采摘、包装、运输，以及合作社支出（雇员工资、营销成本）的基础上，将盈利最终将返还给果农，其中果农的利润按照股权比例来分配，而其股权由最终生产的柑橘数量来分配。作为非营利组织，合作社的运作资金主要来自政府退税和农业补贴。在 2013 年 12 月，长期低温天气给柑橘生产带来严重挑战，正是果农以及上下游产业链经销商的艰苦奋斗及奉献精神，最终克服重重困难取得良好业绩。

　　新奇士与其合作伙伴始终坚持保护耕地质量、保护生物多样性、维持农业生态平衡，促进农业可持续发展的生产理念，并提出不断改善的目标。新奇士集群的利益相关者在相互影响中逐渐形成长期的持续改善习惯，在不断创新中发现问题并解决。

　　6. 服务生态系统打造。

　　新奇士合作社的战略使命是作为融合互联网信息、农业技术、农场管理、品牌运营、产业链服务的新型柑橘产业综合服务供应商，为利益相关者提供全方位服务。打造一个包括柑橘产业科技、金融、咨询、培训、产前服务、生产运营、深加工、销售的服务生态系统，在组织协调、生产运营、产品质量、服务水平、社会责任、合作效益以及员工素养等方面具有竞争优势（如图 4 - 2 所示）。

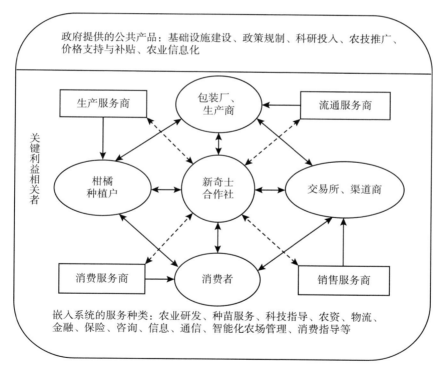

图 4 - 2　新奇士柑橘集群品牌服务生态系统构成

注：实线代表正式契约关系，虚线代表非正式契约关系。

该系统具有明确的 A2A 导向，合作成员各自占据明确的生态位，在特定空间位置扮演重要角色，彼此之间联系密切，通过符合规范的行为方式在系统中发挥特定功能。

其价值主张聚焦于"致力于产品研发、质量管理以及综合服务，实现对消费者，食品服务合作者和零售商的品牌承诺，向全球消费者提供饱受阳光滋润的优质、新鲜、美味、健康的天然水果，为柑橘产业的合作者建设一个美好的家园"。合作社不只是根据需求提出一致的价值主张，而且确保价值系统中拥有操作性资源的每个利益相关者充分理解该价值主张并知晓自己在完成使命过程中所承担的角色。

4.4　结论与启示

4.4.1　结论

本章通过理论演绎和新奇士集群的案例分析，揭示了农业产业集群品牌价值共创的内涵、关键构成和运作过程。研究发现农业产业集群品牌价值共创三大构成要素包括角色、平台和动作，这三大要素被分解为识别利益相关者、平台搭建、资源整合、参与者互动、制度及规范建设、服务生态系统打造等六个维度。农业产业集群品牌价值共创的运作过程是一个闭合循环、螺旋式上升的过程，正是上述六个维度构成全部循环运动依次经过的阶段。服务生态系统建设既是农业产业集群品牌价值共创的前提，又是价值共创的结果。服务生态系统最显著的特征是具有 A2A 导向、成员拥有共享的价值观。

4.4.2　启示

第一，农业产业集群品牌价值共创战略的主导者必须将自身定位于为集群所有利益相关者服务以及守护产业发展方向的组织。重新对农业产业集群中行动者的角色关系进行安排部署，将重要的利益相关者囊括进来参与价值共创活动并从中获益，创建一个令所有集群内组织与成员共赢的服务生态系统。其战略制定必须着眼于整个系统，而不是关注自身在系统中的地位，其目的是努力打造一个使所有参与方在均能受益的新型价值系统。现阶段我国农业产业集群必须加快构建新型农业经营体系，推进农业产业集群中龙头企业的转型升级，积极培育价值共创战略的主导者，并将其定位于为集群所有利益相关者服务以及守护产业发展方向的组织。

第二，农业产业集群品牌价值共创战略的实施可采取以下步骤：确定服务生态系统涉及的利益相关者；提供价值主张、建立互动平台；将集群利益相关者拥有资源进行分解并嵌入系统，确保各方能从价值共创活动中获益；制定参与者的互动策略，主动调节各种可控的互动行为，使互动行为持续化、有序化，共同寻找解决问题的办法；不断完善制度与规范建设，使成员间资源共享及交互的方式、内容以及程度通过将成员间的关系制度化而得到保障，保障价值系统履行对所有利益相关者的价值承诺；建立起一个具有 A2A 导向、成员拥有共享的价值观的服务生态系统，发挥集群的协同效应以实现集群品牌价值共创。

第三，通过品牌价值共创将科技、农资、物流、金融、零售、政策等在内的涉农生产服务资源全部加以整合，实现以集群品牌为核心的对农业产业集群所有利益相关者的整体开发和全面服务，形成强大的产业引擎，通过精准农业、精深加工、现代营销达成集群农产品供给和消费需求的畅通对接，从而保障集群中相关经营主体互利共生与合作共赢。关注农业产业集群中所有利益相关者的体验，是品牌价值共创战略实施的最佳途径。该战略的实施焦点就是为利益相关者提供满意的体验。而改善体验的关键环节，是让他们参与决定价值共创的方式与途径并发挥核心作用。

第四，农业产业集群品牌价值共创战略的实施不是一蹴而就的，实施主体可以从小处着手，在搭建平台之后以部分关键利益相关者的体验为关注重点设立目标，当目标达成之后，逐步扩大范围，为上述利益相关者提供更多价值并将新的利益相关者纳入系统。价值共创战略实施范围的不断推进将使参与者不断获益，并为农业产业集群创造新的竞争优势。

第 5 章

农业集群品牌价值共创过程研究：
来自中国安吉白茶的例证*

【本章提要】 研究聚焦于农业产业集群品牌价值共创的产生缘由、发生过程以及结果，以茶叶产业中龙头企业及其协同整合的利益相关者为研究对象，运用单案例研究方法，探讨了服务平台、集群品牌价值共创活动以及品牌绩效等构件的内涵以及它们之间的相互作用机制。选择安吉白茶为案例研究对象，分析其价值共创的过程。研究表明，服务平台包括有形模块和无形模块两部分，是农业集群品牌价值共创的基础；农业集群品牌价值共创是平台领导者通过与利益相关者在对话、获取、风险评估和透明性四大模块上的交互共同创造品牌价值；茶叶产业中多重利益主体的品牌价值共创活动会导致集群品牌绩效的改善。

* 本章核心部分已发表。张月莉. 茶叶区域公共品牌价值共创机制研究：以安吉白茶为例［J］. 科学经济社会，2018（3）：58 –65.

5.1 引　　言

　　近年来，价值共创理论开创了价值创造的新逻辑（简兆权等，2016），对价值的实现方式从全新视角进行了诠释。认为价值不仅仅由企业单独创造，而是企业提出价值主张，经由顾客和其他合作伙伴认可后，在企业、顾客、合作伙伴等所有利益相关者组成的价值网络中互动的共同创造（Lusch and Vargo，2014）。价值的创造需要包括制造商、供应商、商业伙伴、同盟者、股东、顾客在内的整个价值链上不同经济行为主体的共同参与（Frow and Payne，2011）。利益相关者内生于价值创造过程，在关系式的协同过程中为同一使命而共同工作，价值来源于企业与顾客、供应商、渠道商、员工以及其他合作伙伴等利益相关者互动过程中的服务体验（张婧和邓卉，2013）。

　　由于地理资源的严重依赖性，中国茶产业生产具有浓重的地域特征，如西湖龙井、云南普洱、安吉白茶等。目前中国茶业的发展正从企业品牌单打独斗走向区域产业融合，通过整合营销打造集群品牌。"茶叶集群品牌＋企业品牌"的母子品牌协同发展模式是现阶段诸多茶叶产业谋求发展与转型的选择。越来越多的茶企已认识到孤军奋战将无法应对日益激烈的市场竞争。必须以集群品牌创新活动为基础，以合作共生、协同发展为核心理念，以茶叶品牌价值提升为核心，联合价值网络中的利益主体进行价值共创，通过打造行业领衔品牌获取产业竞争优势，探寻从集群品牌走向国际强势品牌的发展之路。诸多茶叶企业纷纷开始探索价值共创的实现方式，如"安吉白茶"通过政府扶持和跨界资本介入推出"极白安吉白茶"，以期实现产业资源高效整合；"天府龙芽"通过众筹方式将产业内多家茶企组成利益共同体，合力打造区域公共品牌；"英山云雾茶"将八家龙头企业聚集组建"大别茶坊"品牌，聚合当地政府、产业协会、茶企、茶商、茶农的所有力量，寻求区域公共品牌整体突破。未来茶叶区域公共品牌的发展，无疑需要强有力的品牌经营主体通过整合利益相关者所拥有的优势资源，提高产业集中度，通过价值共创迅速提升公共品牌的知名度与美誉度。

　　基于上述背景，本章将以茶叶集群品牌为研究对象，对农业集群品牌价值共创过程进行研究。首先根据文献梳理和理论回顾，形成研究思路；然后提出茶叶集群品牌价值共创平台、价值共创活动以及茶叶集群品牌绩效等研究构念并进行界定；最后基于对安吉白茶的案例研究，通过实证数据验证上述构念之间的关系，得出有意义的假设命题并构建理论模型。

5.2 理论回顾与研究思路

5.2.1 农业集群品牌的相关研究

学者已围绕农业集群品牌的概念、特征、经济效应、利益相关者的作用及面临挑战等问题进行了研究，但尚未发现文献探讨农业集群品牌价值共创机理及规律。第一，概念、特征及经济效应（Porter，1998）。农业集群品牌作为产业利益相关群体集体营销形成的无形资产，具有地缘性、伞品牌、俱乐部产品、第三方治理等典型特征，在农业、食品等以自然资源禀赋为主的行业广泛存在（Charters et al.，2011）。该品牌对区域内企业、个体品牌起到庇护作用，并对具有典型"信任品"特征的农业产品进行品牌背书，联合小企业、合作社进行集体营销，被政府大力推崇（Tregear et al.，2009）。第二，学者们已认识到产业利益相关者进行品牌价值共创的重要性。需大力引导区域内企业间依据价值链形成有效分工协作，达成集体行为，维护公共品牌（吴传清等，2011）；发现利益相关者参与能显著提升公共品牌绩效（Klijn et al.，2012）。第三，作为具有第三方治理结构兼具公共物品属性的特殊品牌，面临品牌经营主体缺位、机会主义、"搭便车"行为等挑战（Tregear et al.，2009）。

5.2.2 价值共创及品牌绩效的相关研究

价值共创研究尚处于概念研究阶段，相关理论尚未成熟，缺乏清晰的理论架构。第一，平台的建立是基础。共创前提是需要以推动行业创新为目标的关键角色来打造一个产业共赢的环境，为网络成员提供解决公共问题的平台，吸引产业链中重要利益相关者入驻并视其为多边顾客，通过为多边顾客提供服务或协助服务递送满足各方参与者的需求，高效驱动价值共创过程（Gawer and Cusumano，2002）。平台的本质是利益相关方交易（交换）的媒介，通过有形设施、机构、服务、技术、规则、制度及社会规范为他们彼此间的互动和资源整合提供了一个有组织的载体，构建平台的核心企业在充分利用外部资源开发产品和市场的同时获得最大商业价值（Lusch and Nambisan，2015）。核心企业通过构建服务平台，促进利益相关者之间直接和间接互动，通过资源共享和优势互补，实现利益相关者系统的整体价值增值（令狐克睿、简兆权，2017）。第二，关键构成包括对话（dialogue）、获取（access）、风险评估（risk assessment）和透明性（transparency）四大要素，被简称为 DART 模型（Prahalad and Ramaswamy，2004）。第三，价值共创理论为品牌管理提供了新的管理思路。品牌价值依托于企业、顾客与其他利益相关者的互动，多重利益相关者的品牌价值协同共创活动是品牌培育和发展的关键（Merz et al.，2009）。品牌管理者应对所有利益相关者进行通盘考虑，整合其所拥有资源，以达到共创品牌价值的良性循环（Frow and Payne，2011）。本研究中的价值共创均是基于品牌的价值共创。第四，品牌绩效可以通过对品牌收益、品牌强度和品牌忠诚度等指标测算，对品牌运营效率进行客观评价（胡晓云等，2016；胡晓云等，2017）。

5.2.3　理论分析框架确立

本研究将茶叶集群品牌的培育视为在服务平台建设基础上，通过对利益相关者资源的有机整合，平台机构联合利益相关者共同创造品牌价值的过程。据此得到理论分析框架（见图 5-1），即服务平台建设是茶叶集群品牌价值共创的基础，直接影响价值共创活动实施，并进而影响品牌绩效。接下来将通过案例研究，提炼关键理论构念，探讨构念内涵，通过实证数据验证构念之间的关系，建构理论模型，试图揭示茶叶集群品牌价值共创如何发生、怎样发生以及结果如何等理论黑箱中的关键要件及作用机理。

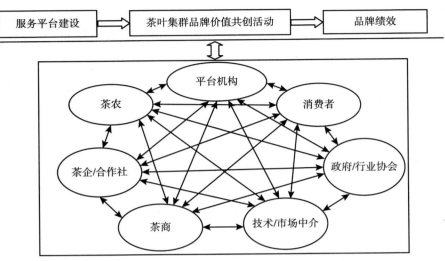

图 5 - 1　茶叶集群品牌价值共创机制理论研究框架

5.3　研 究 方 法

目前，有关农业集群品牌价值共创的研究尚属理论"黑箱"。本研究以茶叶集群品牌为研究对象，试图揭示服务平台建设影响茶叶集群品牌价值共创活动以及品牌绩效的机制和规律，属于解释性和探索性研究，深度的案例研究法较为恰当。通过观察具有代表性的典型案例，可以探究捕捉管理实践中涌现出来的新问题（毛基业、李晓燕，2010）。因此本书将采用单案例研究方法进行理论模型构建和相关命题提出。

5.3.1　案例选择

"安吉白茶"产于浙江省安吉县，该茶茶汤清新、口感清爽，其氨基酸含量是普通绿茶的两到三倍，可有效增强人体抵抗外界侵害的能力。仅仅 20 年时间，安吉白茶由一株白茶祖发展为 17 万亩茶园。截至 2016 年，全县种植户 15800 余户，加工企业 350 家，专业合作社 31 家，从业人员 20 多万人次。产量达 1810 吨，产值 22.58 亿元，为全县 36 万农民实现人均收入增加

6000 元。安吉县政府十分重视品牌建设，整合资源打造公共品牌，2001 年注册原产地证明商标，2008 年获中国驰名商标认定，并创新性使用以公共品牌为背书、以企业自有品牌为发展主力的母品牌驱动、子品牌支撑的"母子品牌"模式。安吉白茶作为集群品牌，充分利用母品牌的大平台整合资源、挖掘优势、通过整合营销传播提升品牌实力，发挥对旗下子品牌的庇护效应；而企业品牌作为发展主力军为产业发展提供强有力的支撑。集群中的企业品牌数量 392 个，包括极白、芳羽、大山坞、宋茗、龙王山、峰禾园、千道湾、银叶、贡茗等优质品牌百花齐放。

为迅速提高行业集中度，壮大龙头企业，提升企业整体实力，弥补集群品牌特有的"品牌经营主体缺位"现象，加快产业发展速度，2015 年由安吉城投集团、安吉县人民政府以及万向信托联合发起设立 2 亿茶产业投资基金，通过国有控股企业安吉茶产业有限公司（以下简称"安茶集团"）收购当地龙头企业（峰禾园、千道湾、龙王山）以及互联网品牌（芳羽），融合产业资源，通过政企联动模式创建行业领导品牌——"极白"安吉白茶，作为品牌价值系统中的关键角色协调价值共创过程，努力创造一个产业共赢的格局。考虑到典型性、数据易获取性和研究便利性等因素，本研究选择安吉白茶作为案例研究样本。

5.3.2 构念测度与数据收集

案例研究首先要对每个关键构念进行界定测度，并从案例中获得实证数据（毛基业和李晓燕，2010）。根据理论回顾及研究思路，首先明晰每个构念内涵（见表 5-1），作为进一步分析访谈资料和二手数据的依据。

表 5-1 　　　　　　　　　　各变量内涵及关注信息

变量	内涵	关注信息
服务平台	有形模块	基础设施建设、服务机构建设、公共品牌建设、标准化建设、原产地保护制度、信息化建设等
	无形模块	社会规范、信任等

变量	内涵	关注信息
集群品牌价值共创活动	对话	由品牌经营者提出价值主张，利益相关者参与其中，通过互动、沟通、学习和分享共同解决问题，为各方创造价值，实现互惠互利和共赢
	获取	利益相关者是否能快速准确有效地获得所需的信息
	风险评估	在相互合作过程中是否能共同分析可能产生的各种风险，客观的评价风险并制定相应的风险防范措施
	透明性	品牌经营者和利益相关者之间的信息和资源的透明化程度。信息的透明性是机构和个体之间形成信任的必要条件。确保信息和资源高度透明化，可以深化彼此间的信任程度和合作愿望
品牌绩效	品牌收益	由茶叶年销量×（品牌零售均价－原料收购价）×（1－产品经营费率）构成
	品牌强度	包括品牌带动力、品牌资源力、品牌经营力、品牌传播力、品牌发展力等指标，反映该公共品牌的未来持续收益能力
	品牌忠诚度	消费者对茶叶区域公用品牌的忠诚程度

为确保研究信效度，本研究通过多渠道获得信息和资料，进行数据相互补充和交叉验证，通过实地观察、深度访谈、内部资料和各种渠道公开发布资料等不同来源收集数据，构成"资料三角形"进行验证，以避免共同方差偏差。

5.4 案例分析结果

5.4.1 服务平台建设

安吉白茶集群品牌服务平台建设采取"政府拉动＋龙头企业带动"的政企联动模式。政府专门成立白茶产业发展办公室和安吉白茶协会，从种植布局、产业化分工、技术指导、品牌建设、整合营销传播、文化塑造、信息化建设以及市场监督等方面展开具体工作，并对上述工作进行统筹安排和监督管理。县财政投入巨额资金支持"安吉白茶"产业发展，在基础设施建设、品牌宣传等方面陆续投入资金 2.15 亿元，建成白茶街、研究中心、白茶祖生态园以及中国白茶城等项目。建立安吉白茶官方网站和微信平台，组织茶企参加茶博会等茶事活动，持续每年举办白茶开采节、白茶仙子评选等系列活动。在严控产品质量方面，县政府通过加强原产地保护，颁布实施种植标准、采摘标准、加工标准，组织产品质量认证和茶叶生产加工安全监督和管理，指导完善市场监管体系，打击假冒侵权等违法行为，塑造良好的产业竞争环境。在信息化建设方面，利用互联网及物联网等新兴网络技术，集成开发了安吉白茶智慧服务云平台，包括茶园证管理系统、协会会员年检系统、协会会员管理系统、统一专用包装印制管理系统、安吉白茶原产地网、官方微信平台等六个相互制约的子系统，实现了对安吉白茶的信息化管理。

为推动产业全面升级，由政府着力培育的龙头企业安茶集团开创了"极白安吉白茶星创天地"服务平台，为茶农、茶企、合作社、茶商、创业者提供技术支持、融资、经营培训、创业孵化以及营销指导。该平台采用"一体两翼五中心"模式，其中平台创办的主体依托安茶集团；两翼包括建成两山创客小镇和安吉白茶小镇，承载企业孵化、科技成果转化、品牌传播、文化打造、体验中心的任务；五中心是指生产示范中心、科技服务中心、管理培训中心、金融服务中心和市场营销中心。安茶集团最大限度聚集创新资源和创业要素，创办一站式开放性综合服务平台，通过市场化机制为产业利益主体提供白茶种植、生产加工、融资、技术发展、茶园管理、旅游、茶文化及茶园民宿等产业领域的综合服务。

借助政府扶持和跨界资本，安茶集团迅速成长为行业龙头企业，并努力争取成为平台领导者，以形成对产业价值系统的控制。调查中，笔者发现业界对于上述模式评价不一。部分被调查者认为"安吉白茶"企业多、小、散、弱的问题靠市场机制培育难以解决，必须由政府介入。目前采取的模式适合安吉白茶现阶段进行产业突围，有助于区域品牌尽快发展壮大。也有部分调查者提出质疑，认为依靠政府力量形成行业垄断的做法违反了农业弱势产业的特殊属性，长期会挤压其他企业品牌的生存空间，最终导致牺牲农民利益。由此来看，安茶集团目前在有形平台建设和社会规范、信任等无形平台建设方面还有很长的路要走。在有形平台服务建设方面，应进一步做好供应链服务（货源、仓储、物流、标准化等）、金融服务（投融资、信托、保险、信用等级评价、交易、支付等）、区域公共品牌发展平台（区域品牌宣传推广、数据挖掘、咨询与研究等）建设；在无形平台服务建设方面，需进一步加强与产业利益相关者沟通，使各方深入了解平台企业的使命和宗旨，努力创造一个产业"共赢"的格局，"风险共担、利益共享"，形成互惠互利的规范准则，提升产业各方对政府及平台企业的信任程度，营造良好的产业秩序，促进利益相关者主动参与公共品牌的价值共创，成为受利益相关者拥护爱戴的真正的平台领导者。

基于以上分析提出命题。

命题1：服务平台建设是茶叶集群品牌价值共创的基础，需要一个强有力的平台领导者通过基础设施、组织、机构、制度等有形平台建设以及社会规范、信任等无形平台建设为成员搭建物质载体，培育合作氛围，整合产业资源协调利益相关者参与集群品牌价值共创活动。

5.4.2 茶叶集群品牌价值共创活动

"安茶集团"作为行业龙头企业，联合价值网络中茶叶种植户，茶叶加工、流通企业及各种服务机构、政府和行业协会以及顾客等多个利益相关者，通过与上述各主体间在价值共创四个关键维度（对话、获取、风险评估及透明性）的交互，迅速打造了"极白"品牌统一中国白茶业的专属战略使命，而且提升了消费者对集群品牌的市场认知度和美誉度，使安吉白茶产品在最短时间内以点带面迅速占领全国市场。

1. 对话。

对话意味着平台企业提出集群品牌价值主张，建立一个沟通平台，与集群中的茶农、茶企、茶商、顾客、服务机构及政府和行业协会等利益相关者进行对话沟通，通过专业化分工与协作共同发现和解决问题，实现共赢及知识共享。安茶集团提出的品牌价值主张是"做公众公司，做公认好茶，成为民族品牌"，并积极与白茶行业的关键利益相关者进行持续对话，整合价值网络中一切可以创造价值的资源，加强了与各利益主体间的合作关系。

安茶集团通过考量订单农户的"茶园生态环境、茶园管理水平、采摘质量"等指标选择高质量的合作伙伴，签订合作协议。并要求订单农户实行

"统一标准、统一农资、统一检测、统一收购"四统一标准化茶园管理，以确保优质的产品质量。极白生产中心对茶园进行集中而系统的肥培、农资管理，不定期组织"茶农游学会"活动，通过考察优秀茶园、邀请专家进行培训、召开座谈会等方式，共同探讨种植技术、茶园机械、品类开发以及科学的茶园管理方式等问题。首创"氨基酸白茶"开创全新的品类占领消费者心智，并利用"谢天谢地谢谢您"的情感诉求进行文化创新。2016 年安吉茶博会设立了北京、上海、石家庄、重庆和杭州等 5 个分会场，与消费者展开线上线下互动，采用网络直播、多城联动、茶人体验等方式经线上线下"云中开茶"，对安吉白茶进行全面推介和展示。举办茶山寻茶、茶园采茶、茶厂制茶、茶馆品茶等系列活动，通过"探访白茶祖""走进茶博园""安吉白茶与互联网"等茶旅及茶论坛活动使消费者获得新奇体验。通过主动走访达成与国内顶尖茶叶渠道商"八马茶业"的品牌合作，建立"极白＋八马"品牌联盟，依托区域战略合作伙伴，与当地经销商共建渠道、共建品牌，使极白在全国范围迅速拥有专业销售门店 1200 多家，实现了产品快速覆盖和品牌深度渗透。在品牌传播方面，安茶集团与永达传媒、浙江卫视达成战略合作，进驻全国 24 个主流白茶消费城市高铁站点进行 LED 大屏广告高密度投放，强势进入浙江卫视的《中国好声音》和《一路上有你》节目，制造热门话题并借助社会化媒体进行借势传播。

2. 获取。

获取是指平台企业通过平台建设使产业中各利益主体在协作共创活动中能在最短的时间内准确获得所需的各种服务信息。为了高效整合安吉白茶产业内各类创新创业资源，安茶集团创建"极白安吉白茶星创天地"，为茶农、茶企、茶商、合作社、消费者提供了集技术服务、融资支持、管理培训、业务咨询、销售渠道、个性化体验等功能为一体的综合服务平台，努力打通产业各方获取行业信息的渠道。

3. 风险评估。

风险评估即平台企业与价值系统中的合作伙伴对品牌价值共创可能给双方带来的风险强度、发生概率及影响范围进行评估，并采取相应防范措施。安茶集团对品牌价值共创战略目标实施过程中影响较大的风险进行了识别，并将业务开展与风险管理进行深度融合，尤其注重对损害品牌声誉、企业价值的风险进行管理。

安茶集团与茶农茶商等合作伙伴通过合同方式规定双方的权利责任和义务、违规惩罚条款、争端解决方式以及期望的合作结果，从控制风险的角度为双方合作增加信心。安茶集团与八马茶业为达成共同开拓市场、合作研发、资源共享、相互背书、迅速提升竞争力等目的而结成优势相长、风险共担的战略联盟，一方面通过详细而明确的契约来规定各自的权利和责任，处理合作过程中可能遇到的问题，更重要的是通过双方的彼此认同和相互理解，尽量减少信息不对称，共同分担风险，利用联盟关系获取并整合知识，发现新的市场机会并获得持续竞争优势。

4. 透明性。

透明性意味着平台企业与利益主体之间必须确保信息和资源的高度透明化，从而增加彼此的信任并深化合作意愿。政府主导下的智慧服务云平台的开启，着力推动了安吉白茶产业的透明化程度，形成网络成员彼此互动、共同发展的良好格局。安茶集团自主开发门店智能管理系统实施终端管理，建立起包括企业、经销商、门店、消费者四个层面的数据库系统，以增强渠道管理的规范性和稳定性。这个系统将企业、经销商、门店以及消费者的信息全部打通。企业可以在系统中实现供应、库存、销售管理并及时发布活动信息及新闻事件；经销商可以进行渠道流程管理、下单订货、跟踪物流、追溯订单；门店可以售卖产品、执行促销、管理会员、进行消费导航、实时追踪市场销售数据；消费者可以快速下单、参加活动、定位门店、追踪产品。门店智能管理系统使企业、经销商、门店、消费者之间的信息实现了完全透明化。

从上面实践来看，安茶集团以企业个体品牌"极白安吉白茶"价值提升为目标，整合个体品牌价值链的关键利益相关者通过对话、获取、风险评估和透明性等四大模块的有效组合实现价值共创。使该品牌横空出世后取得了飞速发展，迅速获得一定的市场知名度和美誉度。仅从企业个体品牌联合价值链各方进行价值共创的实施来看非常成功，但目前聚焦于集群品牌的价值共创模块运作尚未系统化和规范化。作为以打造民族品牌为己任的未来平台领导者，应努力整合产业中所有的利益相关者，明确各自在"利益共同体"中的利益得失，包括处于竞争对手地位的其他安吉白茶个体品牌，使其在系统中各自占领明确的"差异化定位"空间，如宋茗的"天下共茗"，龙王山的"上天给精英的恩赐"等，分别扮演重要角色，通过 DART 模块统筹规划实现区域公共品牌的价值共创。当然该过程不可能一蹴而就，应循序渐进。

据此提出以下命题。

命题 2：茶叶集群品牌价值共创需要平台领导者明确自身作为产业综合服务供应商的定位，整合产业中所有利益相关者并视其为多边顾客，通过与他们在对话、获取、透明性及风险评估四个模块上的交互来实现服务提供，高效驱动品牌价值共创。

5.4.3　品牌绩效

本研究采用品牌价值（通过品牌收益、品牌强度及品牌忠诚度等指标的定量计算获得）来评估品牌价值共创的绩效。参考 2010～2017 年"中国茶叶区域公共品牌价值评估"研究报告的数据（见表 5－2），近几年安吉白茶品牌价值增长强劲，2016 年和 2017 年其品牌价值分别高达 31.74 亿元和34.87 亿元，均比上一年有明显增长。目前在中国茶叶区域公共品牌价值排行榜中已跻身全国第五位。成为最具品牌溢价力、最具品牌传播力的中国茶类集群品牌。

表 5－2　　　　　2010～2017 安吉白茶区域公共品牌价值评估结果

评估结果	2010 年	2011 年	2012 年	2013 年	2014 年	2015 年	2016 年	2017 年
品牌价值（亿元）	20.36	20.67	22.66	25.65	27.76	29.1	31.74	34.87
全国排名	8	7	8	8	8	7	6	5

资料来源：2010～2017 年"中国茶叶区域公共品牌价值评估"研究报告。

由此看来，茶叶集群品牌站在战略高度与市场角度，借助各种机会托举旗下子品牌，壮大子品牌，将旗下子品牌推向市场前沿，缔造市场竞争的利器，构建茶产业"母贵子荣""子强母贵"的品牌格局（胡晓云等，2017），通过强势个体品牌的打造塑造行业领导品牌，推动行业的全面整合，通过品牌价值共创可以不断提升品牌绩效。

由此提出第三个命题。

命题 3：由平台领导者主导的集群品牌价值共创活动决定茶叶集群品牌绩效。

5.5 结论与启示

5.5.1 研究结论

本章以茶叶集群品牌价值共创为研究主题，以安吉白茶品牌为研究对象，运用单案例研究方法，探讨了服务平台、公共品牌价值共创活动以及品牌绩效等构件的内涵以及它们之间的相互作用机制。研究表明，服务平台包括有形模块和无形模块两部分，是集群品牌价值共创的基础；集群品牌价值共创是平台领导者通过与利益相关者在对话、获取、风险评估和透明性四大模块上的交互共同创造品牌价值；茶叶产业中多重利益主体的品牌价值共创活动会导致集群品牌绩效的改善（如图5-2所示）。上述研究结论表明通过价值共创战略改善农业集群品牌绩效具有较强的理论解释力。

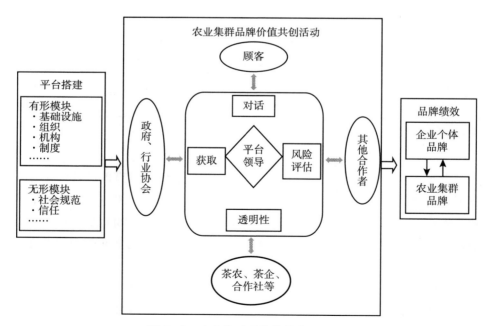

图5-2 农业集群品牌价值共创机制

5.5.2 启示

随着互联网技术、服务经济的快速发展以及营销环境、营销思想的变迁，通过价值共创提升茶叶区域公共品牌价值，是目前我国茶产业不可回避的现实问题。因此，茶叶区域公共品牌管理者要主动采取品牌价值共创的战略意图。而品牌价值共创绝不是自动发生的，需通过有组织的科学规划和系统运作。上述研究结论为指导茶叶区域公共品牌价值共创实践提供了富有意义的启示。

第一，由于农业集群品牌产权的模糊性及利益共享性等特点，以及现阶段我国茶产业规模小、市场竞争力弱等特点，集群内企业缺乏搭建服务平台，联合产业各方进行价值共创的动机。地方政府可以作为公共利益的代表，从产业整体利益出发，整合资源，从农业要素市场、标准、金融、渠道、品牌传播、信息化建设等方面协助搭建服务平台，并着力培育龙头企业打造行业领导品牌，使其在竞争中脱颖而出，成长为平台领导企业。在此，关键问题是界定清楚平台的框架、界面、竞争关系及知识产权。即平台有哪些模块组成，平台与参与者互动的界面如何，决定与参与者的合作与竞争程度，尤其是怎样达成共识、怎样处理利益冲突，还有平台信息在多大程度上与参与者共享等问题。真正的意义上的平台领导企业必须将自身定位于是融合技术、茶园管理、品牌运营、产业链服务以及互联网的综合服务供应商，其服务的重心是为产业各个利益相关者提供满意的体验。

第二，品牌价值共创活动的实施可以先从行业内龙头企业联合自身价值链成员通过对话、获取、透明性及风险评估进行高效互动入手，获取企业个体品牌竞争优势，逐渐获取平台领导者地位。待取得经验后逐步扩大范围，吸引产业成员加入，与各种类型合作伙伴在对话、获取、透明性及风险评估等方面建立多样化联结，激发他们参与价值共创的动机，提供各主体参与价值共创的机会和途径，满足各方参与者的需要并使其不断获益，建立起"收益共享、风险共担"的利益共同体，通过持续交互建立起彼此之间的信任，驱动农业集群品牌的价值共创，最终获得集群品牌绩效的快速提升。

5.5.3 研究局限性

本研究的单案例研究虽然对农业集群品牌价值共创主题的探讨具有一定的贡献，但仍存在以下局限性：第一，由于研究的个案数目仅有一个，只能通过对个案的深入探讨，产生研究命题，无法用于命题的验证。第二，目前安吉白茶通过打造行业龙头企业推进农业集群价值共创的实践仅仅是个开端，本研究也只能通过目前的数据来研究构念，建立证据链，未来需进一步跟踪研究，对动态发展过程进行更深入细致的分析。第三，从定性角度进行研究，虽通过三角验证试图提高信效度，但依然可能产生偏差。未来尚需采取定量研究方法进一步明确变量的操作性定义并进行因果关系验证。

第6章

农业集群品牌价值共创
内涵及关键维度

【本章提要】品牌价值共创正成为现阶段品牌价值培育的重要方式与路径，亟须建立一个全新的理论框架来解释农业集群品牌价值共创机理。依据扎根理论研究范式，本章通过对来自发达国家的业界强势品牌美国加州新奇士柑橘和日本新潟渔昭越光米的双案例研究，揭示了农业集群品牌价值共创的本质和关键构成维度，建立起有关农业集群品牌价值共创内涵和机理的理论框架。研究发现：农业集群品牌价值共创本质上可以理解为集群品牌与关键利益相关者的互动，具体包括品牌与政府互动、品牌与产业链相关主体互动及品牌与顾客互动；上述三个层面的互动分别通过政府信誉价值、产业链价值和顾客关系价值决定了农业集群品牌价值。研究成果对品牌价值共创理论、农业集群品牌发展理论做了有益扩展和补充，同时对农业产业集群如何实施品牌价值共创具有借鉴意义。

6.1 引　言

目前，我国农业发展迎来产业化发展浪潮。在地理相近领域出现大量农业及其相关产业相互支持的组织结合体，通过地理邻近和产业关联形成农业产业集群，并产生地域品牌效应，逐渐占领消费者心智空间，在实际市场创造了一定的知名度。强势品牌价值连城，农业集群品牌打造是提升产业竞争力的重要武器。2018 年中央一号文件中特别指出"要大力培育农产品品牌，保护地理标志农产品，注重发挥新型农业经营主体带动作用，打造区域公用品牌"。农业集群品牌正是产业化发展阶段从集群角度描述的高级形态的区域公共品牌。近期主流营销文献研究表明，品牌价值共创正成为品牌价值培育的重要方式与路径（Iglesias，Ind and Alfaro，2013），主张品牌经营者必须联合消费者以及其他利害关系人（如供货商、渠道商、合作者等）一起共同创造价值。在农业产业集群中，各主体在空间上是邻近的，在产业上形成生产、加工、运输、仓储、销售等环节配套的密切分工合作关系。产业竞争力的获取需要集群成员各自贡献所拥有的知识与资源，农业集群品牌的发展有赖于当地政府、行业协会，足够多的农业企业、合作社、农户及其他社会主体的积极参与，才能使集群内部协调一致，从而实现集群整体发展和集群品牌价值提升。因此，建立一个全新的理论框架来解释农业集群品牌价值共创机制是理论界及实践界亟须解决的问题。

本章将对来自发达国家的著名品牌美国加州新奇士柑橘和日本新潟渔昭越光米进行双案例研究，以其品牌实践构成对农业集群品牌价值共创进行操作性界定和机制研究的事理基础。本研究依据扎根理论研究范式，通过对采集数据的逐级编码构建范畴之间的联系，形成完整的故事线。用主范畴解释农业集群品牌价值共创的关键维度，最后建立一个全面解释有关农业集群品牌价值共创内涵和机理的理论框架，为学术研究提供理论依据。同时，通过科学推演将实操经验上升为规律，为实务界提供理论指导。

6.2 理论背景

6.2.1 品牌价值共创

随着新经济时代互联网、物联网、大数据、云计算以及人工智能技术的发展，未来的竞争会突破企业界限，竞争不是企业之间的，而是生态系统之间的竞争（Pinho et al.，2014）。竞争的基础是互利共赢，即通过建立互赖、互依、共生的生态系统获取竞争优势，建立强大的生态帝国。而品牌亦是被视为以公司品牌为核心，包含企业股东、供应商、最终顾客、中间商、竞争者、金融机构、大众媒体、政府、社会公众、相关企业等利益相关者在内的服务生态型品牌关系框架（张燚、张锐，2005）。上述利益相关者在品牌建设中所起的作用与日俱增。供应商、渠道商、商业伙伴、顾客等主体都在品牌价值共创中起着无法替代的决定性作用，利益相关者参与品牌价值创造是强势品牌发展的基础（Iglesias，Ind and Alfaro，2013）。品牌价值共创作为企业竞争优势的来源可以成就一个优秀品牌（Prahalad and Ramaswamy，2004；Ramaswamy and Gouillart，2010）。为了创建强势品牌，品牌管理者必须联合所有利益相关者共创品牌（Hatch and Schultz，2010；Payne et al.，2009；Jones，2005）。

时至今日，鼓励消费者以及其他利益相关者通过便捷的互联网对话参与品牌价值共创已成为业界普遍的营销方式（Merz and Vargo，2009）。通过网络、谈判以及参与持续进行的对话方式，利益相关者的意见被倾听，所拥有的资源被整合，自身被深度涉入品牌价值创造过程中（Christensen et al.，2005）。因此，在一个信息完全、交互充分的系统中重新思考品牌管理问题是十分必要的（Kliatchko and Schultz，2014）。企业必须以"多方共赢"的思维方式促进品牌价值共创（Ramaswamy and Ozcan，2016）。品牌管理者需授权顾客及其他利益相关者共建品牌，通过集体协作创造品牌价值，并通过服务互换为所有参与者提供利益（Arvidsson，2005）。

品牌价值共创是品牌管理者与顾客、雇员及其他利益主体通过合作发展系统、提供产品及服务的实践（Ramaswamy and Gouillart，2010）。被视为是一个包括众多利益相关者的社会过程，由此引发品牌管理者与其他利益相关者如何共创价值的理论问题（Hatch and Schultz，2010；Frow and Payne，2011）。布兰缇娜和艾特肯（Ballantyne and Aitken，2007）指出，品牌价值是多个利益相关者动态的社会互动的结果。互动是彼此密切地审视问题、共同讨论对话、将各自的问题系统地串联起来而设计出全方位的解决方案。透过互动去思考彼此的问题与资源，如何有效地跨界整合资源，是共创价值的核心活动（Alstyne，Parker and Choudary，2016；Grönroos and Voima，2013）。品牌价值是在系统中被不同利益相关者通过资源整合和社会互动共同创造（Muniz and O'Guinn，2001）。品牌价值依托于企业、顾客与其他利益相关者的互动，多重利益相关者的品牌价值协同共创活动是品牌培育和发展的关键（Merz，He and Vargo，2009；Iansiti and Levien，2004）。品牌意义取决于价值网络中相互依赖的利益相关者的互动，成功的品牌管理需要管理者激活网络中利益相关者的参与度（Vallaster and Von Wallpach，2013）。格罗鲁斯和韦伊玛（Grönroos and Voima，2013）明确指出价值共创是一个直接互动过程。格罗鲁斯和茹瓦尔德（Grönroos and Ravald，2011）将价值共创活动视为利益相关者参与的多元关系互动，并指出没有直接互动，就不可能有价值共创。上述研究均表明组织在价值共创过程中与利益相关者直接互动的重要性。互动作为价值共创核心要素的观点在学界已获得广泛认同（Grönroos and Voima，2013；Heinonen et al.，2010；Payne et al.，2008）。通过集体协作共同创造价值的关键在于"生产者和利害关系人"如何互动，以利整合彼此资源，进而发挥价值综效（Parker and Choudary，2016；Pinho et al.，2014）。

但迄今为止，品牌管理者与参与者在价值共创中各自扮演什么角色、在哪些界面互动、发挥什么作用尚未被清晰地识别（Grönroos and Voima，2013）。尤其是品牌管理者应该为实施价值共创战略做好哪些准备，如何促进与消费者及其他利益相关者的接触和互动，该过程的影响因素和价值因素是什么等问题尚缺乏操作层面清晰的阐述（Albinsson et al.，2016）。

6.2.2 农业集群品牌价值共创

农业产业集群将大量与现代农业某一特定产业或产品相联系的关联支撑机构集聚到一定的区域内，其本质特征是具有地域根植性的农产品生产者、收购商、加工者、流通者、消费者之间的网络联系（朱纪广等，2014）。这种天然的地理邻近性和网络联系使得资源共享、知识交流与互动沟通十分便捷。农业集群品牌以特色化、规模化农产品地域集聚为基础，表现为该地域农产品在消费者心智中形成的认知、美誉和知名度，是依托于特色农业资源禀赋、地域文化及农产品加工工艺而产生的农业产业链聚集网络效应与协同效应在市场上的综合体现，一般以"区域名称＋产业名称"命名，故又被学者称之为农产品地域品牌或农产品公共品牌（朱辉煌、卢泰宏、吴水龙，2009）。在农业、食品等以自然资源禀赋为主的行业广泛存在，是一个复杂的关系符号，代表着区域农业产业、区域农产品、企业以及消费者之间的关系总和。也即消费者对区域整体、产业、企业、农产品的特色和核心价值的认知、信念及态度（李春海，2011；Charters，Mitchell and Menival，2011）。是基于一定区域范围、由相互协作的利益主体共同使用并与当地资源禀赋、历史和文化等相关联、标明商品和服务的特殊品牌，通常需要地方龙头企业、行业协会和地方政府合力打造完成（吴菊安，2009）。这种特殊品牌具有"伞品牌"和"公共物品特征"，通过背书为伞下农产品和行业中的个体品牌提供质量信誉和担保，强调对产品及专属品牌的庇护和提携作用（Iversen and Hem，2008），但同时也诱发个别企业"搭便车"行为致使集群品牌陷入"囚徒困境"（刘芹、陈继祥，2004）。而品牌价值共创可使产业中的利益主体通过互动达成共同目标，在实现共同目标过程中，个体问题也得到解决。即通过各自的努力共同把蛋糕做大，实现共赢。有效遏制"搭便车"行为，规避"囚徒困境"风险，并使"伞品牌"的庇护作用更加显著（Bosse and Coughlan，2016；Bridoux and Stoelhorst，2016）。

目前，学术界已普遍认同将农业集群品牌的价值创造视为在一个开放互动、多元共生、协同共进和动态演化的生态系统中，利益相关者联合起来协同合作，形成利益共同体，共同提高农产品品牌竞争力的过程（Higgins et al.，2010）。通过价值共创将科技、农资、物流、金融、零售、政策等在内的涉农生产服务资源全部加以整合，实现对农业产业集群所有利益相关者的整体开发和全面服务，形成强大的产业引擎，创建强势品牌，达成集群农产品供给和消费需求的畅通对接（李仪，2016），从而保障集群中相关经营主体互利共生与合作共赢（寇光涛、卢凤君、王文海，2016）。

6.2.3　理论分析框架建立

上述研究表明，农业集群品牌的打造是我国农业产业化发展的必由之路。其发展离不开生产经营组织、政府、消费者以及间接利益相关者等多方主体的共同努力。而其特有的公共物品特征要求必须通过建立完善的品牌治理机制来避免公地悲剧的发生，从而更好地发挥庇护伞的作用。目前的品牌价值共创理论为此提供了很好的理论借鉴。

首先，该理论提出的背景正是基于互联网时代竞争的极度加剧，导致目前的市场竞争已突破"点、线、面"等层面，而上升到"体"即系统角度思考问题，即仅靠品牌运营主体单方力量不足以精确洞察市场趋势和顾客需求，而要依靠利益相关者乃至顾客的力量和资源创造协同网络以提升竞争力。农业集群品牌尤其需要联合政府、行业协会、农户、农业企业、合作社、顾客及其他相关组织的力量在市场上集体发力以解决困境。其次，价值共创理论提出的目标是建立"服务生态系统"，使价值创造参与方各自占领独特的生态位，各司其职，共同创造出对所有参与者都有价值的问题解决方案（张月莉，2017）。这正是系统化解决公共品牌触发公地悲剧的理想目标。最后，价值共创的手段在于互动。即通过预定的、事先设计的活动引发有规律的互动，通过互动规则活用彼此资源，从而实现"利己"和"利他"（McColl-Kennedy and Payne，2016；Grimpe and Hussinger，2014）。

基于上述理论回顾，本研究认为在新经济条件下竞争已加剧到产业化层面，只有与产业集群成员高效协作才能获取持续竞争优势。农业产业集群必须通过产业系统内形成的某种组织关系，打造一个开放的、共生的生态系统，充分调动足够多的组织和其他利害关系人参与分工协作，通过集群利益主体的社会互动，才能使集群内部协调一致、利益共享，实施品牌价值共创行为，从而实现农业集群品牌的整体发展。本研究将农业集群品牌价值共创操作性界定为：集群品牌与关键利益相关者通过互动整合彼此所拥有的资源，在制度及制度安排的约束和协调下，在服务生态系统中共同创造价值。该定义重点关注集群品牌与关键利益相关者的互动过程，具体包括品牌与政府互动、品牌与产业链相关主体互动及品牌与顾客互动（以下分别简称"政府互动""产业链互动""顾客互动"）。本书将继续探讨以下问题：①上述三个维度的互动分别是一个怎样的过程？②能不能建立范畴、构建证据链去描述这些过程的发生机制？③这三个维度的互动会产生什么结果？上述问题的解决有助于解释农业集群品牌价值共创机制这一学理问题，贡献于相关领域学术研究，并启发实践界对这一特殊类型品牌价值共创战略的实施。

6.3 研究设计

6.3.1 研究方法

鉴于农业集群品牌价值共创的内涵和内在逻辑尚不清晰，主体间关系错综复杂，本研究将在界定操作性概念基础上，探讨其发生过程及过程中的关键变量和变量间的深层次关系，从而深度剖析该过程的建构特征和演进路径。属于探索性研究中"是什么"和"怎么样"的范畴，聚焦于过程和机理类问题研究，侧重于通过细致的过程描述解释问题，适合采用扎根理论进行案例研究，从代表性案例中抽取关键变量，构建理论模型，以呈现研究对象内部复杂的逻辑关系和作用机制（郑庆杰，2015；Eisenhardt，1989）。

6.3.2 研究样本

农业的弱质性使得目前世界范围内知名度、美誉度高的农业集群品牌少之又少，本书拟采用目的性抽样，选用业界强势品牌及增长势头显著的品牌作为研究对象，并尽量考虑文化背景等方面的差异，以提高研究外部效度。本研究制定了如下案例选择标准：①业界强势农业集群品牌；②采用集群品牌价值共创战略。兼顾样本的典型性及资料可获性，本章拟采用探索性双案例研究，选定美国加州新奇士柑橘、日本新潟渔昭越光米作为研究对象，其实践过程均支持对农业集群品牌价值共创的概念界定，品牌典型特征与设定的研究问题高度契合，有助于构建经得起检验、有意义且有效的理论（李平、曹仰锋，2012）。样本品牌的基本信息见表6－1。

表6－1　　　　　　　　　　　　　品牌基本信息

品牌名称	品牌运营者	经营产品	品牌声誉	成立时间
新奇士	新奇士合作社	橙子、柠檬、葡萄、橘子、柚子；加工品	世界上最大的水果蔬菜类合作社	1893
新潟渔昭越光米	渔昭大米种植协会	大米	世界米王	1944

6.3.3　数据收集

以围绕"农业集群品牌价值共创"话题相关的内容进行数据采集（见表6－2）。笔者于2014～2015年期间赴美国加州访学一年，其间两次调研加州新奇士柑橘。2018年9月赴日本考察，11月二次调研新潟渔昭越光米，获取一手资料。访谈全程录音并对重要内容做详细笔记，每次访谈均有照片记录。数据主要来源于品牌经营主体、行业协会相关负责人、政府相关人员、农场主、农户、研究机构人员及部分消费者的非正式访谈、半结构化访谈、现场观察、品牌官网、主要媒体刊登文章、文件、档案记录以及企业负责人的公开演讲。上述多元化数据收集手段实现了数据的三角验证，可以最大限度确保研究的信度与效度。所选品牌均为当前农业领域的明星品牌，其举动备受媒体关注，为案例数据获得提供了极大方便。

表6－2　　　　　　　　　　　访谈时间、调研对象描述

品牌	时间	调研对象
新奇士	2015年5月6日～2015年5月12日 2015年7月20日～2015年7月24日	加州新奇士合作社负责人、工作人员、包装厂员工、农场主、种植者、部分消费者
新潟渔昭越光米	2018年9月2日～2018年9月7日 2018年11月8日～2018年11月10日	十日町政府人员、渔昭农协负责人、生产者、综合品牌研究所所长、长野农业咨询部主任、部分消费者

6.4 资料分析与编码

6.4.1 开放性编码过程

本研究按照探索性问题的编码思路，采用开放式编码，运用 Nvivo 10 软件挖掘分析原始资料，从中提炼出 298 条原始语句，分割出一个个独立事件，剔除交叉重复概念，将相关事件聚敛，精炼出概念和范畴。其中部分范畴来自现有文献，部分范畴根据现有理论进行修正命名。比如：加州波特维尔第四代新奇士种植者的原始访谈语句（编号：D-8）："我的初恋对象就是种植，没有一种东西比种一棵树并看着它结果更有趣。家族从 1911 年开始种植，父亲今年 85 岁还在耕种，他是最好的农夫，他选择用自己的方法，不跟随潮流，并坚持将经验传承给下一代。这里有最好的泥土，最合适的天气，源自加州的阳光。用一生去陪伴果园是一种热忱，工作时间很长，走到阳光下，被耕作物围绕着，这是一种不能用语言形容的感觉。看着祖父种的已经有 20 多年树龄的树，感觉到和家人的联系。成为农夫真的是一件很幸福的事情，尤其看着孩子们在田里成长，洒水、采摘果子是一件很好的事。在合作社指导下，我们购买了托运车、投资了滴灌系统。托运车使用第四级别引擎，拥有最低排放量。合作社会提供农资、做技术指导、帮助与消费者沟通，没有后顾之忧，只要把质量最好的柑橘种出来。"在贴标签基础上分解出的独立事件为："职业热忱、家族传承、耕作技术、先进设备、合作社服务、专业分工。"对日本综合品牌研究所所长田中先生的原始访谈语句（编号：H-6）："国家推进农业品牌的部门包括：农林水产省、法务省、经济产业省、观光厅，还有地方政协委员会以及地区推进的部门。统领的部门是商工（商业、工业、工会）委员会，从中央到地方都有机构，该部门是推动发展的最大力量，每个村都有一个。比如村里的商店街都是在其推动下发展的，是一种以滴水穿石的力量形成的大的力量。从村到中央都有一个这样的机构，其声音、表达意愿以及对外联络都是很有力的。"在贴标签基础上分解出的独立事件为："各级组织、推进部门、力量整合、彼此联动"。对野村农业事业规划咨询有限公司咨询部主任周旋先生的原始访谈语句（编号：G-6）："日本在补助金的审核方面有严格化的要求和具体明确的审核制度，A-five农林综合产业基金，由日本政府和民间企业共同出资的投资基金，大概有900亿日元体量。基金申请审核制度非常严格，必须具体申请者提交3年度、5年度、甚至10年度的事业计划，包括发展规划、预期年产量、预期利润等数据。因为小型农户没有这方面经验，很难独立完成项目申报书撰写及提交申请，因此政府出面成立专业组织，在银行设立专门的窗口帮助农户填报项目申请。资金方面由民间和国家共同出资，国家部分则由地方银行的专设资金执行。所需的智力支持由国家设置人力资源平台，目前已有400多个专业讲师登录，可以帮助农户在商业分析基础上完成项目撰写及补助金申请。每个农户每一个项目申请有三次免费机会，由国家负担所请咨询人员、讲师的差旅费、劳务费等所有费用。国家负担三次为止，之后由农户自己负担。从审核数量上，至今为止只动用了不到300亿日元，不到1/3。每个事业的出资金额不等，从1000万日元到2亿日元、3亿日元都有，但是如果超过亿比较困难。审核的话是每个月必须召开董事会，提交董事会记录报告，担当者审核报告。国家希望的收益率是五年内是15%，相对来说不是一个很难达成的目标。到了五年、最长七年的时候，需要自己或找合作者把国家出资部分的股份以115%或者107%再买回来，具体额度需要双方协商。"提炼出的独立事件包括："补助金、审核制度、事业计划、投资基金、申报服务、投资收益返还"等。在此基础上对事件表征的现象赋予102个概念，并由编码人员检验概念归属，通过计算概念化编码的Cohen's Kappa系数判断初始编码分析的一致性情况，保留信度较高（K > 0.85）的概念，剔除信度低（K < 0.85）并找不到类属的概念。最终提炼出79个概念和21个范畴，如表6-3所示。在初步编码的基础上，研究将进一步识别主范畴、过程以及它们之间的重要逻辑关系。具体分析过程因篇幅所限略去。

表6-3 　　　　　　　　　　　范畴和构成范畴的初始概念

范畴	概念类别
政府品牌思维	品牌本质、品牌意义、品牌建设规律
政府品牌治理意识	赋能授权、尊重利益主体、协调冲突、鼓励非政府主体参与

范畴	概念类别
促进者角色定位	适度介入、战略性促进、组织保障、制度安排、顺势而为
直接支持	资金、技术、人才、组织联动
公共产品供给	农业基础设施建设、政治制度环境优化、人才培育
政策指导	信贷支持、项目扶持、税收优惠、鼓励创新
市场监管	竞争规制、知识产权保护、法律法规
政府信誉价值	品牌背书、品牌庇护
社会资本	共享愿景、默会知识、信任、规范、结构洞、中心性、网络密度
品牌治理安排	明确运营主体、确立行业标准、建立生产管理制度（协调产量、生产者数量、品质波动）、实施集群品牌授权制、质量建设、利益联结分配
产业服务生态系统	共享的价值观、A2A（actor-to-actor）导向、自组织
行动过程	识别利益相关者、平台搭建、资源桥接匹配、痛点解决方案
软硬件配置	设施、制度、合同、社会规范、组织及人际间的信任、平台的通透性
学习过程	组织学习、干中学
产业链价值	合作伙伴关系价值、共赢价值
顾客共创导向	品牌使命、品牌愿景、消费者洞察
顾客共创要素	对话、信息透明、授权、风险回报评估
顾客互动系统	提供互动平台、创造互动机会、整合互动资源、激发互动意愿
顾客共创行动	共同设计、共同研发、共同生产、共同销售
共创接触点管理	顾客与人员互动、顾客与顾客互动、顾客与情境互动、顾客与设施互动
顾客关系价值	顾客忠诚、品牌共鸣

6.4.2 主轴式编码

主轴性编码（axial coding）通常运用典范模式（paradigm model）来分析"现象→因果条件→脉络→中介条件→行动/互动策略→结果"之间潜在的脉络及逻辑关系，发现和建构范畴间的关联，从而对开放式编码形成的范畴进一步抽象归纳，建立链接，提炼出主范畴。参考文献中的理论框架，将农业集群品牌价值共创过程进行主轴式编码，最终提炼的主范畴如下：品牌与政府互动、品牌与产业链互动和品牌与消费者互动。

1. 主范畴一：品牌与政府互动。

农业集群品牌独具的公共性和外部性特点，致使依赖社会力量去创建经营缺乏必要的培育和生存条件，仅靠市场力量往往难以成功创建。尤其在产业化、组织化、专业化程度不高，质量又具有高度隐蔽性的农业生产条件下，作为公共主体的政府必须主动介入其中，投资建立基础设施、进行资源支持和政策指导，对产业发展和品牌建设过程中难以克服的困难提供直接支持。因此，政府在推动集群品牌创建和培育过程中发挥不可或缺的作用。

政府的品牌治理意识是指政府能够充分理解并尊重与农业集群品牌相关联的利害关系人的需求和利益，尽可能协调过程中发生的冲突，充分赋能授权，鼓励其积极参与品牌价值共创。该变量是政府促进者角色定位的重要条件。政府的品牌思维是品牌与政府互动发生的关键影响因素，政府只有理解品牌的意义、价值、打造的规律，知晓品牌建设是一个漫长艰辛的过程，是一个庞大的系统工程，而不单纯是行政任务，不是做一个规划，开几场发布会便束之高阁，更不能用行政思维去指导品牌建设，政府的角色定位才能正确实现。才能打造有利于品牌培育发展的外部政治经济制度环境，联合与品牌相关的各种力量对品牌规划、沟通、维护等行为付出努力。在"有所为"的领域通过合理的支持使品牌得以快速创立和成长；在"有所不为"的领域防止因过度介入而导致品牌流产或成长受阻，发挥政府作为权威性机构而提供战略性支持的作用。通过政府力量介入为产业发展撑起庇护伞，并对伞下的产品质量从政府信誉角度进行背书。品牌与政府互动的典范模型，所呈现的范畴之间的逻辑关系，需要原始资料中的证据事例去证明。因此构建如图6-1所示的证据链，以验证各范畴之间的关系。

美国属于规模化农业强国，土地资源丰富，流转自由，机械化程度很高，信息技术、生物技术、管理技术在农业中得以广泛应用，农产品质量高品质好，品牌经营注重研发和品牌价值实现。支持农业发展是美国的一项基本国策，在对新奇士品牌调研中得知"导致产出低于50%旳巨灾保险费由政府100%进行补贴"，"如果农田所有者把土地出租，政府会给出每英亩25美元的税收抵扣"，"地方政府会进行基础设施建设、进行项目资助、提供技术支持以及税收优惠，信息高速公路四通八达"，"新农业法案有100多部保障农业发展的重要法律"……案例研究发现，新奇士是100多年前由于小农户和

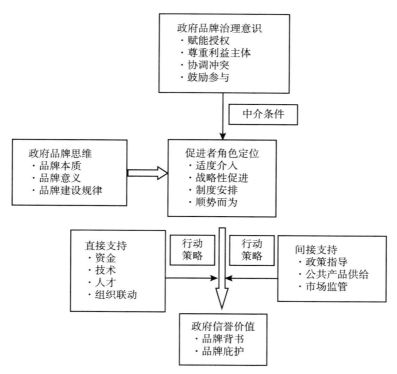

图 6 - 1 农业集群品牌与政府互动证据链

大采购商之间的信息不对称而导致"果贱伤农"的背景下由果农自发组织并发展壮大的。但在其成长过程中，政府通过立法、政策扶持、制度创新不断为其打造良好的生存环境，鼓励合作社及农业企业打造生产、加工、营销、服务各环节紧密连接的产业化经营体系，并在品牌发展不同阶段顺势而为，针对新奇士发展过程中遇到的矛盾和问题，通过技术指导、财政补贴、项目扶持、对外贸易、信贷税收等提供指导和帮助，使新奇士成长为全球第一农业品牌。

　　日本政府在发展农业集群品牌方面具有典型的引导作用。政府在 20 世纪 70 年代通过倡导"一村一品"，努力挖掘各地区特色资源，因地制宜地打造差异化的农产品品牌。农林水产省于 80 年代提出"地产地销"，坚持当地产农产品要应时就近销售，保障新鲜的产品以最低成本进入市场。制定"本场本物"，即在全国范围内实施的品牌认证制度，由区域审查委员会对参与认证的具有区域传统特色的农产品，从名称由来、产地范围、历史文化、属性特质、加工工艺、质量卫生管理标准等方面进行认证审核，并跟踪管理其品牌经营。从品牌发展理念上，确立全国一致的"安心安全、赏心悦目、美味可口"的品牌定位。政府在国家层面有品牌专项资金支持，从组织角度建立农工商"协调组织"，设有各级层次的品牌工作小组，专门解决和协调品牌工作中的冲突和难题，并设立了品牌发展考核机制。在全国范围内构建了健全的信息网络和物流系统，搭建了农产品产销信息平台。从国家层面将作为"第一产业"的农业通过三产融合变为"第六产业"，并积极推动"第六产业"积极发展，大力推进农业产业集群化发展、培育农业集群品牌。

越光米源自日本新潟县，素有"世界米王"美誉，而最有名产地是渔昭，因此"渔昭越光米"在其中质量最为上乘。越光米是1944年新潟县农事实验场研究者经人工杂交诞生的品种，其品牌的创建发展与政府支持密切相关。政府通过各层级"产业化支持机构""产业化基金""品牌发展基金"进行资金、技术、人才、管理方面的支持，并对新产品研发、项目研究、销售渠道等领域进行补助，在水利建设、现代化农业设施购买、灾害保险方面都有详细的补贴政策。价格支持和政府营销是最重要的保护措施。渔昭越光米被冠为"世界米王"的美誉，价格昂贵，经常在日本要员出席的重要场合作为国礼赠送客人。政府出台了"故乡纳税"，即纳税人可自愿缴纳故乡捐赠金（这里的故乡是指任何感兴趣的地方）给地方政府，会收到一定价值的特色农产品及捐赠证明，证明提交税务局可以冲抵原本必须缴纳的所得税和住民税。事实上，相当于花很少的钱可以获得价值好几倍的优质农产品。新潟县捐赠1万日元即可获赠20公斤越光米，捐赠上限为3次，相当于全额返送。捐赠不局限于实物，还可以换居住体验，如在当地民居住宿一晚，感受稻田的秋实之美，萤火虫在夏夜飞过，主人亲手用当地食材烹饪的美餐……该税种本质上就是政府购买当地特产，传播地域品牌，扶持地方产业发展。在当地政府推动下，渔昭越光米品牌还被植入"越后妻有大地艺术节"，该艺术节始于2000年，至今举办6次，共吸引230万人次到访，覆盖新潟县越后地区和十日町和津南町，是目前世界上最大型的国际户外艺术展。以人类和自然和谐关系为主题，将当地废弃的房屋、停办的校舍、农田、村落等通过艺术家、建筑师、年轻一代的智慧经文化复兴和艺术创作激活农村经济。

"大地艺术节"也是在当地政府的大力倡导下发展壮大，前两届的资金全部来源于新潟县政府的财政支援，第三届开始才由单一政府支持转向民间财团、企业、艺术基金的协助，逐步探索出一套可自负盈亏的可持续发展的运营模式。地方政府通过发展"周末农业"来吸引都市人租种土地，发展"市民农园"，政府将租金返还农户，开展"定居支援项目"，各级政府及农协通过举办讲座等，手把手地教授农业生产技术。

2. 主范畴二：品牌与产业链互动。

农业集群品牌本身作为产业属性的品牌，其打造是一个产业主体多方参与的自组织构建，是基于信任和关系自愿结合进行集体行动的过程。成员拥有共同的信念和价值观，坚持参与者 – 参与者（A2A）导向，各自均如舞台上的演员一样作为系统中的重要成员主动发挥作用，产业服务生态系统作为一个 A2A 网络提供了参与者服务交换和价值创造的组织逻辑（Lusch and Nambisan，2015）。这里的服务一词是指一方利用知识、技能为他方提供利益（Vargo，Maglio and Akaka，2008）；而生态则强调系统角色和环境的互动以及通过能量流相互进行服务供给；生态系统被定义为"相互作用的有机体与其环境构成的统一整体"（Levin，1998）。由此，品牌与产业链互动的核心变量是产业服务生态系统的确立。而拥有充足的社会资本是组织合作行为的前提（Nabapiet and Ghoshal，1998），社会资本的培育对自然资源依赖型产业集群中的组织间营销合作影响尤为显著，产业集聚本身亦会创造更高水平的社会资本，更加看重地域价值及战略营销合作（Felzensztein，Brodt and Gimmon，2013）。社会资本首先来源于成员所属的业已形成成员间密切及互惠联系的网络，该网络支持信任、互惠的规范以及成员间共享的价值观，从而使非正式组织间的合作、知识共享通过基于信任的治理机制产生密切的互动（Hansen，2001；Kogut and Zander，1992）。其次，个体通过结构洞的占据、中心性、网络密度连接不同的网络关系。个体或组织占据结构洞、处于中心位置、拥有更高的网络密度会获得更多利益，如对独有知识及机会的控制和优先权（Burt，2017）。农业集群产业生态系统的打造有赖于明确的品牌治理安排，即明确品牌运营主体是谁，所有权和经营权如何配置，制度安排以及收益如何分配等问题。该品牌天然的"所有者缺位"问题需要通过品牌治理安排确保"所有者到位"。由此，品牌运营主体与其他产业主体构成价值网络的重要节点，并与之保持密切交流互动，形成主体间有益的互助互动关系，大家愿意共同面对和解决个别的或共同的问题，并能共享互利的资源，获得合作伙伴关系价值，实现价值共赢。具体的行动过程包括识别利益主体、平台搭建、资源桥接、痛点解决。学习过程包括组织学习和干中学。构建该证据链的目的是解释产业链价值如何实现，如图 6 - 2 所示。

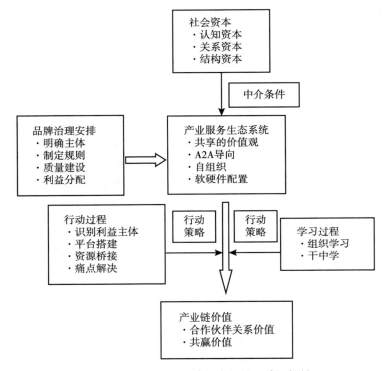

图 6 - 2　农业集群品牌与产业链互动证据链

在加州柑橘农业产业集群内，新奇士合作社作为集群品牌经营主体建立起一个有计划的、实行专业化管理的垂直渠道系统，对集群成员进行统一管理和协调，从产业的角度将集群内参与产品的种植、加工、包装、仓储、运输、营销和服务等各个环节的个人、组织及为这一过程提供辅助的相关支撑服务机构进行整合，发挥集群的协同效应以实现品牌价值共创。其工作重心是负责向农业集群内众多果农、包装厂及区域交易所提供技术改良、种植推广、质量控制、品牌运营和市场营销等服务。在长达 100 多年的实践历程中，新奇士深刻认识到科研机构、农业促进组织、金融机构、咨询机构、渠道商，还有镶嵌在价值系统中的诸多组织或个人对合作社的支持或反对会在很大程度上影响集群品牌建设与发展。新奇士将提供育种、生产资料供应、农业科技、产业咨询、产品深加工企业、零售商等均视为价值系统的重要成员。系统内的不同经济行为主体——果农、合作社、商业伙伴前所未有地被联系起来。新奇士聘请职业经理人贯穿整个系统，通过敏锐地识别各个利益相关者的痛点，提出符合所有利益者需求的价值主张，设计和优化网络系统的运行方式、组织模式以及运作流程，协调成员组织之间的行为，高度整合各个利益主体所拥有的信息、经验、技术、能力、关系等私有资源，使各成员所拥有的有价值的资源通过整合嵌入新奇士农业产业集群，形成一种相互具有依赖性和补充性的跨组织资源。在新奇士产业集群中，新奇士合作社与合作伙伴通过制度建设形成资源整合机制来共同创造价值，具体包括监督机制、风险控制、收益共享等。通过上述资源整合机制的约束，新奇士价值系统中，每一项活动均由专注于自己擅长领域的具有某种核心能力的合作伙伴来完成，并与系统中其他参与者合作，为新奇士品牌价值共创做出贡献。成员彼此之间资源共享的方式、内容以及程度通过将成员间的关系制度化而得到保障，促进各方痛点问题解决实现价值交换和利益实现。

大米种植协会作为渔沼越光米品牌的运营主体，对种植户进行严格管理，制定并颁布实施针对集群所有农户的"渔沼越光米宪章"，在投入品管控、田地耕作、生产记录等方面有严格规定。为了确保高品质，"宪章"对大米的收割时间、面积产量、堆肥方式、大米的颗粒大小都有着高标准的规定。调研中发现，虽然这一"宪章"并不具备严格意义的法律效应，但这些规定被执行得非常好，成员拥有共同愿景和相似的默会知识，这正是该集群内良好的社会资本所表现出的诚信氛围的体现。大米种植协会承担种苗供给和农资服务、销售服务、技术指导、融资保险服务、培训与咨询服务以及产品加工和品牌建设推广等多种职能，在整合价值链利害关系人、建立共享价值观方面做出很多努力。协会内聘有技术专家，负责掌握和收集种植户在生产中遇到的技术难题，并与公共机构和私人研究机构合作提供解决方案。目前，渔沼越光米联合久保田公司已实现了种植"精密化"。农业经营者、种植者、云端客服三者之间，通过农业机械、电子信息系统、云技术等手段实现协同合作，实现生产提升。稻谷收割机内安装可测量谷物蛋白质含量的"食味传感器",收割大米时便可即时测量大米的蛋白质含量,并将数据实时传送至系统云端。云端工作人员根据数值,来判断土壤状况,并调整来年土壤改良计划。通过高科技实现大米品质标准化,使得每一颗大米都能够实现"颗粒均匀饱满,胶质浓厚,色泽晶莹透亮",食用时口感筋道,回味悠长。

3. 主范畴三:品牌与顾客互动。

消费者购买品牌主要思考三个问题:你是谁?你提供的价值是什么?与你的品牌互动获得怎样的体验?农业集群品牌作为具有公共物品性质的品牌,同样需要搭建与顾客的沟通平台,创造各种能促进品牌与顾客及其他利益相关者进行接触、对话、沟通、交流的活动机会,激发消费者的参与意愿(Gronroons and Voima,2013)。由此,顾客互动系统的打造构成品牌与顾客互动的核心变量。首先,该系统打造取决于品牌运营主体的价值共创战略导向,表现在品牌使命、愿景以及消费者洞察。其次,品牌需采用与顾客对话、顾客授权、信息透明及风险回报评估的方式与顾客互动,以实现价值共创(Ramaswamy and Gouillart,2010),这是顾客互动系统打造的中介条件。最后,将顾客体验融入品牌价值诉求中,通过激发顾客参与意愿、整合资源等,通过有效设计和优化顾客体验过程中的关键接触点,创造众多与顾客互动的行动机会,让顾客参与知识开发共同设计和研发,加入生产过程共同生产,建立品牌论坛、社交媒体账号等形式的在线社群共同销售(Homburget et al.,2017)。顾客在获得个人利益的同时,也体验了乐趣感、自我实现感等,最终达成品牌共鸣(Remy and Kopel,2002)。针对品牌与顾客互动典范模型中的关系,通过访谈资料验证,构建了如图6-3所示的证据链。

新奇士在价值共创战略指导下通过产品创意互动、主题活动互动、社会化媒体互动及一系列线下活动与顾客展开常规化、高频次互动。这些活动在前面已经进行过详细说明,在此不再赘述。

大米种植协会充分挖掘当地地缘优势,突出"高耸的山脉""豪雪地""一尘不染的环境""肥沃的越后平原"等自然特征。提炼出渔昭越光米由于优越的自然环境而造就的"香甜软糯""白雪米""不用配菜的米饭"等核心价值直击消费者心智空间。"渔沼越光米"因质量上乘售价高达100元人民币/公斤。被访谈的消费者联想到"绵延起伏的山脉低档了冷空气对水稻的侵害,并形成较大昼夜温差,增加大米甜度。地面的积雪甚至可达三米以上,在寒冷的冬天为土壤积累了深度的养分,而入春则融化成甘洌山泉浸润土地,

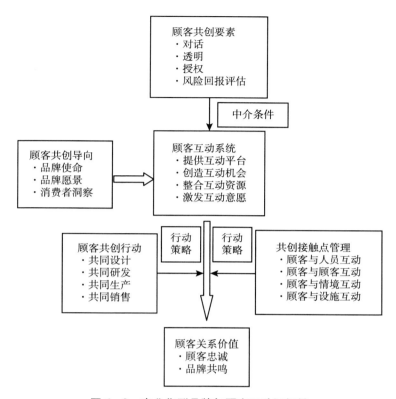

图 6-3 农业集群品牌与顾客互动证据链

大地焕发生机，土壤非常肥沃，淬炼出一年一季的越光米"。日本谷物检定协会每年从外观、香气、味道、黏度、硬度、综合评价六个方面打分，评选并向全社会发布"稻米食味排名"，渔昭越光米连年被评为特 A 级大米，成为享誉世界的日本大米区域品牌。当地农户对稻米种植和采收会进行严格管理，严格限制产量和规模，单位种植面积有规定的插秧数和限制的产量。在南鱼沼盐泽町的大泽，农民将采收后的稻米铺在高空缆车上，使其在阳光与风的沐浴下自然干燥，被称为"天空米"，并邀请顾客品鉴。首先用山泉水浸泡，双手按米六次，靠米粒间的摩擦淘洗，做完"全身按摩"，再去竹锅中"蒸桑拿"，创造出一种仪式感吸引消费者。协会创造众多与顾客互动的机会，将越光米与文化、节日、庆典挂钩，设计各种接触点来帮助顾客提升体验。协会通过举办"生态农场活动"对大众展开环境教育、农业生态、土地伦理的教育。在碾米工厂以及农田中，提供体验型教育场所，邀请都市消费者体验稻米栽培并观察自然生态，感受自然乐趣。稻田丰收后，协会组织当地艺术家会在每年稻草节（8 月 31 日）展出利用稻草和木架制作的"雕塑"，有大水牛、恐龙、大蟑螂、丑小鸭等各种造型，通过景点与游客互动，使该品牌获得广泛关注。

6.4.3　选择性编码

　　主轴式编码分析的基础上进行选择性编码，构建了农业集群品牌价值共创构成及过程模型，即农业集群品牌价值共创由"品牌与政府互动""品牌与产业链互动""品牌与消费者互动"三个重要维度构成，如图 6-4 所示。其中，"品牌与政府互动"为天生具有弱势性及公共物品特征的农业集群品牌寻求政府支持和信誉背书，并使政府信誉价值在品牌价值中得以体现；"品牌与产业链互动"从产业链构成角度打造产业服务生态系统，建立主体间有益的互利互动关系，获得彼此间的伙伴关系价值，实现共赢，促进产业

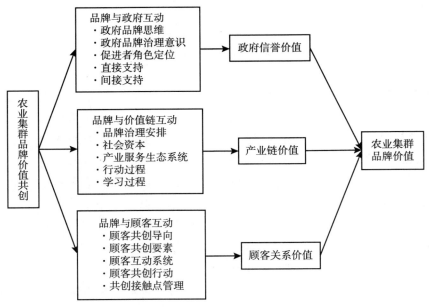

图 6-4　农业集群品牌价值共创过程模型

链价值提升；"品牌与消费者互动"则通过在顾客互动系统打造的基础上创造各种互动体验，形成消费者对品牌的认可并建立维持与品牌之间的终极关系，从而产生顾客关系价值。政府信誉价值、产业链价值和顾客关系价值的综合构成农业集群品牌价值。

6.5 研究结论与局限性

6.5.1 研究结论

本研究以美国加州新奇士橙和日本新潟渔昭越光米为案例研究对象，通过深度访谈和二手资料收集获得丰富的资料，应用扎根理论研究方法对资料进行逐级编码，归纳出农业集群品牌价值共创构成维度的重要概念及其对品牌价值影响的相关命题，自上而下构建了该过程的理论框架，形成扎根于品牌实践的"品牌与政府互动""品牌与产业链互动""品牌与顾客互动"的农业集群品牌价值共创过程模型。

第一，农业集群品牌与政府的互动效果取决于政府的促进者角色定位，需要政府适度介入品牌建设。对依靠市场力量创建的品牌，应着重从政策资源供给、行政手段支持、知识产权保护等方面营造最佳的品牌发展环境；而对经济不发达情况下无法依靠自身力量建设品牌的地区或产业，则要发挥品牌建设的主导作用，规划品牌战略、扶持品牌推广、明确产权关系，顺势而为。在此，政府的品牌思维是决定其促进者角色定位的关键变量，这就要求政府层面需要了解品牌本质、品牌存在的意义以及品牌建设的规律。而政府的品牌治理意识是促进者角色能够恰当定位的重要条件，即通过培育强势的行业协会、扶持行业龙头企业，充分地赋能授权，尊重利益主体，鼓励多方积极参与，化解冲突来确保政府在品牌发展中的促进者角色作用的正确发挥。在此基础上通过政策推动，规范市场，让全社会感知集群品牌的公信力，从而实现政府的品牌背书价值，并极大程度发挥作为"公共物品"的集群品牌对产业的庇护作用。

第二，农业集群品牌与产业链互动的关键变量是产业服务生态系统的营造，品牌运营主体通过提供服务生态系统（为演员提供有组织的结构）和服务平台（为资源提供一个有组织的平台），用包括能力、关系和信息在内的三位一体形式的资源把产业中的重要社会经济角色连接在一起，通过共享的价值观、参与者导向、自组织构建以及软硬件配置成就高效的产业平台，使产业中合作者的关系达成互动互助，大家共同解决个别或共同问题。决定这一系统效率的重要影响因素是品牌治理安排，即确保集群品牌"所有者到位"、明确品牌运营主体、嵌入明确具体的规则、确立严格的质量标准、均衡各方利益。而良好的充分发展的社会资本是该系统发力的必要条件，即通过集群内部的规范、相互信任与合作、共享有价值的信息、避免合作方的机会主义行为，促进产业内部共同承担风险、齐心协力共同发展。具体的行动动作包括识别利益主体、平台搭建、资源桥接、痛点解决；学习过程包括组织学习和干中学。该层次的互动目的是在产业伙伴间产生有效的沟通、积极的情感，提高合作效率，通过自增强的系统实现合作伙伴关系价值，从而实现价值共赢。

第三，农业集群品牌作为具有公益性质的品牌，也必须通过与顾客的深度互动实现"动而感之"，让顾客在不知不觉的参与和互动中，记住并主动寻求消费，消费者是用真金白银来表达对集群品牌的喜好和忠诚。这个层面的互动取决于顾客互动系统的完备程度，包括打造品牌与顾客接触、对话、沟通、交流的平台，互动机会的创造，激发参与意愿，通过设计和优化品牌与顾客的接触点让顾客把自己代入品牌中，参与产品研发、生产或消费过程，使消费者获得幸福感、愉悦感以及自我成就感，实现顾客忠诚及品牌共鸣。这一系统实现的直接影响因素是品牌是否坚持顾客共创导向，其品牌使命和愿景是否聚焦于创造"由消费者对产品或服务的体验所决定的价值"，以及移动互联网时代对消费者的洞察。而系统发生作用的前提是便捷的对话渠道、信息和资源的高度透明化、确保顾客能准确地唾手可得所需的各种服务信息、充分地授权，并事先对价值共创可能给双方带来的各自收益及风险进行了细致的评估和准备。

6.5.2　研究的局限性

研究的局限性主要有以下两方面：一是本研究在样本选取上有局限性，

仅采用了发达国家运用品牌价值共创战略的国际强势品牌，未能找到符合要求的新创建成长性农业集群品牌，也未能覆盖来自中国的优秀品牌，研究结论的普遍性可能需进一步论证。因此，下一步需扩大研究对象，通过重复的"准实验"检查结果的一致性，以求研究结论更加精准可靠。二是局限于定性研究方法固有的缺陷和研究者的理论构建水平。在今后的研究中，需在农业集群品牌价值共创模型的基础上，进一步开发品牌与政府互动、品牌与产业链互动、品牌与消费者互动的调查问卷，进行大规模问卷调查，从定量的角度验证上述模型的适用性。

第 3 篇

农业集群品牌价值共创行为的
驱动因素及其对品牌
价值的影响研究

　　本篇引入计划行为理论识别了农业集群品牌经营主体价值共创行为的内在驱动因素，将集群社会资本作为外部驱动因素建立了反映"集群社会资本－农业集群品牌价值共创－品牌价值"变量间因果关系的研究框架并进行了实证研究。分别从内因和外因的角度揭示了农业集群品牌价值共创的机理。

第7章

农业集群品牌经营主体价值
共创行为的内在动因*

【本章提要】 本章旨在识别农业集群品牌经营主体价值共创行为的内在驱动因素，构建驱动路径，归纳提炼出农业集群品牌经营主体价值共创行为产生机理的理论模型。运用扎根理论研究方法，以美国加州柑橘林业集群品牌新奇士为研究样本，对新奇士合作社总经理、区域市场经理、人事部、运营部等不同职位层次工作人员进行开放式和结构化深度访谈，并对收集的资料进行深入分析、演绎归纳，最终发展为理论。研究结果表明知觉行为控制、共创态度、主观规范及价值共创意愿四个主范畴对农业集群品牌经营主体价值共创行为存在显著影响。应着力在农业产业集群中培育强有力的知觉行为控制的品牌经营主体；从多维度改善农业集群品牌经营主体的共创态度；从多维度控制农业集群品牌经营者所感知的主观规范水平。

---

* 本章核心部分已发表。张月莉，王再文. 农业集群品牌经营主体价值共创行为产生机理：美国"新奇士"品牌的探索性研究 [J]. 经济问题，2018（5）：40－45.

7.1 引　言

随着品牌价值理念的变迁，品牌管理已步入以利益相关者共同创造品牌为特点的品牌利益相关者时代（詹刘满，2013）。美国密歇根罗斯商学院营销教授拉马斯维米（Ramaswamy，2014）指出，价值共创不仅局限在将位于价值链末端的消费者力量引入进来，事实上，包括从股东、原材料供应商、生产商、渠道商在内的整条价值链上的所有利益相关者，都可以被整合起来。布兰缇娜和艾特肯（Ballantyne and Aitken，2007）强调，不仅企业品牌需融合生产商、消费者及价值网络中的合作者共创价值，产业品牌更需融合价值链中的各个利益相关者的力量来实现价值共创。实践界的管理者也深刻意识到品牌价值并非仅由企业或顾客产生，而是通过品牌价值链条中各个利益相关者协同合作实现的，价值共创已成为企业营销实践的利器。目前，我国特色农业集群集聚现象非常普遍，农业产业集群被认为是提高农业产业竞争力的重要途径（张高亮、陈劲，2011）。然而由于我国农业集群品牌建设滞后，不能在价值系统中有效地捕捉和保持价值，因而农业集群正面临着巨大的生存压力和市场风险（俞燕等，2014）。作为产业品牌，如何整合农业集群内农户、农业合作社、农业企业、关联企业、行业协会、政府、消费者等利益相关者的力量应对激烈的市场竞争、降低风险、提升品牌价值已成为农业集群品牌要应对的关键问题。而价值共创作为一种新的价值创造现象，主张以农业集群品牌价值提升为核心，在关注所有利益相关者体验的基础上，通过农业集群品牌经营主体与品牌利益相关者之间增进互信关系、持续互动、协同合作，在动态环境中共同创造品牌价值。价值创造是通过包括农业集群品牌经营主体、消费者及其他利益相关者在内的价值共创系统来实现的。这是互联网时代聚合集群中所有利益相关者力量的创新商业模式，对于建立农业集群营销网络、打造品牌效应、提升品牌价值意义重大。因此，价值共创是新经济时代农业集群品牌建立竞争优势的重要途径。

农业集群品牌价值共创行为是品牌经营主体从集群组织创新入手，重新界定价值共创各方的作用和相互关系，把利益相关者的价值共创方式以及利益相关者与农业集群品牌经营主体的关系体现在其组织、流程设计等内部管理过程中，使集群供应链转变为众多利益相关者基于专业化分工与协作基础上形成的价值创造系统。其实现基础是由于互联网技术的发展，组织间可以跨越时空进行交流与互动，资源整合与信息交换唾手可得。本质是农业集群品牌经营主体转变观念，关注所有利益相关者的需求，通过激励利益相关者积极参与集群品牌建设并使其各自从中获益，提升集群品牌运营效率、增强创造力。一方面，农业集群品牌作为集群内各利益相关方的公共产品，代表集群农产品整体声誉、质量及服务水准，为集群中的个体企业遮风避雨、提供公共服务，发挥庇荫、背书效用，因此迫切需要协同集群内利益相关者多方力量通过价值共创实现共赢；另一方面，弱质产业、对自然资源严重依赖、农村信息化基础设施不健全、农业人力资本不足等典型行业特征给农业集群品牌经营主体的价值共创行为带来更多的风险。因此，目前农业产业集群品牌经营主体进行价值共创的积极性不高，对价值共创的理念和具体操作模式更是知之甚少。但在经济全球化背景下，农业集群如果尚未进行价值系统和组织模式上的升级，将面临被边缘化的危险（Porter，2000）。由此，如何驱动农业集群品牌经营主体价值共创行为尤为重要。探索农业集群品牌经营主体价值共创行为的关键驱动因素及发生机理具有十分重要的理论价值和实践意义。

本章在对全球知名的美国加州柑橘农业集群品牌新奇士（Sunkist）进行案例分析的基础上，识别农业集群品牌经营主体价值共创行为的驱动因素，探讨驱动因素与价值共创行为之间的逻辑关系，构建驱动路径，归纳提炼出农业集群品牌经营主体价值共创行为产生机理的理论模型。

7.2 相关文献回顾

7.2.1 价值共创的本质、驱动因素

随着时代进步和商业环境的变化，价值共创已成为国内外学者们关注的热点话题。该理论提出至今，从商业模式创新、战略、品牌管理、消费行为、创新等领域为营销研究和企业实践提供了全新的逻辑框架和思维导向（Merz et al.，2009；Payne et al.，2009）。瓦尔格和鲁斯柯（Vargo and Lusch，2008）指出价值实现的逻辑关系是由企业提供价值主张、资源和互动平台，通过顾客及其他合作者与企业活动相互联结，激励他们在关系式的价值创造协同过程中为了同一使命而共同工作。在此过程中，顾客和其他利益相关者作为合作生产者整合各种资源、知识、技能、经验等创造价值，参与企业的生产过程。价值是由企业与顾客及其他利益相关者通过互动合作共同创造的。知识和技能是价值创造的关键性资源，产品只是向顾客提供服务的载体，充当价值传递的媒介。张婧、何勇（2014）认为价值创造需要与企业相关的诸多实体的共同参与，价值来源于企业和其客户、供应商、雇员、利益相关者和其他网络合作伙伴互动中的服务体验。诺尔曼和拉米瑞兹（Normann and Remirez，1993）强调价值不再是在分离的、线性的价值链中前后相继地被创造，而是在顾客、供应商和雇员等组成的网络中交互地共同创造。刘林青、雷昊、谭力文（2010）将价值创造网络称为服务生态系统，并用图示来表达服务系统组成的松散耦合关系。并指出在该系统中，企业战略的焦点不再是公司甚至产业，而是服务生态系统本身。其任务是重新配置服务生态系统中行动者的角色和关系，目的是使价值创造进入新的形式。瓦尔格和鲁斯柯（Vargo and Lusch，2004）将价值共创的本质解释为将经济中的不同参与者看作一个旨在汇集各种资源的"服务系统"，组织应充分整合自身和合作伙伴的资源，设法挣脱内、外部各种约束因素的束缚，与合作伙伴沟通、对话，共同提出价值主张、提供服务和构建价值网络，以组织网络、信息网络为支撑，进行资源整合、资源共享和价值共创。价值共创的内涵被学术界普遍认为是相关利益主体彼此间的交互，通过彼此交互协同力量，充分利用操作性资源共创价值（Ramani and Kumar，2008）。价值共创需要共创主体的直接交互，这些交互的直接后果就产生共同活动（Grönroos，2011；Grönroos & Ravald，2011）。价值共创的关键驱动包括对话、提供透明度、信息的获取及风险收益，上述驱动因素可以激发企业与消费者共同创造价值，以保证共创价值的效率（Prahalad and Ramaswamy，2004）。

7.2.2 价值共创与品牌研究的融合

价值共创理论为品牌研究开创了全新的视角。品牌价值形成被看作是一个多方利益主体在一个可以对话的平台上进行交互的社会过程（Merz et al.，2009；Iansiti et al.，2004；Helm et al.，2010；Iglesias et al.，2012）。学者们普遍认同企业的品牌价值来源于企业、顾客及其他利益相关者的互动共享过程。品牌价值被认为是品牌被感知的在使用中的价值，共同地由所有的利益相关者来决定（Jones，2005）。品牌价值在利益相关者生态系统中被共同创造（侯立松，2010）。顾客与其他利益相关者作为操作性资源，是市场资源的融合者和价值的创造者（Vargo et al.，2004）。品牌价值依托于企业、顾客与其他利益相关者的互动，多重利益相关者的品牌价值协同共创活动是品牌培育和发展的关键（Merz et al.，2009；Iansiti et al.，2004）。品牌管理者应对所有利益相关者进行通盘考虑，整合其所拥有的资源，以达到共创品牌价值的良性循环（Brodie et al.，2009；Hatch and Schultz，2010；Frow and Payne，2011）。目前，学术界普遍认可的品牌理论已把品牌建设置于服务生态系统和社会网络下，关注品牌利益相关者的互动过程，认识到是公司、员工、顾客、利益相关者在动态的生态环境下相互互动共同创造品牌价值，并发挥好各自的作用。

通过对上述文献分析，发现国内外关于价值共创的研究主要聚焦在价值共创的本质、驱动因素和关键维度等方面，并围绕上述主题取得丰硕的研究成果。品牌理论亦与价值共创理论进行了深度融合，学者将关注点从企业与市场的二元关系中解放出来，转而研究如何通过保障由多元利益相关者参与的品牌共建来实现品牌价值的提升，价值共创被视为品牌价值培育的重要手段。然而，迄今为止，鲜有学者对品牌经营主体的价值共创行为进行探讨。无论品牌经营主体还是利益相关者，价值共创行为的发生是共创实践履行的必要条件。只有品牌经营主体身先士卒，才能够带领价值系统内所有利益相关者融入其中开展价值共创的行为活动。农业集群品牌建设是目前推进我国特色农业发展的重要途径，急需通过价值共创的新理念引领农业现代化建设。但专门针对农业集群品牌经营主体价值共创行为的研究鲜见。因此，以农业集群品牌经营主体为研究对象，充分挖掘并整合其价值共创行为的关键驱动要素将尤为重要。本研究拟采用扎根理论的质化研究方法，对农业集群品牌经营主体价值共创行为的关键驱动因素以及产生机理进行探讨，构建农业集群品牌经营主体价值共创行为驱动因素模型。

7.3 研究方法、研究样本与数据收集

7.3.1 研究方法

作为质化研究领域的一种科学的理论建构方法，扎根理论被主流学者认为是目前中国开展管理研究的一种"必要且适宜的研究工具"（陈晓萍、徐淑英、樊景立，2008）。该方法在研究之前一般不做理论假设，而是在系统收集经验资料的基础上，直接从原始资料归纳出概念，并建立起概念之间的联系，最终发展为理论。该方法特别适合于缺乏理论解释的或现有理论解释力不足的研究，只要存在"过程或互动性"和"过程性"，大都可以用其开展研究（张敬伟，2010）。农业集群品牌经营主体价值共创行为是农业集群品牌经营主体与利益相关者之间以及利益相关者彼此之间交流合作、资源共享及协调配置的过程，且从现有文献中尚未发现对农业集群品牌经营主体价值共创行为的影响因素及其机理进行系统的理论研究，因此扎根理论这种归纳式研究方法适用于本研究。

7.3.2 研究样本

本研究的对象是农业集群品牌，探讨的问题是农业集群品牌经营主体产生价值共创行为的发生缘由。选择的"理论样本"需尽可能贴近研究关键词"农业集群品牌"和"价值共创行为"，并从数据的可得性角度，获得丰富的研究资料。目前，世界农业第一品牌是由美国加州柑橘农业集群创建的"新奇士"（Sunkist）品牌，其品牌资产估值高达10亿美元，该品牌在价值共创方面的实践是实业界极好的例证。该集群品牌的经营主体是新奇士合作社（又称新奇士种植者公司），于1893年成立，由加州与亚利桑那州6000多名柑橘种植者共同拥有，是世界上历史最久、规模最大的柑橘营销机构。1909年注册"新奇士"商标。到19世纪20年代末，加州75%的柑橘、1.3万名果农都通过合作社销售。目前，销售的商品种类高达600余种，远销全世界

45 个国家和地区，其市场占有率在全球高端脐橙市场高居榜首（来源于新奇士合作社品牌手册）。作者在研究过程中曾赴美国加州进行为期一年的访学，对新奇士集群品牌价值共创战略的实施情况可以进行充分了解和观察，直接全面获取相关资料及数据，故通过目的性抽样选择"新奇士"作为研究样本。

7.3.3 数据收集

本研究于 2015 年 8 月对美国新奇士合作社总经理、区域市场经理、人事部、运营部等不同职位层次 16 位工作人员进行开放式和结构化深度访谈，并对收集的资料进行深入分析、演绎归纳，最终确立理论框架。选择的被访者要求在日常工作中熟悉合作社品牌价值共创的具体实践，在一定程度上了解合作社进行品牌价值共创的动机和行为。在开放式访谈中，由访谈主体对新奇士合作社之所以产生品牌价值共创意愿的原因进行描述并进行深入讨论；在结构化访谈中，使用预先设定的 12 个无确定答案的问题进行采访，引导每位访谈者从管理实践角度对新奇士品牌价值共创行为的影响因素进行讨论。对访谈资料进行整理，保证资料真实有效。

7.4 研究数据分析

扎根理论方法的分析过程可以分为开放性编码、主轴式编码和选择性编码等三大步骤。

7.4.1 开放性编码过程

开放式编码是指对访谈资料的词句、段落等片段不断进行分析概括和归纳标识的过程。（孙晓娥，2011）。其目的是通过概念化和范畴化准确反映资料内容，将概念经过反复合并、修订、重新整理和归纳，从而确定其性质。过程分为贴标签、概念化和范畴化三个阶段。首先对访谈数据和逐字逐句编码，进行初步整理并选择与研究主题相关的内容贴标签，此过程尽量使用访谈者原话。概念化是对上述标签表征的现象进行挖掘，并赋予一个可以代表它们所涉指现象的名称。最后，把相似的概念进行归类整理，提炼出更高层次的概念的过程就是范畴化。表7-1为开放式编码得到的若干范畴、属类及构成范畴的初始概念。

表7-1 范畴和构成范畴的初始概念

范畴	属类	原始资料语句
资源禀赋	地理位置、耕作条件、成因独特	加州有得天独厚的自然条件，充足的阳光，舒适的气候，带来高品质、新鲜又美味的柑橘。被誉为蕴含大自然精华的顶级柑橘
核心能力	成熟的组织、代际传承的耕作技术、种植知识的根植性、农场主与合作社的契合	新奇士是世界上历史最久、规模最大的柑橘营销机构。在发展战略、运营管理、日常活动等方面积累大量的经验和知识。家庭农场拥有者对大自然的珍物有一种特殊的情怀，始终致力于创新，十分自豪地一代代传承着传统的种植经验和技术，并与合作社形成高度契合的合作关系
强势品牌	品质管理、占领国际市场、大力促销、市场研究	严格的品质管理是新奇士品牌百年来经久不衰的关键要素。新奇士凭借品牌优势，在53个国家和地区拥有45个总代理，年销售额高达11亿美元（截至2015年，来源于新奇士合作社品牌手册）。并与世界各地合作伙伴通过授权结成品牌联盟。新奇士的品牌成长始终走在世界前列，百年来一直坚持在全球范围内进行不间断的媒体广告投放、不遗余力地进行消费者教育、创造各种引人入胜的体验活动。设有独立的研发机构，具有很强的自主创新能力
集群结构洞	集群核心企业、掌握关键资源、主导性	新奇士合作社作为加州农业集群中的核心企业，掌握信息、研发、资金、市场等关键资源，对价值网络各环节利益相关者具有很强的吸引力。在集群成员选择、任务安排、利益分配等方面具有主导性，控制集群组织的分工和协作体系
系统思考	思维方式、寻求杠杆解	对环境变化高度敏感，从农业产业集群全产业角度来理解价值网络中合作者之间的关系，强调双赢、看重合作。广泛发动合作者寻求问题解决方案，获得持续改善
信任机制	契约信任、认知信任、共识信任、敏捷信任	新奇士在合作社管理、质量控制、品牌授权等方面制定严格的制度，集群价值网络中的成员必须按照各自的承诺尽职尽责。在长期的接触中，利益相关者与合作社相互了解，并形成共享的价值观。部分合作者利用市场、品牌、技术、质量等资源与新奇士建立联盟，迅速建立信任关系

续表

范畴	属类	原始资料语句
学习机制	核心成员间学习、独立的研发机构、辅助成员支持	新奇士与集群内果农、包装厂、区域交易所等核心成员之间联系紧密，在技术改良、培训教育、种植推广、质量控制、市场推广等方面密切合作。合作社旗下成立独立的研发企业从事技术开发，不遗余力在产品、技术、管理制度等方面研发创新。咨询企业、大学、研究机构等为新奇士不断提供智力支持
构建利益共同体	果农共同拥有经营、公司运营、合同制、风险共担、利益共享	新奇士由加州与亚利桑那州 6000 多名柑橘种植者共同拥有和经营，其中果农、包装厂自愿加入成为股东，采取公司运营模式，聘请职业经理人做好集群农业发展的守护人，通过合同制联合集群内合作伙伴为农业服务生产提供产前、产中、产后一条龙服务，并建立了"风险共担，利益共享"的利益分享机制，确保每个成员赚取合理利润。合作社扣除成本后将利润根据其股权（由生产的柑橘数量决定）全部返还果农。合作社运营资金则大多来源于政府退税和农业补贴
文化培育	价值观、生活方式、品牌形象塑造	新奇士将保护耕地、减少浪费、绿色生产、持续改进等农业可持续发展的价值观贯彻于农业生产、流通等各个环节，全程参照国际安全环保的最高标准执行，倡导健康可持续的生活方式，努力引导消费者将这种理念转化到日常生活中。通过全球范围持续的传播策略使品牌形象聚焦于健康的食品、灿烂的阳光、美好愉悦的生活、精力充沛的年轻人以及高品质农业
市场竞争压力	价格竞争、产品竞争、品牌竞争	压力来自于同类产品的价格优势、果品产量的不稳定、成本增加、品牌管理难度大、合作社成员的流失等
政府产业政策导向	政策支持、技术支持、信息支持、资金支持	重视农业投入，发展基础设施，资助农业研究项目，对果农实施农业补贴政策，农业信息管理与服务标准化、规范化，提供免费技术指导及改善生态环境、改良土壤的资金
消费者期许	食品健康、品质保障、方便生活	期待供应方通过安全无污染的种植及加工过程，提供高质量的新鲜、美味、健康的柑橘类产品，在食谱开发、健康生活方面提供更多创意和指导，创造令人印象深刻的体验活动，使生活更精彩
利益相关者合作意愿	农户合作意愿、其他利益相关者合作意愿	创立起因源于分销无组织、代理无信誉、利润微薄，果农生计遭受严重威胁。故由果农共同创建，进行合作营销。并逐渐形成全球强势品牌，合作中注重关注利益相关者诉求、互惠互利、实现共赢，对其他利益相关者加入价值网络进行品牌共建具有极强的吸引力

范畴	属类	原始资料语句
品牌战略使命	组织定位、组织职能	定位于守护品牌发展方向、为集群所有利益相关者服务的组织。搭建柑橘产业包括技术、融资、咨询、教育、产前服务、生产运营、深加工、销售等职能的综合服务平台
共同解决问题	关注体验、信任、深度参与	新奇士率先在农业领域引入价值共创理念，关注利益相关者及顾客的体验，增进彼此间信任关系，使其深度参与解决问题，并满足各自所需所欲
资源整合	利益相关者资源整合、顾客资源整合	新奇士需把集群内既拥有共同使命又具有独立经济利益的合作伙伴整合成一个为顾客提供优质柑橘类产品和服务的系统，通过合作、联盟、制度建设将各个利益相关者所拥有的资源嵌入系统。顾客掌握需求信息、拥有人脉关系，通过对顾客资源的开发应用使顾客在价值创造中发挥作用
有序互动	与利益相关者互动、与顾客互动	建立利益相关者档案管理、调研、定期会见、访谈，以及资源数据库等常规化对话机制。利用网络平台通过网站新闻、网站链接、电子邮件、论坛、内部共享服务器等手段实现与利益相关者的实时互动。使用企业网站、电子邮件、微博、脸书（Facebook）、推特（Twitter）等社交媒体与消费者在线互动，利用事件营销、体验营销进行线下互动

7.4.2 主轴式编码过程

主轴式编码过程对应的主范畴和副范畴，见表7－2。

表7－2 主范畴及对应副范畴

农业集群品牌经营主体价值共创行为内涵		农业集群品牌经营主体价值共创行为影响因素	
主范畴	副范畴	主范畴	副范畴
资源整合		知觉行为控制	资源禀赋
			核心能力
			强势品牌
			集群结构洞

农业集群品牌经营主体价值共创行为内涵		农业集群品牌经营主体价值共创行为影响因素	
主范畴	副范畴	主范畴	副范畴
价值共创行为	有序互动	共创态度	系统思考
			信任机制
			学习机制
			构建利益共同体
			文化培育
		主观规范	市场竞争压力
			政府产业政策导向
			消费者期许
			利益相关者合作意愿
		价值共创意愿	品牌战略使命
			共同解决问题

7.4.3 选择式编码过程

最后进行选择式编码，通过对上述五个主范畴及相应副范畴的分析，发现可以用"农业集群品牌经营主体价值共创行为的影响因素及其作用机制"这一核心范畴来分析其他所有范畴，并确立围绕核心范畴的故事线。主范畴的典型关系结构如表 7-3 所示。农业集群品牌经营主体价值共创行为的构成维度包括整合集群利益相关者资源以及开展有序互动。知觉行为控制、共创态度、主观规范及价值共创意愿四个主范畴对价值共创行为存在显著影响。其中共创意愿是指农业集群品牌经营主体进行价值共创的动机和愿望的强度，其构成维度包括品牌战略使命和共同解决问题导向，反映了品牌经营主体对实现合作共赢的价值共创行为的接受程度，是价值共创行为的直接驱动因素。价值共创态度是指农业集群品牌经营主体对采取价值共创行为所持有的正面或负面评价的程度，其构成维度可以概括为系统思考、信任机制、学习机制、构建利益共同体、文化培育等品牌经营主体的心智模式特征。主观规范是农业集群品牌经营主体在决策是否从事价值共创行为时所感知的社会压力，这种压力可能来自于市场竞争、政府、消费者以及利益相关者。共创态度、主观规范均通过影响价值共创意愿间接驱动农业集群品牌经营主体价值共创行为，属于该行为的间接驱动因素。知觉行为控制是指农业集群品牌经营主体预期在采取价值共创行为时所感知到的可以控制的程度，反映品牌经营主体对执行价值共创行为难易程度的知觉，涉及完成该行为所需的能力、资源以及信心等，知觉行为控制力越强，行为越有可能实现。知觉行为控制既可以直接影响农业集群品牌经营主体价值共创行为，又可以通过价值共创意愿间接影响该行为。

表 7 – 3 主范畴的典型关系结构

典型关系结构	关系结构的内涵
知觉行为控制⇨价值共创行为	知觉行为控制是农业集群品牌经营主体价值共创行为的直接驱动因素，它直接决定品牌经营主体是否实施价值共创行为
知觉行为控制⇨价值共创意愿⇨价值共创行为	知觉行为控制是农业集群品牌经营主体价值共创行为的间接驱动因素，它通过影响价值共创意愿间接决定品牌经营主体是否实施价值共创行为
共创态度⇨价值共创⇨价值共创行为	共创态度是农业集群品牌经营主体价值共创行为的间接驱动因素，它通过影响价值共创意愿间接决定品牌经营主体是否实施价值共创行为
主观规范⇨价值共创意愿⇨价值共创行为	主观规范是农业集群品牌经营主体价值共创行为的间接驱动因素，它通过影响价值共创意愿间接决定品牌经营主体是否实施价值共创行为
价值共创意愿⇨价值共创行为	价值共创意愿是农业集群品牌经营主体价值共创行为的直接驱动因素，它直接决定品牌经营主体是否实施价值共创行为

以此典型关系结构为基础，本研究发展出一个全新的"农业集群品牌经营主体价值共创行为影响因素及其作用机制"理论框架，如图 7 – 1 所示。

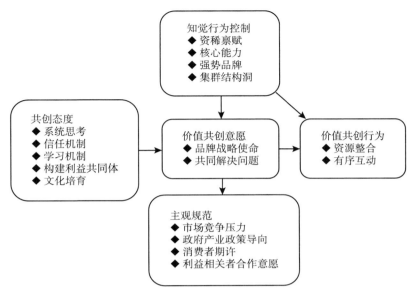

图 7 - 1　农业集群品牌经营主体价值共创行为内在驱动因素及其作用机制

7.4.4　理论饱和度检验

通过对随机抽取访谈记录的回答编码进行理论饱和度检验。结果发现，模型中的四大范畴（知觉行为控制、共创态度、主观规范及价值共创意愿）构成农业集群品牌经营主体价值共创行为的关键影响因素，没有新的范畴和关系形成，也未发现上述范畴存在新的构成因子。因此，上述理论框架在理论上饱和，理论饱和度检验通过。

7.5　农业集群品牌经营主体价值共创行为内在动因：计划行为理论

为了解释农业集群品牌经营主体价值共创行为发生这一现象的理论本质，本书引入计划行为理论对扎根研究所得的模型进行理论回归。

计划行为理论社会心理学中最著名的态度行为关系理论，是以期望价值理论为出发点来解释个体行为一般决策过程的理论。在国外广受社会行为研究者青睐，被成功地应用于多个行为领域（段文婷、江光荣，2008）。该理论认为一个颇具理性的行为主体，其行为一定是在系统分析、运用所掌握的信息判断特定行为后果的基础上发生的。因此行为受行为态度、主观规范和知觉行为控制三个变量影响，并通过行为意愿的中介作用决定行为的产生。该理论综合各种影响因素：其中态度体现了行为主体的内在因素；而主观规范从外部环境的影响上反映了行为主体感受到的社会压力；知觉行为控制则是行为主体感知达成行为的难易程度，既包括对自身能力方面持有的信心，又涉及对外部因素的控制能力。

在前述案例中，农业集群品牌经营主体是新奇士合作社，它是一个由美国加州和亚利桑那州柑橘果农共同拥有和经营的非营利组织，是一个由职业经理人、果农等不同个体组成的具有行为能力的主体。合作社在与集群内外的组织或个体成员进行沟通交流、获取信息以及改变行为方式以适应外在环境等过程中，会表现出整体化的组织行为，这种整体组织行为可以通过相关个体、群体等行为主体的行为或变化程度来反映（胡恩华、刘洪，2007）。农业集群品牌经营主体价值共创行为是品牌经理人基于农业集群内外环境分析而安排的品牌经营活动的总和，是一个有计划的理性选择。因此，用计划行为理论研究农业集群品牌经营主体价值共创行为具有合理性和可行性。

7.6　结论与建议

7.6.1　主要结论

本研究扎根于理论探索性地分析了农业集群品牌经营主体价值共创行为的内涵、内在驱动因素及作用机理，并通过计划行为理论进行了理论回归。其中农业集群品牌经营主体价值共创行为包含资源整合、有序互动两个维度。该行为的四大驱动因素分别是：①知觉行为控制。它既可以直接驱动农业集群品牌经营主体价值共创行为，也可通过影响价值共创意愿间接影响该行为，包括资源禀赋、核心能力、强势品牌、集群结构洞四个维度。②共创态度。

它是农业集群品牌经营主体价值共创行为的间接驱动，通过影响价值共创意愿间接影响该行为，包括系统思考、信任机制、学习机制、构建利益共同体、文化培育五个维度。③主观规范。它是农业集群品牌经营主体价值共创行为的间接驱动，通过影响价值共创意愿间接影响该行为，包括市场竞争压力、政府产业政策导向、消费者期许、利益相关者合作意愿五个维度。④价值共创意愿。它是农业集群品牌经营主体价值共创行为的直接驱动，包括品牌战略使命、共同解决问题两个维度。

7.6.2 政策建议

本研究可以为农业集群品牌经营者及产业集群政策制定者进行有效决策以促进农业集群品牌经营主体价值共创行为发生提供针对性的政策思路及实施路径。具体建议如下：

（1）政策制定者和管理者必须着力在农业产业集群中培育强有力的知觉行为控制的品牌经营主体。具体包括：第一，农业集群品牌是建立在集群独一无二的农业资源禀赋基础上的，农产品质量特征和声誉与水源、土壤、气候等显著的地理生产环境及资源禀赋密不可分，这种"地域专属性"构成农业集群品牌定位的物质基础和知觉行为控制的资源根基。第二，通过构筑独特的品牌成长模式，将集群的诸多特征如代际传承的农业耕作方式、种植知识的根植性、农户与品牌经营主体的关系契合等特色资源、要素、关系转化为品牌核心能力。第三，经营主体应对农业集群品牌进行专业化管理，搞清楚消费者潜在的动心之处，围绕品牌核心价值制定一套农业集群品牌创建的计划和策略，突出品质管理，全方位不间断地传播品牌所代表的信息，仔细琢磨品牌形象塑造，努力研发创新，在不断地培护、促进、规划下使其发展壮大。使该品牌不但被消费者钟情，也使集群内众多利益相关者支持和热爱。第四，农业集群品牌的经营主体必须由集群中处于主导地位、掌握关键资源、拥有核心能力的集群核心组织来担此重任。唯有通过占领集群网络结构洞位置，品牌经营主体才会在资源、信息和权利方面具有优势，才会借助对集群内外资源的有机整合及与其他利益主体的交流互动实现品牌共建，使农业集群品牌具有独特价值创造力、更强的市场适应力及资源整合能力。因此，对处于集群网络结构洞位置的品牌经营主体的有预期地进行培育是价值共创行为发生的关键点。

（2）政策制定者和管理者应从多维度改善农业集群品牌经营主体的共创态度。具体手段包括：第一，发展农业集群品牌经营主体的系统思考能力。农业产业集群是一个包括农户、合作社、农业企业、关联企业、行业协会、政府、消费者等多重利益相关者在内的复杂系统，集群品牌的经营属于一种系统行为，因此必须从整体上对各种力量及相互关系进行思考，培养品牌经营主体对相互依存关系、影响力及变化的理解与决策能力，使其能够洞察系统结构，寻到通过价值共创促使品牌发展壮大这一杠杆解。第二，对农业集群系统内的构成、影响各利益主体彼此间信任的关系管理机制进行培育。通过契约形式、改变认知、达成共识、建立联盟等各种途径建立信任机制，促进合作共建。第三，建构农业集群的学习机制。由于地理上的接近性和产业内分工合作，农业集群系统内部的成员能更容易进行知识的互动和交流。品牌经营者不仅要依靠既有的知识积累进行研发创新，还要与重要利益相关者建立广泛的知识联系，加强与核心成员间的学习，与当地大学、研发机构进行合作，获得辅助成员支持。第四，建构唇齿相依的集群利益共同体。将农业集群品牌经营主体打造成为服务集群内农户生产生活的综合服务平台，并从治理结构上保障采用现代化公司经营模式与手段，与集群网络内部的成员通过合同制等契约或非契约方式建立强有力的价值联盟，真正做到风险共担、利益共享、平等互利，尤其注意通过制度设计确保农户利益。第五，对农业集群文化进行培育。建立农业集群利益相关者对集群内文化显著特征的集体认同，并内化为集群内人们认同的价值观。在消费市场上，农业集群品牌所凝炼的价值观念、生活方式、情感诉求并融合独特的品牌形象，使消费者在心灵深处形成潜在的文化认同、情感眷恋和隽永记忆。

（3）政策制定者和管理者应从多维度控制农业集群品牌经营者所感知的主观规范水平。具体策略如下：第一，确立有序竞争的市场规则。农业集群品牌具有的准公共物品属性以及集群内过度竞争，都会使协同共创动力大大削弱，使集群成员的合作意识严重扭曲。因此，一方面必须通过有效的品牌治理制度设计来控制机会主义行为，确保集群品牌健康发展，防范公地悲剧风险。另一方面，集群内过度竞争会导致资源严重耗费，应通过提高集群进入壁垒、建立品牌战略联盟、鼓励创新行为等措施建立公平有序的竞争环境，使农业集群网络中充满着竞争与协作意识、对技术创新渴望等。第二，明确政府角色定位，提供集群发展所需的公共服务。例如，通过发展交通通信等基础设施、开放资本渠道、制定引导集群发展的法律法规、提供产权保护、培养信息整合能力等措施，提供集群发展所需要的资源，明确竞争规范，努力打造集群发展的良好环境。第三，加强与消费者的互动沟通，满足消费者参与价值共创的愿望，激发其对品牌价值创造的主动参与，增加消费者的品牌感知价值，并运用消费者资源创建品牌优势。第四，激发农户以及其他利益相关者的合作意愿。建立具有共同目标、遵守共同规则、具有良好关系、公开透明的合作氛围，公平分配合作收益，使农户和其他利益相关者发自内心地产生强烈的合作意愿。

第 8 章

集群社会资本－农业集群品牌价值共创－品牌价值的关系研究[*]

【本章提要】 通过文献梳理发现，农业集群品牌作为具有"公共物品"属性的特殊品牌，其价值实现需要品牌运营者联合利益相关者共同创造，而社会资本可以推动集群内利益主体的互动合作行为，这种互动合作建设品牌的行为被定义为品牌价值共创。本章通过对美国加州新奇士柑橘、浙江"丽水山耕"和日本新潟渔昭越光米三个典型品牌的案例研究识别出品牌与利益相关者的互动界面，明确农业集群品牌价值共创的关键维度；建立反映"集群社会资本－农业集群品牌价值共创－品牌价值"变量间因果关系的研究框架；进一步通过对国内 105 个集群品牌运营机构及其关键利益相关者的问卷调查收集数据对概念化模型进行实证检验。研究发现：农业集群品牌价值共创包括品牌与政府、品牌与产业链以及品牌与消费者等三个界面的互动活动；集群社会资

---

* 本章核心部分已发表。张月莉，蒋琴儿. 集群社会资本驱动农业集群品牌价值实现吗?：以品牌价值共创为中介 ［J/OL］. 南开管理评论，https：//mall. cnki. net/magazine/article/LKGP20210415 005. htm，2021（4）。

本的培育是农业集群品牌价值实现的本源驱动力，但集群社会资本对农业集群品牌价值的影响必须通过品牌价值共创作为中介变量发挥作用。本章内容首次对集群社会资本、品牌价值共创及农业集群品牌价值的关系进行了实证探索，研究结论具有启发当地政府努力提升农业产业集群社会资本，指导农业集群品牌运营者关注多重利益相关者构建的集群网络中的互动性价值共创活动，以此提升品牌价值具有重要意义。

8.1 引　言

营销理论认为，品牌价值是企业宝贵的无形资产。强势品牌价值连城，是新时代快速变化市场的竞争利器。品牌价值不仅有助于提高企业营销绩效，而且对企业培育竞争优势和获取持续成长能力具有积极意义。在农产品认知方面，消费者对原产地和区域性十分关注，认为只有出自产地才能确保品质和口感。因此，农业品牌价值尤需突出原产地效应和独特品质（黄彬、王磬，2019）。这说明农业具有更加明显的地域依赖特征，更适于专业化分工和集群式发展。许多省份都把发展农业产业集群并在此基础上打造农业集群品牌作为加强农业基础地位、提高农业产业竞争力的重要举措。而农业集群品牌作为具有"公共物品"属性的特殊品牌（吴传清、从佳佳，2011），其培育则需要集群中的地方政府、农业企业、合作社、行业协会、农户以及其他服务机构等相关价值主体采取一系列联合行动，共同发力打造集群品牌，使该品牌产品获得更大销量和更多利益，使该品牌在市场上形成广泛的知名度及赞誉度，从而在竞争中获得强劲、稳定、特殊的优势。

2019 年中央一号文件中明确提出因地制宜发展多样性特色农业，倡导"一村一品""一县一业"。支持建设一批特色农产品优势区。塑强一批国家级农业品牌，创响一批"土字号""乡字号"特色产品品牌。表明农业集群品牌建设的重要性已提升到国家战略层面，农业集群品牌建设势在必行。但从实践层面来看，我国农业领域长期以来重创牌、轻培育，集群内同一产品品牌数量繁多，彼此间存在恶性竞争，整体知名度不高、竞争力不强，品牌整体运作能力差，品牌附加值不高。品牌问题已成为制约农业发展的桎梏。目前，全国大部分地区都充分认识到发展农业集群与建设集群品牌的重要性，在实践中大力推行并摸索前进，但依然广泛存在着假冒伪劣、品牌株连、监管困难、同质化严重及品牌战略缺失等问题（张月莉、郝放，2013），尤其是农业集群品牌对旗下农产品庇护和背书的作用力不明显，集群品牌意识和品牌整合运营能力较弱，极大程度制约了农业集群品牌价值实现。而价值缺失的根本原因在于农业产业集群内的关联企业和机构、农户、政府及非政府组织等利益主体尚未充分认识集群品牌的重要作用，没有建立广泛的合作关系，成员间各自为政，不能有效地进行资源整合，发挥联动作用，主体间缺乏相互对话和信息沟通的平台，尚未建立有效的品牌价值共创机制。随着市场竞争的日益加剧，国外众多知名农产品品牌已纷纷抢滩中国市场，塑造和培育本土强势品牌已经成为中国农业必然的战略选择。

在上述背景下，本研究旨在探讨农业集群品牌价值形成的内在机理。首先对相关文献进行系统梳理，提出通过社会资本促进农业集群品牌价值共创，从而提升品牌价值的理论依据；然后基于对中外三个典型农业集群品牌的定性访谈，识别出农业产业集群品牌价值共创的主要维度，构建"集群社会资本－农业集群品牌价值共创－品牌价值"变量间因果关系的理论框架；最后根据379份针对国内农业产业集群品牌运营组织及集群关键利益相关者的问卷调查数据，对提出的概念模型和研究假设进行检验。

本章在研究对象和研究思路两方面体现出一定创新性：第一，从研究对象上聚焦于农业集群品牌价值的实现过程；第二，研究思路上从社会资本视角切入，认为农业集群网络形成的良好的社会资本可以促进农业集群品牌价值共创，通过促进集群网络中多个关键利益相关者彼此互动共同创造集群品牌价值。本研究既是对作为营销领域新趋势的价值共创理论的实证检验，同时也从社会资本培育视角为农业集群品牌管理研究提供了多样化的思考路径。

8.2 相关理论和文献综述

8.2.1 关于品牌价值的研究

现有文献将品牌价值界定分为两类：第一类是从财务角度将品牌价值视

为因品牌而产生的产品销售溢价收益，将品牌视为企业重要的无形资产带来的收益价值；第二类是从顾客认知与行为的角度将品牌价值看作顾客对品牌营销行为的反应，可以用品牌知名度、品牌联想或差异化、品牌忠诚度、品质认知度以及市场占有率状况等指标来进行评估。

第二类研究目前一个新兴的分支流派认为市场最终对品牌承载的产品或服务的认可取决于品牌价值系统中利益相关者。该视角的品牌价值研究认为品牌价值依赖于众多彼此间互相协同的利益相关者，是由品牌与利益相关者的关系共同创造。从利益相关者角度强调品牌是对利益相关者实现价值的一种承诺，也就是向这些主体承诺品牌可以给他们带来的好处。因为品牌的发展依赖于其生存的关系网络，并必须对网络成员做出承诺。考虑品牌价值来源只从顾客角度出发是有问题的，研究者和实务界需有效识别，并且理解和建立品牌价值来源的一个整体的丰富图景（孔晓春、刘红霞，2014）。琼斯（Jones，2005）指出品牌价值由战略利益相关者共同创造，并提出品牌价值的轮状模型，认为管理者、员工、供应商、分销商、顾客、政府、社会公众、非政府组织、媒体、竞争者等利益相关者是品牌价值构建活动中不可或缺的重要影响者。歌德 – 琼斯和库努姆（Gyrd-Jones and Kornum，2013）认为品牌与其利益相关者构成的生态系统在创造协同效果中发挥重要作用，并指出利益相关者的互动可以增加品牌价值。格里格瑞（Gregory，2007）也认为品牌价值是在利益相关者构成的生态系统中被共同创造。卫海英等（2010）将服务品牌资产的形成过程视为一个动态开放系统，该系统以企业、顾客、利益相关者的三方互动为输入，通过一定的转换机制生成品牌价值，并不断向三方动态输出品牌利益。

8.2.2 关于价值共创的研究

价值共创作为当前营销学界研究的前沿和热点问题备受业界关注。学者们首先发现顾客在价值共创中的重要作用，认为企业和顾客在资源整合和能力应用的相互作用中共同创造价值（Vargo and Lusch，2008），价值共创是企业与顾客通过有目的的互动形成个性化体验的过程（Prahalad and Ramaswamy，2004），价值共创是企业在产品研发、生产和销售等各个环节中与顾客合作的过程，是顾客高度参与的一种表现（Hoyer et al.，2010）。后来有学者进一步将价值共创的参与者群体进行了扩充，认为价值共创除了要引入价值链末端的顾客力量，还需要将整条价值链上的所有利益相关者，从股东到原材料供应商等力量全部整合起来（Ramaswamy and Gouillart，2010）。拉姆波特和恩兹（Lambert and Enz，2012）也认为价值共创的参与者除了顾客以外，还必须包括其他一切利益相关者。李燕宁（2007）指出价值共创是指所有利益相关者在打破原有的直线式价值链结构基础上，以顾客为中心，建立一个成员间互相合作、信息互相交流的强有力的价值网，从而实现价值共创。张婧和邓卉（2013）首次基于服务主导逻辑的视角对产业品牌价值的形成机理进行的实证探索，将产业服务品牌的培育视为品牌拥有者和品牌利益相关者（服务员工、顾客企业、上游供应商、下游用户）共同创造品牌价值的过程。价值共创是由利益相关者直接交互的联合协作活动，目的在于为一方或双方贡献价值（Gronroos，2012）。学术界普遍认为价值共创是一种互动过程。

从上述研究来看，虽然众学者对价值共创进行了不同角度的阐释和界定，但在以下方面达成共识：第一，价值共创必然是双方或多方协同互动的结果；第二，价值共创是用于描述双方或多方利益相关者之间合作的复杂概念；第三，价值共创是一个交互性的有效互动过程；第四，其最核心的主体是顾客，顾客对价值的追求主导了网络系统的价值共创行为，价值网络的所有活动都围绕着最终顾客的价值实现而发生。因此，价值共创是主导者通过构建网络，整合利益相关者资源，以实现最终顾客价值导向的多方利益主体交互性互动过程。

8.2.3 集群社会资本的研究

社会资本在20世纪初作为社会学概念首次被提出以来，逐渐渗透到经济增长、社会发展、公共产品、创业、企业绩效、产业集群绩效等诸多科学领域，已成为一个可以用来解释经济发展和组织绩效的关键变量。学术界普遍认同社会资本是一种嵌入到组织网络结构中的资源，拥有、开发和利用这些资源可以增强个人、企业、组织或组织集合体的行为效率（Adler and Kwon，2002）。该定义包括以下要点：第一，社会资本首先是一种资源，这种资源并非天然拥有的，需要通过培育逐渐生成；第二，社会资本来源于或嵌入于社会关系网络中；第三，这种嵌入于社会关系网络中的资源，可以在实现个体目标的同时，其公共物品属性会对整个社会有溢出效用，有利于解决集体行动困境。社会资本包括结构、关系和认知等三维度的划分法在学术界得到广泛认可和应用（Nahapiet and Ghoshal，1998）。

很多文献在集群背景下研究社会资本，并将其定义为产业集群成员间社会关系、信任、承诺和规范等社会资源的储存量（Presutti，Boari and Fratocchi，2016）。刘国宜等（2014）参考社会学及组织管理学的相关研究将其定义为产业集群成员间社会关系、信任、承诺和规范等社会资源的储存量。有研究认为集群社会资本从本质上说是治理集群互动关系的制度、规范、关系及价值观，对产业集群发展和绩效具有重要作用（Iyer，Kitson，Toh，2005）。肖为群、王迎军（2013）将集体社会资本定义为因集体网络特征而产生的集体行动能力，对产业集群发展和绩效具有重要作用。集群社会资本的特点在于其整体性，会促使集群内所有行为主体成为一个彼此间相互依存、相互促进的具有共生关系的共同体（刘中会，刘力臻，2009）。信任、规范、密切关系等社会资本影响集群成员或组织的经济行为（Williamson，1975）。王辑慈（2001）、林竞君（2005）等指出信任、承诺、良好的行为规范、紧密关系等社会资本可以降低成本、促进彼此合作，从而支持中小企业集群的成长与发展。美国新奇士、日本新潟渔昭越光米等世界强势品牌的实践也说明，大多数信任、承诺、互惠规范、亲密关系等社会资本存量较高的产业集群发展态势良好。而产业集群本身通过地理集聚可以为增强集群内组织间的联系、信任、规范、承诺和共同认知等的社会资本提供先天的便利条件。集群社会资本可以概括为结构性、关系性和认知性三方面。其中结构性社会资本指集群构成组织之间社会关系的总体模式，即组织间联系的数量和结构；关系性社会资本是指组织之间的关系形态，具体包括信任、承诺、义务、期望、规范等；认知性社会资本即集群组织的认知范式，是否有一致的经历、有相似的组织、共同的价值观、共同愿景、共同表述的语言等（Nahapiet and Ghoshal，1998；姚伟坤、周梅华、陈金波，2010）。由于社会资本是在集群发展过程中经积累和优化长期形成，是不断动态变化和调整的，本研究中的集群社会资本将采用存量概念，特指集群组织现阶段业已存在、拥有的诸如彼此间的联系、信任、规范、共同认知等社会资源的总和。

8.2.4 农业集群品牌的研究

农业产业集群一般对自然资源高度依赖，能出产因独特自然条件造就、具有地域特色、差异化品质的特色农产品是农业产业集聚发展的主要原因。集聚发展不仅可以降低交易成本，增加集群内成员之间的协作，通过成功打造集群品牌还可以使迅速提升集群特色农产品声誉，使集群成员整体受益（张月莉、郝放，2013）。农业集群品牌以特色化、规模化农产品地域集聚为基础，表现为该地域农产品在消费者心智中形成的认知、美誉和知名度，是依托于特色农业资源禀赋、地域文化及农产品加工工艺而产生的农业产业链聚集网络效应与协同效应在市场上的综合体现，一般以"区域名称＋产业名称"命名（朱辉煌、卢泰宏、吴水龙，2009），又被称为农产品地域品牌或农产品公共品牌。该品牌形成需要区域内的集群具有一定聚集规模和产业优势，是地域企业品牌集体行为的综合表现，本研究中将这种农业产业化高级阶段的区域公用品牌统称为农业集群品牌。该品牌具有地缘性、伞品牌、公共物品、第三方治理等典型特征，并会面临机会主义、"搭便车"行为等挑战（Tregear and Gorton，2009）。农业集群品牌作为当地政府、集群内企业、合作社、农户、中介组织、金融机构、大学等科研机构长期合力经营、积淀而形成的集体无形资产，对农业产业集群的发展具有识别、搭乘、聚集和刺激、产业资本集中、信息传递和关联产业带动效应（李亚林，2012）。利益相关者参与能显著提升区域品牌绩效（Klijn，Eshuis and Braun，2012）。区域品牌尤为需要利益相关者相互间的信任与协同参与（Kavaratzis and Hatch，2013）。

8.2.5 文献述评与相关文献研究缺口

通过对上述文献的梳理，可以清晰地得到以下几个结论：第一，农业集群品牌价值依赖于集群内众多利益相关者，如当地政府、集群内企业、合作社、农户、中介组织、金融机构、大学等科研机构，是由集群品牌与利益相关者的关系共同创造的。第二，农业集群品牌价值共创是一个品牌与各利益相关者彼此交互、有效互动的协作过程。第三，农业产业集群社会资本是集群拥有的利益主体间社会关系、信任、承诺和规范等社会资源，社会资本可以推动集群内利益主体分享知识、交流信息、整合资源等互动合作行为，上述行为体现了品牌价值共创的本质，利益相关群体正是通过互动合作行为而共创品牌价值。第四，品牌价值共创是农业集群品牌发展的关键路径。农业集群品牌因具有典型的公共物品特征尤需借助同样具有公共物品属性的社会资本以解决集体行动困境，避免"搭便车"现象和公地悲剧。将以上零散研究成果加以整合，可建立如下逻辑关系：即通过社会资本驱动品牌价值共创行为，促使相关利益主体与集群品牌有规律地互动，协同力量进行品牌价值共创，从而获取农业产业集群利益主体彼此间的最大效益。故本研究试图将社会资本理论融入农业集群品牌价值实现研究中，深入剖析其内在作用机制。但目前这种新兴研究思路仍停留在由文献而产生的概念探讨层面，缺乏清晰可陈的理论架构、可操作化的关键变量，以及科学规范的实证研究结论。尤其缺乏对集群社会资本、品牌价值共创与农业集群品牌价值关系的深入研究。

基于上述研究缺口，本书旨在引入集群社会资本，将其作为主要驱动变量来探讨我国农业集群品牌价值实现的内在机理：集群社会资本驱动农业集群品牌价值实现吗？在此过程中品牌价值共创是否作为重要的中介变量发挥作用？农业集群品牌价值共创的关键维度有哪些？农业产业集群的结构性、关系性和认知性社会资本分别以什么方式、何种程度对农业集群品牌价值共创的主要维度发挥作用？品牌价值共创对品牌价值影响如何？

8.3 案 例 研 究

8.3.1 研究的理论基础

案例研究的前提同样是需要基于现有研究理论提出理论假设，从而为研究提供指导性框架（罗伯特，2004）。在本研究中，品牌价值、价值共创、社会资本以及农业集群品牌等领域的相关文献积累了一定的理论成果及研究结论，但现有文献尚未提供农业集群品牌价值共创这一关键构念的操作化定义和概念模型。因此，本研究将首先基于现有理论形成初始概念框架，接下来对典型案例对象进行数据收集和分析，界定农业集群品牌价值共创的内涵并划分维度，再进一步提炼其他关键变量，最后结合文献的成果及案例研究，形成概念化模型及研究假设。

通过对现有相关领域研究成果的整合，我们将农业集群品牌价值的形成过程视为集群品牌运营者和品牌利益相关者（当地政府、农户、企业、合作社、顾客、中介组织、金融机构、大学等科研机构等）共同创造的过程。首先通过产业系统内形成的某种组织关系培育彼此间的联系、信任、规范、共同认知等社会资源，驱动相关利益主体与集群品牌有规律地互动，实施品牌价值共创行为，通过与品牌的互动使农业集群品牌成长壮大的同时，使利益相关者实现个体目标并获得收益，提升整体品牌价值。在此基础上提出初始概念框架（见图8－1），即集群社会资本影响农业集群品牌价值共创，进而影响品牌价值。该框架符合产业组织理论中提出的"结构决定行为，行为决定绩效"的逻辑。接下来需要运用案例研究，提取关键变量并据此建立概念化模型。

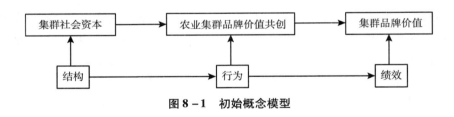

图 8 － 1　初始概念模型

8.3.2　案例研究方法

1. 样本选取。

考虑到研究现象的复杂性以及研究变量的多样性，选择更加稳健与可靠的多案例研究法以提高研究质量（罗伯特，2004）。多案例研究的最佳样本数量为3～6个，本质上就是通过重复的"准实验"使建构性解释在重复检验过程中得以检验修正，使建构性解释可以更加准确描述经验中存在的模式。本研究采取理论抽样，并结合相似性和差异性原则，最终选择了国内外三个著名农业集群品牌——美国加州新奇士柑橘（A）、浙江"丽水山耕"（B）、日本新潟渔昭越光米（C）。相似性方面，三个品牌均为农业集群品牌，并通过实施品牌价值共创战略取得明显成效，研究结论具有借鉴意义。在差异性方面，三个品牌有明显区别，表现在品类结构、运营主体类型、国别等方面。其中 A 与 C 是单品类，B 是全品类；A 的品牌运营主体是新奇士合作社，B 的品牌运营主体是国企（农发公司、市场化股份公司），C 的品牌运营主体是行业协会；这三个品牌从国别上分别属于美国、中国、日本。上述差异性有助于从对比视角对收集的数据进行分析，以得出更具普遍意义的结论。

2. 数据收集。

围绕"农业集群品牌价值共创"话题设计访谈提纲，并通过半结构化深度访谈进行数据采集。笔者于 2014～2015 年期间赴美国加州访学一年，其间两次调研加州新奇士柑橘。2018 年 9 月赴日本考察，11 月二次调研渔昭越光米，获取一手资料。2018 年 10 月赴浙江"丽水山耕"调研一周。对每个集群品牌的品牌经营主体负责人、当地政府部门、农户、农业企业、其他产业链相关组织、消费者均进行了访谈，从多种数据来源角度进行补充与验证，以确保访谈数据的有效性，每位受访者的访谈时间均超过两小时并全程录音。并通过品牌官网、文件、媒体文章、档案记录中广泛收集二手资料。从多元证据来源角度实现三角验证，确保资料收集与分析的信度与效度，访谈过程始终由课题负责人提问及互动。

本研究首先对美国加州新奇士柑橘价值共创机制进行了阐述，接下来以此结论为基准，再分别对"丽水山耕"和新潟渔昭越光米品牌进行逻辑复制，通过分析和对比检验案例研究结论的适应性，以确保研究的内外部效度，保证理论饱和度。

3. 案例研究结论。

案例研究表明农业集群品牌价值共创表现为品牌与集群内利益主体的有效互动过程，同时也识别出价值共创过程中品牌与利益相关者的互动界面，包括品牌与政府互动、品牌与价值链互动，以及品牌与顾客互动三个主要变量。表 8－1 列出了关键变量、含义和典型例证。为节约篇幅，每个变量仅列出三个品牌（分别以 A、B、C 来代表新奇士、"丽水山耕"、越光米品牌）的部分例证。

表 8 - 1　　　　　　　　　关键变量、构成维度及其含义

变量	含义	典型例证
品牌与政府互动	在农业生产条件下，作为公共主体的政府需要介入品牌建设中，对过程中难以克服的困难提供资金、技术、人才、组织联动等方面的直接支持。并从政策指导、公共产品供给及市场监督等方面为品牌发展打造良好的外部环境，提供间接支持	A：大部分资金来源于美国政府的大额补贴，只有少部分来自内部成员缴费。地方政府进行基础设施建设、提供技术支持以及税收优惠，信息高速公路四通八达。在政府支持下，已实现生产的高度机械化，运用3S技术进行精确化种植，每棵果树均有电子档案，记录种植时间、地点、生长情况、采摘记录等。政府在品牌打造过程中积极帮助寻求国家间品牌合作。"导致产出低于50%的巨灾保险费由政府100%进行补贴"，"如果农田所有者把土地出租，政府会给出每英亩25美元的税收抵扣"，"地方政府会进行基础设施建设、进行项目资助、提供技术支持以及税收优惠，信息高速公路四通八达"，"新农业法案有100多部保障农业发展的重要法律" B：由政府出巨资联合专业团队进行品牌发展规划，确定"丽水山耕"品牌名称、符号及"法自然、享淳真"的品牌口号，对品牌落地提供全方位支持。省农业厅举办"浙江省农业品牌大会"等推广"丽水山耕" C：政府在国家层面有品牌专项资金支持，从组织角度建立农工商"协调组织"，设有各级层次的品牌工作小组，专门解决和协调品牌工作中的冲突与难题，并设立了品牌发展考核机制。政府出台了"故乡纳税"，即纳税人可自愿缴纳故乡捐赠金（这里的故乡是指任何感兴趣的地方）给地方政府，会收到一定价值的特色农产品及捐赠证明，证明提交税务局可以冲抵原本必须缴纳的所得税和住民税。事实上，相当于花很少的钱可以获得价值好几倍的优质农产品。在当地政府推动下，渔昭越光米品牌还被植入"越后妻有大地艺术祭"。地方政府通过发展"周末农业"来吸引都市人租种土地，发展"市民农园"，政府将租金返还农户，开展"定居支援项目"
品牌与产业链互动	通过明确品牌运营主体，搭建互动平台，使网络成员愿意共同面对和解决自身或共同面临的问题，共享资源，获得合作伙伴关系价值，实现价值共赢。以农业集群品牌为核心搭建的产业平台可以促进成员间的交流与学习，追寻产业最先进的技术和知识以建立竞争优势	A：新奇士将提供育种、生产资料供应、农业科技、产业咨询、产品深加工企业、零售商等均视为价值系统的重要成员。与美国西部最著名的柑橘果汁类深加工及销售一体化企业Ventura Coastal公司建立合资关系，将蒂普敦的加工厂纳入该公司旗下。通过合同制、建立联盟以及非契约形式努力创造沟通与互动的平台

变量	含义	典型例证
品牌与产业链互动	通过明确品牌运营主体，搭建互动平台，使网络成员愿意共同面对和解决自身或共同面临的问题，共享资源，获得合作伙伴关系价值，实现价值共赢。以农业集群品牌为核心搭建的产业平台可以促进成员间的交流与学习，追寻产业最先进的技术和知识以建立竞争优势	B：丽水的农业品牌化要覆盖全区域、全品类、全产业链。成立的农发公司作为集群品牌的运营主体，为丽水农业发展提供"1＋N"综合服务。"1"是集群品牌，"N"由标准化、金融化、电商化三大部分组成。在育种、栽培、施肥、灌溉、收割等环节指导农民，建立原产地溯源和生产质量安全制度，将货源与零售、餐饮采购直接对接。通过线上线下、会展营销、农旅结合整合资源
		C：对种植户进行严格管理，制定并颁布实施"渔沼越光米宪章"，在投入品管控、田地耕作、生产记录等方面有严格规定。"宪章"对大米的收割时间、面积产量、堆肥方式、大米的颗粒大小都有着高标准的规定。从越光米的品牌影响力出发，通过好米好水酿出好酒和好酱油，延伸到女性面膜、美装市场与旅游行业。从一级农产品，二级、三级加工产品到旅游文创产品。从各种米果、零食、清酒大观园到大地艺术节中的稻田作品，均是在学习过程中从米业出发进行的产业创新。大米种植协会会承担种苗供给和农资服务、销售服务、技术指导、融资保险服务、培训与咨询服务以及产品加工和品牌建设推广等多种职能。联合久保田公司实现种植"精密化"。农业经营者、种植者、云端客服三者之间，通过农业机械、电子信息系统、云技术等手段实现协同合作
品牌与消费者互动	引导顾客积极参与和品牌的互动过程，通过各种形式的互动贡献出自己的智慧、劳动，与品牌运营者共同设计、研发、生产和提供对顾客自身有价值的产品和体验，从而提升体验价值和认知价值。品牌运营者在消费认知、熟悉、考虑和购买过程中等多个环节服务顾客需求。创造更多与顾客共创品牌的机会，围绕顾客需求提供更丰富的体验	A：新奇士近期在中国市场推出新品"新奇士少女之吻·白桃乳酸味桃汁汽水"，通过直播以"鲜肉夺吻"的创意和直播挑战的形式吸引了6600多万的关注和参与，又通过对直播内容进行剪辑加工制作出短视频在全网分发促进了二次传播强化了受众记忆，提升消费者对新产品的认知价值和体验价值。新奇士官方微博账号会在各种节日、不同季节等各种时机设计主题发送微博，微博内容围绕主题，配图并附有一段话进行说明。主题包括："探秘加州""开学季""橙双成对"，"六一儿童节""母亲节""橙心橙意"等。每条微博都会鼓励顾客进行互动
		B："丽水山耕"自品牌建立以来每年都举办生态精品农博会。通过打造旗舰店，在景区景点、民宿农家乐、休闲观光区、高铁站、汽车站设立风格及标志统一的购物点和体验中心，目前已有300个线下体验点，为消费者构建极致的消费场景。集群内个体品牌"蘑幻菇林"通过顾客观光、采摘、DIY等手段吸引顾客了解熟悉菌菇美食

续表

变量	含义	典型例证
品牌与消费者互动	引导顾客积极参与和品牌的互动过程，通过各种形式的互动贡献出自己的智慧、劳动，与品牌运营者共同设计、研发、生产和提供对顾客自身有价值的产品和体验，从而提升体验价值和认知价值。品牌运营者在消费认知、熟悉、考虑和购买过程中等多个环节服务顾客需求。创造更多与顾客共创品牌的机会，围绕顾客需求提供更丰富的体验	C：日本谷物检定协会每年从外观、香气、味道、黏度、硬度、综合评价六个方面打分，评选并向全社会发布"稻米食味排名"，越光米连年被评为特 A 级大米。将越光米与文化、节日、庆典挂钩，设计各种接触点来帮助顾客提升体验。协会通过举办"生态农场活动"对大众展开环境教育、农业生态、土地伦理的教育。在碾米工厂以及农田中，提供体验型教育场所，邀请都市消费者体验稻米栽培并观察自然生态，感受自然乐趣。稻田丰收后，协会组织当地艺术家会在每年稻草节（8 月 31 日）展出利用稻草和木架制作的"雕塑"，有大水牛、恐龙、丑小鸭等各种造型，通过景点与游客互动

8.4　概念框架和研究假设

在初始概念框架"结构决定行为，行为决定绩效"的逻辑关系基础上，基于对相关文献的梳理和对三个典型的农业集群品牌的案例研究，本研究提出以下研究假设和概念化模型（见图 8 - 2）。这里需要说明的是，通过品牌与政府、产业链及消费者的互动首先会使产业方利益相关者感知到集群品牌

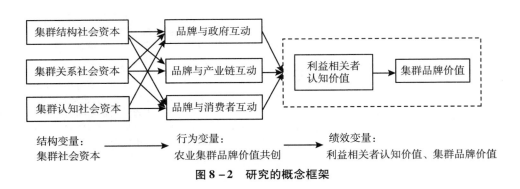

图 8 - 2　研究的概念框架

为之带来的利益和价值，并转化为最终市场上消费者对品牌的认知、判断及感受，从而实现集群品牌价值。因此，利益相关者认知价值及集群品牌价值在本研究中均属绩效变量。

现有文献表明，集群社会资本的结构维度代表了集群内主体的联结特征以及主体间的联结模式，包括了网络联系及密度、联系频率、联系质量等（Nahapiet and Ghoshal，1998）。网络密度体现了网络中各个成员间互动的紧密程度，网络密度越高，网络成员之间互动越频繁（Galaskiewicz and Wasserman，1989）。强联系是主体之间有比较紧密的联系。强联系由于主体之间联系紧密而频繁，会促使互动交流的深度和质量大大提高（Burt，2000）。农业产业集群由于先天的网络组织特征，形成农业企业、农户、合作社、行业协会、顾客、大学与科研机构、政府部门、金融机构、中介机构等构成的集群网络。访谈中我们发现网络密度越高的农业产业集群，在发展集群品牌过程中越能清楚地表明需要政府从哪些角度提供帮助，并与政府达成密切沟通，政府与集群品牌互动的程度越高，政府对集群品牌发展的支持程度越高。集群中联系密切的网络结构有利于以农业集群品牌为核心搭建互动平台，使产业链成员愿意共同解决自身或共同面对的产供销等问题。如"丽水山耕"通过"互联网＋品牌＋生态精品＋基地"整合产业链主体，向上游赋能在育种、栽培、施肥、灌溉、收割等环节指导农民，通过云计算、二维码建立原产地溯源和生产质量安全制度。向下游将所有货源与零售、餐饮采购直接对接。并通过线上线下、会展营销、"农旅结合"整合资源，构建起以"丽水山耕"集群品牌为核心的营销体系，吸引了 695 家企业加入协会，并与 1122 个产品生产基地及个体品牌达成战略合作。农业集群内主体间联系越紧密，参与主体的集体行动能力越强，可以创造更多与顾客共创品牌的机会，围绕顾客需求提供更丰富的体验。如新奇士合作社在与其组织成员的交互中，围绕"健康生活、娱乐、活力激情"等主题设计了各种体验活动，建立与顾客的感情联结。如每年开展产品创意征集活动，收集参与者创意，发现各种美食的方法以及更健康的生活方式，经过筛选后最终建立数据库。"新奇士烹饪宝典"用于各种菜单和制作方法的指导。在全世界重点销售区域开设线上线下烹饪教室，定期举办鲜果食谱比赛，分享美食经验。通过"新奇士健康生活"指导用户体验怎样通过柑橘达到瘦身、缓解压力，享受健康的生活方式。在上述研究基础上，我们提出：

H1：农业集群结构社会资本正向影响农业集群品牌与政府互动。

H2：农业集群结构社会资本正向影响农业集群品牌与产业链互动。

H3：农业集群结构社会资本正向影响农业集群品牌与消费者互动。

产业集群中各利益主体间的关系包括：同一产业链中上下游关系；在同一地理区域上相邻位置关系；拥有相同供应商、销售渠道、中介服务商、公共服务平台等共享关系；以及不同企业间的非正式合作关系（Feser and Bergman，2000）。农业集群关系性社会资本体现为集群网络主体之间形成的一种稳定关系，这种关系是建立在信任、期望、规范、互惠和合作意愿的基础上。区域品牌化尤为需要利益相关者相互间的信任与协同参与（Kavaratzis and Hatch，2013）。农业集群内部成员间的信任程度决定了彼此间的合作方式、合作程度以及合作成本。成员间如果信守承诺、遵守规则，就会使集群成员产生归属感和安全感，集群品牌的建立就更容易，也更容易规避机会主义行为，品牌愿景也更容易实现。日本新潟渔昭越光米通过"越光米宪章"对大米收割时间、面积产量、大米颗粒大小都进行严格标准化管理，通过生产者的匠心精神保障越光米的高品质，保证大米的口感、营养。集群内生产者将大米上升为一种文化，在品种选育、保护方面精益求精，成为世界高端大米的代名词。促使政府从多个角度与品牌进行互动。诸如出台的"故乡纳税"，及纳税人捐赠 1 万日元即可获赠 20 公斤越光米，捐赠上限为 3 次，相当于全额返送，实质上就是通过政府购买传播集群品牌。政府发展"周末农业"吸引都市人周末到农村种稻田，建立"市民农园"，将租金返还农户，还对都市人开展"定居支援项目"，通过举办讲座讲授稻米种植技术。案例研究表明，集群成员间高水平的信任合作关系，互惠和规范不仅促使嵌入在产业链中的利益主体关心集群品牌的建设与发展，还会在一定程度上促进品牌与消费者的互动。新潟渔昭越光米联动的一级农产品，二级和三级加工品，包括文创产品，无一不体现当地人对越光米的敬畏和对品牌的热爱。丽水人将当地人司空见惯的物产通过"丽水山耕"品牌走出大山，变为都市人的最爱，将生态优势变为生态经济，亦取决于农发公司、农户、农业企业、行业协会等产业链主体间的信任和合作。由于产业链中的利益主体实际上都是品牌与消费者的关键接触点，因此，消费者在这些接触点的体验便逐渐形成消费者的品牌知识。因此我们提出：

H4：农业集群关系社会资本正向影响农业集群品牌与政府互动。

H5：农业集群关系社会资本正向影响农业集群品牌与产业链互动。

H6：农业集群关系社会资本正向影响农业集群品牌与消费者互动。

认知社会资本通过形成成员间的共同语言、共同价值观及共同信仰，来实现根植于愿景的信任，可以促使网络成员达成一致利益，并消除机会主义行为（Ouchi，1980）。本案例选取的三个品牌皆有明确的品牌使命与品牌愿景，比如新奇士品牌始终如一地坚持向消费者提供"新鲜、健康、品质、年轻"的品牌核心价值，并通过不断创新的广告策略，在消费者心智模式中占据代表世界柑橘品类行业标准的王牌地位。其品牌形象聚焦在一代代阅历丰富的年轻人、健康的食品、灿烂的阳光、美好愉悦的生活以及农业可持续发展。这样的认知引导集群成员走向共同发展的集体行动。因此我们提出：

H7：农业集群认知社会资本正向影响农业集群品牌与政府互动。

H8：农业集群认知社会资本正向影响农业集群品牌与产业链互动。

H9：农业集群认知社会资本正向影响农业集群品牌与消费者互动。

价值共创是透过利益相关者的互动，进而跨界整合彼此的资源，进而共创价值。利益相关者有其镶嵌的资源，也必定有其要解决的问题，他们通过互动互助，一起解决个别与共同问题（Lusch，Vargo and Tanniru，2010）。因此，通过连接利益相关者的问题与资源，通过互动可以提升所有参与者对共创活动的认知价值（Pinho et al.，2014）。三个案例中农户、企业、协会、服务机构等产业组织均表示与集群品牌的合作确实帮助他们解决了很多问题。因此我们提出：

H10：农业集群品牌与政府互动正向影响利益相关者认知价值。

H11：农业集群品牌与产业链互动正向影响利益相关者认知价值。

H12：农业集群品牌与消费者互动正向影响利益相关者认知价值。

价值共创理论认为，价值由消费者使用产品或服务的体验最终决定。也就是说，价值是依据消费者使用产品或服务的感受来决定（Grönroos and Voima，2013；Ranjan and Read，2016）。而消费者最终的感受与体验还是取决于所有产业网络成员彼此间互动及竭尽所能的程度所带来的对共创战略的认知价值（Barrett，Oborn and Orlikowski，2016），即个体成员因参与集群品牌价值共创而互相合作、互相受益，而他们作为产业链各环节的重要构成，自身均是形成消费者体验的关键影响因素，他们对集群品牌价值的认知将最终变现为市场上消费者对品牌的感知价值。因此我们提出：

H13：利益相关者认知价值正向影响农业集群品牌价值。

8.5 研究方法与实证检验

8.5.1 样本选取和数据采集

研究采用方便抽样法对全国范围内包括山东、浙江、福建、山西、山东、湖北、河南等23个省份的农业集群品牌（均获得地理标志产品认证）开展调研，如庆元香菇、洛川苹果、安吉白茶、迁西板栗等品牌。涵盖果品、蔬菜、茶叶、水产、中草药、粮油、禽畜以及其他品类等各类集群品牌共105个，每一个集群品牌是一个独立样本。样本基本情况如表8-2所示。

表8-2   样本结构的描述性分析

样本特征	类型	样本量（个）	所占百分比（%）	样本特征	类型	样本量（个）	所占百分比（%）
地区	华东地区	46	43.8	品类	果品	42	40
	华中地区	16	15.2		蔬菜	11	10.5
	华北地区	17	16.2		茶叶	7	6.7
	西北地区	13	12.4		水产	9	8.6
	西南地区	6	5.7		中药材	10	9.5
	东北地区	7	6.7		粮油	9	8.6
地标产品获批时间	≤5年	29	27.6		禽畜	6	5.7
	5~10年	37	35.2		坚果	7	6.7
	≥10年	39	37.1		食用菌	2	1.9
					其他	2	1.9

农业集群品牌作为具有公益属性的特殊品牌，国内外实践中的品牌运营主体包括专业协会、合作社、平台型企业以及政府相关部门等多种机构类型，上述机构多属于非营利组织，以确保该品牌的公益属性。目前在我国其运营机构绝大多数是由政府下面的农业部门或授权行业协会、平台企

业等主体来承担，部分品牌在市场运作上已采取公司管理模式。数据采集第一步是通过对集群品牌运营机构的负责人或其他管理人员发放问卷的方式采集数据（要求答卷者非常熟悉品牌运营整体情况）。接下来请品牌运营机构提供该集群中的关键利益相关者名单（由运营机构根据手头掌握的资料提供，不代表全部），具体包括产业链上游的部分农户、农业生产加工或经营企业、农业合作社、相关协会或商会、当地政府及农业科研院所、技术指导站、合作高校、咨询、金融、保险机构等合作机构的名称及人员联系方式（具体分布见表 8 – 3）。本次问卷调查对象均来自产业方利益相关者，不包括消费者。

表 8 – 3　　　　　　　　　名单中的关键利益相关者分布　　　　　　　单位：个

分组	组别一			组别二			
利益相关者类型	部分农户	农业企业	农业合作社	相关协会或商会	当地政府	科研院所、技术中心及高校	咨询、金融机构等
名单数量汇总	2368	3156	2128	112	306	227	183
每个品牌抽样数量	1	2		2		1	
抽样总数	105	210		210		105	

全部问卷题项围绕 8 个变量而设计，被分为上半部分（包括品牌与产业链互动、品牌与消费者互动、利益相关者认知价值、农业集群品牌价值等变量的题项）和下半部分（包括集群结构社会资本、集群关系社会资本、集群认知社会资本、品牌与政府互动等变量的题项）。品牌运营主体被要求填答全部问卷，即从 8 个关键变量进行全方位测量；而利益相关者只需完成部分问卷，即农户、企业（或合作社）只需填答问卷的上半部分，当地政府、协会以及合作机构填答问卷的下半部分。

　　笔者将利益相关者分为两组（如表 8 – 3 所示），根据每个品牌所列名单，先从中抽取 2 个农业企业（或合作社）、1 位农户，构成组别一；再联系相关协会、当地政府、相关合作机构等组织各出 1 名工作人员（如果协会是品牌运营者，则由政府出 2 名），构成组别二。要求组别一的答题者各自回答一份问卷的上半部分，再要求组别二的答题者完成这三份问卷的其余部分。答题过程隐匿答题者信息。如果抽取对象不配合或无应答，再继续抽取名单中同类型的机构或人员直至获取数据。这样从利益相关方总共产生三份完整问卷。加上品牌运营主体的一份问卷，每个样本采集四份问卷（每个品牌为一个样本）。上述不同主体来源的数据经判断符合有效问卷将直接运用，不需要以样本为单位进行整合。在数据收集基础上使用结构方程模型对上述概念化模型及研究假设进行检验。问卷调查的具体说明见表 8-4。这种操作的目的有：其一，关键变量的内涵在客观上决定了提供数据主体的多元化；其二，尽量减少因方法出自同一个来源或评价者而导致的共同方法偏差；其三，保证一个独立样本能获取不同来源的四份问卷，提高问卷回收率及有效性。品牌运营机构填答的问卷与集群利益相关者的问卷除了在"利益相关者认知价值"题项上有所区别，其他题项均为一致。问卷均以电子邮件发放为主，并结合电话访谈及集群走访方式进行补充与验证。

表 8-4 问卷调查具体说明

调研主体	运营主体	关键利益相关者					
问卷调查具体对象	品牌运营机构	组别一			组别二		
		农户	企业	合作社	相关协会	当地政府	合作机构
单样本作答人数	1	1	2		2		1
问卷作答情况	整体问卷	部分问卷（上半部分）	部分问卷（上半部分）		部分问卷（下半部分）		部分问卷（下半部分）
问卷份数	105	315					

注：调研工作从 2018 年 7 月至 2019 年 4 月，共发放问卷 420 份，回收 393 份，其中有效问卷 379 份，有效回收率为 90.2%。

至于共同方法偏差的控制，事先采取了在问卷设计及测量过程的程序控制法，即问卷采集对象出自不同评价者、分不同时间采集、打乱题项顺序等。

因此，共同方法偏差可以忽略。

8.5.2 变量测量

（1）集群社会资本：本研究将集群社会资本划分为结构、关系和认知三个维度，并参考社会资本实证研究量表设计题项（Nahapiet and Ghoshal，1998）。其中集群结构社会资本包括"从事产业中彼此间有联系的组织数量多、各主体彼此间联系相当频繁"两个测量题项；集群关系社会资本包括"与从事产业中很多组织有长期合作关系、与合作组织长期彼此信任、与合作组织合作紧密、与合作组织关系良好"等四个测量题项；集群认知社会资本包括"与合作对象确立了基本沟通准则、对集群品牌核心价值达成共识、集群内成员树立了共同创造品牌的理念、集群内成员以建立强势集群品牌为共同愿景"等四个测量题项。

（2）农业集群品牌价值共创：根据案例研究结论，将农业集群品牌价值共创分为品牌与政府互动、品牌与产业链互动以及品牌与消费者互动。借鉴价值共创概念的理论研究（Epp and Price，2011；Rowley，Kupiecteah-an and Leeming，2007）、案例研究、实证量表（Zhang and Chen，2008），上述三个维度的测量题项分别如下：品牌与政府互动包括"政府通过资金支持推进农业集群品牌建设、政府经常举办各种展会和交流活动推广农业集群品牌、政府通过严格监管确保品牌背书的农产品质量"三个题项；品牌与产业链互动包括"农业集群品牌有明确的品牌经营主体、集群内搭建了品牌建设的互动平台、与集群品牌有联系的参与成员通过相互合作彼此获益"等三个题项；品牌与消费者互动包括"品牌运营者使用各种方式与顾客接触、品牌运营者鼓励顾客参与到种植（养殖）加工以及销售各环节"两个题项。

（3）利益相关者认知价值：该测项根据答题对象有所区别。借鉴研究斯匹德瑞和蒂恩（Spiteri and Dion，2004）的量表并结合案例研究结论，利益相关者认知价值测量题项如下（品牌运营机构的问卷）："我们的合作者相信集群品牌能够提供受到消费者青睐的优质农产品；我们的合作者认为他们和集群品牌有共同的价值观并共享专业技能；我们的合作者认为集群品牌和他们建立了良好的合作关系；总体而言，我们的合作者认为参与集群品牌建设对他们是有好处的"。利益相关者认知价值测量题项如下（集群利益相关者的问卷）："我们相信集群品牌能够提供受到消费者青睐的优质农产品；我们认为和集群品牌有共同的价值观并共享专业技能；我们认为集群品牌和我们建立了良好的合作关系；总体而言，我们认为参与集群品牌建设对我们是有好处的。"

目前学术界关于品牌价值的测量多数采用基于顾客的品牌认知度、美誉度及忠诚度等指标进行评估（Keller，1993），但由于本研究调研对象所限，没有进行消费者调研获取数据。考虑到集群品牌价值问项的答题对象是品牌运营者、农业企业及农户，均是在市场前线接触消费者的人员，能够对品牌的市场表现能做出较为准确的判断。因此将他们对品牌在顾客心智中的地位和接受程度的判断作为集群品牌价值的替代测量指标。参考巴姆格斯和斯密德（Baumgarth and Schmidt，2010）的实证研究量表，集群品牌价值测量题项如下："顾客愿意花更高的价格购买我们的品牌；顾客认为我们的特色农产品是独一无二的；顾客愿意将品牌推荐给其他人；顾客愿意与品牌建立长期关系"。

8.5.3　量表的信度和效度

本研究选取的测量条目均在借鉴国内外文献基础上，通过对运营机构管理人员的调研和探讨，经由领域专家评判设计题项符合测量目的和要求，因此具有表面效度。接下来进行量表信度和效度的统计检验，表 8－5 显示，各问项在每个概念上的标准化载荷均大于 0.6，有关研究建议最低临界水平为 0.60。结果显示对于所有测量指标，标准化因子载荷均明显高于该值，而且都具有较强的统计显著性（P 小于 0.005），充分显示问卷具有较好的内敛效度；接下来考察 AVE 值，即潜在变量之平均变异抽取量（average variance extracted，AVE），AVE 值应大于 0.5，这意味着解释了问项 50% 以上的方差。本研究每个潜变量的 AVE 均大于 0.5；一致性信度检验基于 Cronbach's α 系数，本研究所有量表的 Cronbach's α 系数（介于 0.766～0.865 之间）均在临界水平 0.7 以上；潜变量的组成信度（CR）是其所有观测变量的信度的组合，该指标用来分析潜变量的各观测变量间的一致性，0.7 以上表明组成信度较好，每个潜变量的 CR 值均大于 0.70。

表 8 – 5　验证性因子分析结果：潜变量及其测度指标、综合信度以及 AVE 值

概念（潜变量）与测度变量（外显变量）	因子载荷	T 值	Cronbach's α	CR	AVE 值
集群结构社会资本（SC）			0.865	0.898	0.605
（SC1）从事产业中彼此间有联系的组织数量多	0.85				
（SC2）各主体彼此间联系相当频繁	0.85	19.00			
集群关系社会资本（RC）			0.795	0.812	0.661
（RC1）与从事产业中很多组织有长期合作关系	0.88				
（RC2）与合作组织长期彼此信任	0.69	15.60			
（RC3）与合作组织合作紧密	0.84	21.25			
（RC4）与合作组织关系良好	0.84	21.54			
集群认知社会资本（CC）			0.803	0.849	0.519
（CC1）与合作对象确立了基本沟通准则	0.92				
（CC2）对集群品牌核心价值达成共识	0.73	16.55			
（CC3）集群内成员树立了共同创造品牌的理念	0.70	15.69			
（CC4）集群内成员以建立强势集群品牌为共同愿景	0.64	13.75			
品牌与政府互动（BG）			0.787	0.834	0.729
（BG1）政府通过资金支持推进农业集群品牌建设	0.93				
（BG2）政府经常举办各种展会和交流活动推广农业集群品牌	0.88	26.67			
（BG3）政府通过严格监管确保品牌背书的农产品质量	0.89	27.34			
品牌与产业链互动（BI）			0.847	0.885	0.514
（BI1）农业集群品牌有明确的品牌经营主体	0.95				
（BI2）集群内搭建了品牌建设的互动平台	0.90	32.44			

概念（潜变量）与测度变量（外显变量）	因子载荷	T 值	Cronbach's α	CR	AVE 值
（BI3）与集群品牌有联系的参与成员通过相互合作彼此获益	0.94	36.93			
品牌与消费者互动（BC）			0.766	0.819	0.631
（BC1）品牌运营者使用各种方式与顾客接触	0.92				
（BC2）品牌运营者鼓励顾客参与到种植（养殖）加工以及销售各环节	0.87	20.89			
利益相关者认知价值（PV）			0.848	0.876	0.659
（PV1）我们的合作者相信集群品牌能够提供受到消费者青睐的优质农产品（我们相信集群品牌能够提供受到消费者青睐的优质农产品）	0.95				
（PV2）我们的合作者认为他们和集群品牌有共同的价值观并共享专业技能（我们认为和集群品牌有共同的价值观并共享专业技能）	0.92	35.23			
（PV3）我们的合作者认为集群品牌和他们建立了良好的合作关系（我们认为集群品牌和我们建立了良好的合作关系）	0.89	30.37			
（PV4）总体而言，我们的合作者认为参与集群品牌建设对他们是有好处的（总体而言，我们认为参与集群品牌建设对我们是有好处的）	0.87	28.98			
集群品牌价值（CBV）			0.851	0.895	0.779
（CBV1）顾客愿意花更高的价格购买我们的品牌	0.93				
（CBV2）顾客认为我们的特色农产品是独一无二的	0.84	24.01			
（CBV3）顾客愿意将品牌推荐给其他人	0.81	22.44			
（CBV4）顾客愿意与品牌建立长期关系	0.78	20.42			

接下来进行判别效度检验，若模型中每个 AVE 的平方根大于该概念与其他概念的相关系数，则称此问卷具有高的判别效度（Fornell and Larcker，1981）。从表 8 – 6 中的有关数字可以看出，对角线上的 AVE 值平方根均大于对角线左下角的相关系数，充分体现了本书中的概念具有良好的判别效度。

表 8 – 6　　　　　　　　　相关系数矩阵与 AVE 的平方根

项目	集群结构社会资本	集群关系社会资本	集群认知社会资本	品牌与政府互动	品牌与产业链互动	品牌与消费者互动	利益相关者认知价值	集群品牌价值
集群结构社会资本	0.778							
集群关系社会资本	0.536	0.813						
集群认知社会资本	0.684	0.521	0.721					
品牌与政府互动	0.523	0.547	0.529	0.854				
品牌与产业链互动	0.551	0.336	0.510	0.317	0.717			
品牌与消费者互动	0.454	0.522	0.531	0.374	0.451	0.794		
利益相关者认知价值	0.528	0.465	0.315	0.548	0.522	0.454	0.812	
集群品牌价值	0.503	0.469	0.503	0.488	0.605	0.596	0.485	0.883

8.5.4　假设检验

本研究利用 Lisrel 8.7 软件，采用全模型分析技术对提出的概念模型进行进行了验证。运行结果显示出模型表现出很好的整体拟合优度：模型的整体适配度统计中，卡方值为 493.81，显著性概率为 P = 0.317 > 0.05，故接受虚无假设，即模型协方差矩阵等于样本协方差矩阵，说明模型拟合很好。χ^2/df = 1.745，介于 1 ~ 3 之间。RMSEA = 0.088，小于 0.1 的临界值。RMSEA 低于 0.1 表示好的拟合；低于 0.05 表示非常好的拟合。模型其余各项拟合指标为：NFI = 0.92，NNFI = 0.93，CFI = 0.93，IFI = 0.94，GFI = 0.91，AGFI = 0.92，均大于 0.9 的临界水平。PGFI = 0.76，PNFI = 0.86，均大于 0.5 的临界水平。各项适配指标基本都符合适配标准，因此模型达到了可以接受的标准。本模型整体拟合度良好，可以用来检验文中提出的理论假设。

模型分析结果如图 8-3 所示，通过显著性检验的回归路径均在图中以实线标注，未通过显著性检验的回归路径在图中以虚线标注。路径箭头附近的数字表示标准化路径系数，括号内为 t 值。除假设 H6 没有通过显著性检验，即农业集群关系社会资本对集群品牌与消费者互动影响不显著（β = 0.03；t = 0.52；p > 0.05），模型中其他假设路径均达到显著性水平（显著性水平为 0.05，β 在 0.21 ~ 0.82 之间，T 值在 3.80 ~ 21.38 之间），获得实证数据的支持。

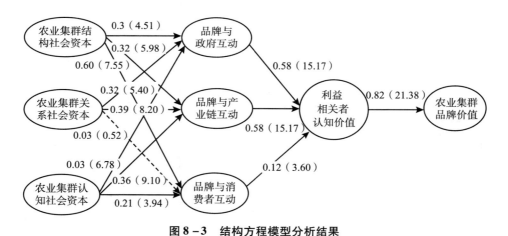

图 8-3　结构方程模型分析结果

注：Chi-Square = 493.81，df = 283，P-value = 0.31682，RMSEA = 0.088。

8.6　研究结论与启示

8.6.1　研究结论

本研究通过对品牌价值、价值共创、集群社会资本以及农业集群品牌的文献梳理和理论整合，以及对三个典型农业集群品牌的案例研究，提出农业集群品牌价值的驱动因素模型，引入农业集群社会资本这一驱动变量，对农业集群品牌价值实现的内在机制提供了理论阐释。实证结果表明：第一，整体而言，集群社会资本与集群品牌价值共创等变量对农业集群品牌价值形成具有较强的理论解释力，即丰裕的农业集群社会资本会促进农业集群品牌价值共创的实现，并通过作用于利益相关者的认知价值最终使农业集群品牌价值提升。第二，农业集群品牌价值共创是一个品牌与集群内关键利益相关者彼此交互、有效互动的协作过程。具体包括品牌与政府互动、品牌与产业链互动以及品牌与消费者互动等三个界面的品牌价值共创活动，上述三个界面高频次有规律的互动可以串联起集群品牌建设所需的各种资源，并形成价值共创平台，提高利益相关者对集群品牌的认知价值，愿意聚合在集群品牌旗下共同努力，形成彼此有益的互动互助关系，愿意一起解决个别与共同问题，从而最终实现集群品牌在市场中的认知度、美誉度及忠诚度。第三，农业集群品牌价值共创的实现有赖于创建一个让每一个利益相关者通过集体行动共同发力的环境，才能促使大家协同作战从而共同受益。研究表明，集群社会资本的培育是农业集群品牌价值实现的本源驱动力，但集群社会资本对农业集群品牌价值的影响必须通过品牌价值共创作为中介变量发挥作用。具体而言，集群社会资本包括结构性、关系性和认知性社会资本三个维度，分别作用于集群品牌与政府互动、集群品牌与产业链互动以及集群品牌与消费者互动。在本次研究中，关系社会资本正向影响农业集群品牌与消费者互动这一假设未通过检验，究其原因，可能是现阶段中国农业集群品牌实践中这两个维度的表现都程度不高，因此尚未显现出显著的正向关系。

不同于以往将企业个体品牌作为研究对象来探讨品牌价值的文献

（Jones，2005；Gyrd-Jones and Kornum，2013；Gregory，2007；卫海英、姚作为、梁彦明，2010），本研究首次聚焦于农业集群品牌的价值实现路径与机制，专门针对这种具有地缘性、伞品牌、公共物品、第三方治理等典型特征（Tregear and Gorton，2009）的特殊品牌价值实现问题进行了系统化的理论研究和实证探索。对学者们提出的该品牌建设过程中无法规避的"搭便车"现象和公地悲剧等挑战（Tregear and Gorton，2009）做出回应，发现了用集群社会资本来解决集体行动困境的现实路径。同时也支持了学者们提出的集群社会资本可以促进产业集群发展和绩效的研究结论（Iyer，Kitson and Toh，2005；刘中会、刘力臻，2009）。但目前文献尚未将集群社会资本纳入农业集群品牌价值实现机制的研究框架。本章整合相关研究理论在定性及定量研究基础上，发现集群社会资本作为关键变量可以驱动农业集群品牌价值实现。

以往研究虽已发现品牌价值取决于系统中的利益相关者彼此间的互动这一重要结论（Ramaswamy and Gouillart，2010），但品牌价值共创这一关键构念尚停留在理论思辨与概念呈现阶段，缺乏操作化定义及实证检验。本研究在学术界有关价值共创内涵（Ramaswamy and Gouillart，2010；张婧、邓卉，2013；Gronroos，2012）的研究基础上，通过案例研究首次界定了农业集群品牌价值共创的操作化定义，对其重要维度进行划分并开发出相应的测量工具，通过相关统计检验，为农业集群品牌价值共创提供了测量工具，该量表也可以为将来品牌价值共创领域的研究提供参考。

本章研究首次对集群社会资本、农业集群品牌价值共创及品牌价值的关系进行了实证探索，建立起反映"集群社会资本－农业集群品牌价值共创－品牌价值"变量间因果关系的研究框架。发现集群社会资本的培育是农业集群品牌价值实现的本源驱动力，但集群社会资本对农业集群品牌价值的影响必须通过品牌价值共创作为中介变量发挥作用。集群社会资本作为驱动变量首先促使品牌价值共创行为产生，通过品牌与政府、品牌与产业链以及品牌与消费者等三个界面的互动活动，产生利益相关者感知的品牌价值，最终促使农业集群品牌价值实现。这一研究成果直接回应了米特斯等（Merz，He and Vargo，2009）提出的研究建议，即多重利益相关者的品牌价值协同共创活动是品牌价值的重要来源。本书努力整合现有研究成果，以全新的理论视角在农业产业集群社会资本（Adler and Kwon，2002；Nahapiet and Ghoshal，1998）、品牌价值共创（Gronroos，2012）以及品牌价值（Jones，2005）等不同领域的研究之间建立有机联系，解释了农业集群品牌这种特殊品牌的价值成因，发现了上述变量之间的作用机制，提供了综合性的理论解释框架。

8.6.2 研究启示

第一，提升农业产业集群社会资本可以促进集群品牌价值共创。集群社会资本作为一种公共物品，包含集群内成员间联系的数量和结构、关系网络、信任、规范、共同的价值观等，均是可以培育和发展的。良好的充分发展的集群社会资本是农业集群品牌价值实现的必要条件。因此，当地政府应关注农业产业集群的战略规划与品牌发展战略，构建具有高度产业关联的集群网络系统，培育和发展产业集群内部成员间的关系网络，促进信息交流，提升信任水平，加强规范建设，增加利益相关者对集群品牌使命及品牌核心价值的理解，打造利益共同体，实现品牌价值共同创造的合作愿景。

第二，农业集群品牌管理者应努力建立品牌与政府、产业链相关主体以及消费者等关键利益相关者之间的强有力的互动。首先，这种具有"公共物品"特征的品牌建设需要当地政府的适度介入。需要政府从政策资源供给、行政手段支持、知识产权保护等方面营造最佳的品牌发展环境，必要时在品牌创建阶段需发挥主导作用，规划品牌战略、扶持品牌推广、明确产权关系，顺势而为。其次，需要通过品牌与产业链相关主体的互动搭建一个产业平台，使产业伙伴能紧密团结在集群品牌旗下，以集群品牌的核心价值、使命及发展战略作为个体的行动纲领，大家即时沟通，彼此经常交流和学习，建立积极的情感，分工合作，提高合作效率，共同面对和解决自身或共同面临的问题，齐心协力共同创牌，抱团出击，从而实现品牌价值共赢。最后，必须通过品牌与顾客的互动实现"动而感之"，让顾客在不知不觉的参与和互动中，记住并主动寻求消费。通过消费者的深度参与、体验及消费过程，使其获得兴奋感、愉悦感以及自我成就感，从而实现顾客承诺及品牌依恋。

第三，农业集群品牌价值实现路径必须通过利益相关者对品牌价值的感知和认同才能最终变现为市场价值。这说明需要集群中的每个个体、每个组织、每个层次形成集群内部的最大合力，他们要对集群品牌高度认同和热爱，严格遵守品牌宗旨和集群规范，使消费者在每一体验环节均能够强化品牌认知和品牌记忆，只有每个成员竭尽所能守护集群品牌才能实现品牌价值的最大化。

第 9 章

结论与展望

【本章提要】在本章中，我们首先对本书的结论进行总结，然后对本研究的学术价值和实践意义进行说明，最后指出本研究的不足，并对学术界今后的研究方向提出一些建议。

9.1　研究结论

迄今为止，有关农业集群品牌价值实现的问题始终是学术界和实践界广泛关注的问题。但时至今日，对此问题还有待于做进一步的理论与实证研究。本研究在前人理论研究的基础上，围绕"农业集群品牌""品牌价值共创""集群社会资本""品牌价值"等关键词深入剖析"农业集群品牌价值共创机理"核心命题，对农业集群品牌价值共创进行了理论溯源和实践合法性的研究，在案例研究基础上，发现农业集群价值共创的要素和过程，找到农业集群品牌价值共创的本质和关键构成维度，建立起有关农业集群品牌价值共创内涵和机理的理论框架，挖掘农业集群品牌经营主体价值共创行为产生的内在动因，找到该行为发生的内在原因和外部条件。将集群社会资本作为外部驱动因素，将集群品牌价值共创作为中介变量，构建农业集群品牌价值的驱动因素模型并进行实证检验。具体研究结论如下：

1. 农业集群品牌价值共创的运作过程是一个闭合循环、螺旋式上升的过程，识别利益相关者、平台搭建、资源整合、参与者互动、制度及规范建设、服务生态系统打造等六个维度构成全部循环运动依次经过的阶段。

农业产业集群价值共创是指在地理上相互邻近的农产品生产者、农业合作社、加工企业、物流企业、销售机构等农业相关组织或个人在长期合作、互补和竞争中，通过资源整合和彼此互动形成一个有机的服务生态系统，在制度及规范约束下共同创造价值。该系统将上述利益主体在农业生产运作直至最终消费过程中存在的问题、资源串联在一起，通过彼此互动、信息交流、资源整合寻求问题解决方案并提升整个网络价值。农业产业集群价值共创的三要素包括角色、平台和动作。价值共创的过程包括：识别利益相关者、平台搭建、资源整合、参与者互动、制度及规范建设、服务生态系统打造。农业产业集群服务生态系统建设管理既是价值共创的前提，又是价值共创的结果。

2. 农业集群品牌价值共创需通过有组织的科学规划和系统运作搭建服务平台，这是品牌价值共创的基础。需平台领导者通过与利益相关者在对话、获取、风险评估和透明性四大模块上的交互共同创造品牌价值。

本项研究以茶叶集群品牌价值共创为研究主题，以安吉白茶品牌为研究对象，运用单案例研究方法，探讨了服务平台、公共品牌价值共创活动以及品牌绩效等构件的内涵以及它们之间的相互作用机制。研究表明，服务平台包括有形模块和无形模块两部分，是集群品牌价值共创的基础；集群品牌价值共创是平台领导者通过与利益相关者在对话、获取、风险评估和透明性四大模块上的交互共同创造品牌价值；茶叶产业中多重利益主体的品牌价值共创活动会导致集群品牌绩效的改善。

3. 农业集群品牌价值共创本质上可以理解为集群品牌与关键利益相关者的互动，具体包括品牌与政府互动、品牌与产业链相关主体互动及品牌与顾客互动；上述三个层面的互动分别通过政府信誉价值、产业链价值和顾客关系价值决定了农业集群品牌价值。

本项研究依据扎根理论研究范式，建立一个全面解释有关农业集群品牌价值共创内涵和机理的理论框架，归纳出农业集群品牌价值共创构成维度的重要概念及其对品牌价值影响的相关命题，自上而下构建了该过程的理论框架，形成扎根于品牌实践的"品牌与政府互动""品牌与产业链互动""品牌与顾客互动"的农业集群品牌价值共创过程模型。研究发现：农业集群品牌与政府的互动效果取决于政府的促进者角色定位，需要政府适度介入品牌建设；农业集群品牌与产业链互动的关键变量是产业服务生态系统的营造，品牌运营主体通过提供服务生态系统（为演员提供有组织的结构）和服务平台（为资源提供一个有组织的平台），用包括能力、关系和信息在内的三位一体形式的资源把产业中的重要社会经济角色连接在一起，通过共享的价值观、参与者导向、自组织构建以及软硬件配置成就高效的产业平台，使产业中合作者的关系达成互动互助，大家共同解决个别或共同问题；农业集群品牌作为具有公益性质的品牌，也必须通过与顾客的深度互动实现"动而感之"，让顾客在不知不觉的参与和互动中，记住并主动寻求消费。

4. 在扎根理论研究基础上通过计划行为理论进行回归，发现知觉行为控制、共创态度、主观规范及价值共创意愿等四个主范畴是农业集群品牌经营主体发生价值共创行为的主要内在驱动因素。

本研究探索性地分析了农业集群品牌经营主体价值共创行为的内涵、内在驱动因素及作用机理，并通过计划行为理论进行了理论回归。农业集群品牌经营主体价值共创行为的内在驱动因素分别是：①知觉行为控制。是行为主体感知达成行为的难易程度，包括资源禀赋、核心能力、强势品牌、集群结构洞四个维度。②共创态度。体现了行为主体的内在因素，包括系统思考、信任机制、学习机制、构建利益共同体、文化培育五个维度。③主观规范。从外部环境的影响上反映了行为主体感受到的社会压力，包括市场竞争压力、政府产业政策导向、消费者期许、利益相关者合作意愿五个维度。④价值共创意愿。它是农业集群品牌经营主体价值共创行为的直接驱动，包括品牌战略使命、共同解决问题两个维度。因此，农业集群品牌经营主体价值共创行为是品牌经理人基于农业集群内外环境分析而安排的品牌经营活动的总和，是一个有计划的理性选择。

5. 集群社会资本的培育是农业集群品牌价值共创的本源驱动力；集群社会资本与集群品牌价值共创等变量对农业集群品牌价值形成具有较强的理论解释力。

农业集群品牌价值的形成过程是集群品牌运营者和品牌利益相关者（当地政府、农户、企业、合作社、顾客、中介组织、金融机构、大学等科研机构等）共同创造的过程。通过产业系统内形成的某种组织关系培育彼此间的联系、信任、规范、共同认知等社会资源，驱动相关利益主体与集群品牌有规律地互动，实施品牌价值共创行为，通过与品牌的互动使农业集群品牌成长壮大的同时，使利益相关者实现个体目标并获得收益，提升整体品牌价值。因此，丰裕的农业集群社会资本会促进农业集群品牌价值共创的实现，并通过作用于利益相关者的认知价值最终使农业集群品牌价值提升。集群社会资本包括结构性、关系性和认知性社会资本三个维度，分别作用于集群品牌与政府互动、集群品牌与产业链互动以及集群品牌与消费者互动。集群社会资本的培育是农业集群品牌价值共创的本源驱动力。

9.2 研究的理论贡献和实践意义

9.2.1 研究的理论贡献

1. 发现了农业产业集群价值共创的构成要素和过程。

通过理论演绎和案例分析，揭示了农业集群品牌价值共创的关键构成和运作过程，打开了农业集群品牌价值共创如何实现的理论"黑箱"，丰富和拓展了品牌价值共创在农业领域的相关研究。本研究以农业产业集群价值共创到底是一个什么样的过程、关键构成要素有哪些、服务生态系统与价值共创是什么关系等问题为研究切入点，基于新奇士橙和安吉白茶等农业集群品牌的商业实践活动，围绕"农业产业集群价值共创的构成要素和过程"这一核心问题来开展研究。研究表明，农业产业集群价值共创三大构成要素包括角色、平台和动作，这三大要素被分解为识别利益相关者、平台搭建、资源整合、参与者互动、制度及规范建设、服务生态系统打造等六个维度。服务平台搭建包括有形模块和无形模块两部分，是农业集群品牌价值共创的基础。农业集群品牌价值共创是平台领导者通过与利益相关者在对话、获取、风险评估和透明性四大模块上的交互共同创造品牌价值。

2. 揭示了农业集群品牌价值共创的内涵。

在对品牌价值共创这一概念内涵进行梳理的基础上，结合农业产业集群的特定情境，揭示了农业集群品牌价值共创的特定内涵：即集群品牌与关键利益相关者通过互动整合彼此所拥有的资源，在制度及制度安排的约束和协调下，在服务生态系统中共同创造价值。该定义重点关注集群品牌与关键利益相关者的互动过程，具体包括品牌与政府互动、品牌与产业链相关主体互动及品牌与顾客互动等三大维度，拓展了该领域的研究。

本研究在全面梳理相关理论和案例研究基础上，考察了农业集群品牌价值共创的本质和关键构成维度，并根据实地访谈和专家讨论建议，将农业集群品牌价值共创区分为三个维度。然后对每个维度的具体内涵进行了界定，对每个维度的测量进行了情境化的修订，并结合因子分析检验了其信度和效度。结果表明，农业集群品牌价值共创的三维度划分是合理的。本研究是在农业集群情境下对现有品牌价值共创相关研究的进一步深化和补充，是对理论的进一步拓展。

3. 构建了农业集群品牌价值共创的农业集群品牌价值经营主体共创行为的内在动因模型。

农业集群品牌经营主体价值共创行为是农业集群品牌经营主体与利益相关者之间以及利益相关者彼此之间交流合作、资源共享及协调配置的过程。无论品牌经营主体还是利益相关者，价值共创行为的发生是共创实践履行的必要条件。只有品牌经营主体身先士卒，才能够带领价值系统内所有利益相关者融入其中开展价值共创的行为活动。目前从现有文献中尚未发现对农业集群品牌经营主体价值共创行为的内在驱动因素及其机理进行系统的理论研究。本研究引入计划行为理论，通过扎根理论进行定性研究，发现知觉行为控制、共创态度、主观规范及价值共创意愿四个因素对农业集群品牌经营主体价值共创行为存在显著影响，构建了农业集群品牌价值共创的农业集群品牌价值经营主体共创行为的内在动因模型。上述研究说明，在农业产业集群中培育强有力的知觉行为控制的品牌经营主体、从多维度改善农业集群品牌经营主体的共创态度、从多维度控制农业集群品牌经营者所感知的主观规范水平，均可显著提升农业集群品牌经营者的价值共创意愿，从而驱动品牌价值共创行为的实现。

4. 尝试性的构建了农业集群品牌价值的驱动因素模型，对"集群社会资本－农业集群品牌价值共创－品牌价值"三个变量之间的关系进行了实证研究。

迄今为止，部分学者对农业集群品牌价值实现问题虽然做了一定的研究，但将社会资本作为驱动变量，探讨"集群社会资本——农业集群品牌价值共创——品牌价值"三者之间定量关系的研究尚属空白。本研究整合相关研究理论，将农业集群社会资本纳入农业集群品牌价值共创机制的研究框架，发现集群社会资本作为驱动变量可以促进品牌价值共创实现，而且必须通过利益相关者对品牌的认知价值，才能最终形成农业集群品牌价值。在产业集群社会资本、品牌价值共创以及品牌价值等不同领域的研究之间建立有机联系，解释了农业集群品牌这种特殊品牌的价值成因，发现了上述变量之间的作用机制。上述研究所采用的方法以及产生的结论无疑会对我国农业产业理论创新与实践发展提供理论指导和实证依据。

9.2.2 研究的实践意义

1. 加快构建新型农业经营体系，推进农业产业集群中龙头企业转型升级，积极培育价值共创战略的主导者。将重要的利益相关者囊括进来，创建一个令所有集群内组织与成员共赢的服务生态系统。

现阶段我国农业产业集群必须加快构建新型农业经营体系，推进农业产业集群中龙头企业的转型升级，积极培育价值共创战略的主导者，并将其定位于为集群所有利益相关者服务以及守护产业发展方向的组织。重新对集群中行动者的角色关系进行安排部署，将重要的利益相关者囊括进来参与价值共创活动并从中获益，创建一个令所有集群内组织与成员共赢的服务生态系统。通过价值共创将科技、农资、物流、金融、零售、政策等在内的涉农生产服务资源全部加以整合，实现对农业产业集群所有利益相关者的整体开发和全面服务，形成强大的产业引擎，通过精准农业、精深加工、现代营销达成集群农产品供给和消费需求的畅通对接，从而保障集群中相关经营主体互利共生与合作共赢。

农业产业集群价值共创战略的实施可采取以下步骤：确定服务生态系统涉及的利益相关者；提供价值主张、建立互动平台；将集群利益相关者拥有资源进行分解并嵌入系统，确保各方能从价值共创活动中获益；制定参与者的互动策略，主动调节各种可控的互动行为，使互动行为持续化、有序化，共同寻找解决问题的办法；不断完善制度与规范建设，使成员间资源共享及交互的方式、内容以及程度通过将成员间的关系制度化而得到保障，保障价值系统履行对所有利益相关者的价值承诺；建立起一个具有 A2A 导向、成员拥有共享的价值观的服务生态系统，发挥集群的协同效应以实现价值共创。

2. 地方政府应从产业整体利益出发，整合资源、搭建服务平台，并着力培育行业领导品牌，促使其成长为平台领导企业，驱动农业集群品牌的价值共创，最终获得集群品牌绩效的快速提升。

地方政府可以作为公共利益的代表，从产业整体利益出发，整合资源，从农业要素市场、标准、金融、渠道、品牌传播、信息化建设等方面协助搭建服务平台，并着力培育龙头企业打造行业领导品牌，使其在竞争中脱颖而出，成长为平台领导企业。界定清楚平台的框架、界面、竞争关系及知识产权。平台领导企业应将自身定位于是融合技术、产业管理、集群品牌运营、产业链服务以及互联网的综合服务供应商，其服务的重心是为产业各个利益相关者提供满意的体验。品牌价值共创活动的实施可以先从行业内龙头企业联合自身价值链成员通过对话、获取、透明性及风险评估进行高效互动入手，获取企业个体品牌竞争优势，逐渐获取平台领导者地位。待取得经验后逐步扩大范围，吸引产业成员加入，与各种类型合作伙伴在对话、获取、透明性及风险评估等方面建立多样化联结，激发他们参与价值共创的动机，提供各主体参与价值共创的机会和途径，满足各方参与者的需要并使其不断获益，建立起"收益共享、风险共担"的利益共同体，通过持续交互建立起彼此之间的信任，驱动农业集群品牌的价值共创，最终获得集群品牌绩效的快速提升。

3. 农业集群品牌价值共创应从集群品牌与关键利益相关者之间的互动界面着手实施，具体包括品牌与政府互动、品牌与产业链相关主体互动及品牌与顾客互动。

农业集群品牌与政府的互动效果取决于政府的促进者角色定位，需要政府适度介入品牌建设。政府的品牌思维是决定其促进者角色定位的关键变量，这就要求政府层面需要了解品牌本质、品牌存在的意义以及品牌建设的规律。而政府的品牌治理意识是促进者角色能够恰当定位的重要条件，即通过培育强势的行业协会、扶持行业龙头企业，充分地赋能授权，尊重利益主体，鼓励多方积极参与，化解冲突来确保政府在品牌发展中的促进者角色作用的正确发挥。农业集群品牌与产业链互动可以把产业中的重要社会经济角色连接在一起，使产业中多方合作者达成互动互助，大家共同解决个别或共同问题。决定这一系统效率的重要影响因素是品牌治理安排，即确保集群品牌"所有者到位"、明确品牌运营主体、嵌入明确具体的规则、确立严格的质量标准、均衡各方利益。而良好的充分发展的社会资本是该系统发力的必要条件，即通过集群内部的规范、相互信任与合作、共享有价值的信息、避免合作方的机会主义行为，促进产业内部共同承担风险、齐心协力共同发展。农业集群品牌还必须通过与顾客的深度互动，使顾客记住品牌并主动寻求消费。该层面的互动取决于顾客互动系统的完备程度，包括打造品牌与顾客接触、对话、沟通、交流的平台，互动机会的创造，激发参与意愿，通过设计和优化品牌与顾客的接触点让顾客把自己代入品牌中，参与产品研发、生产或消费过程，使消费者获得幸福感、愉悦感以及自我成就感，实现顾客忠诚及品牌共鸣。

4. 政策制定者和管理者必须着力在农业产业集群中培育强有力的知觉行为控制的品牌经营主体，从多维度改善农业集群品牌经营主体的共创态度，并从多维度控制农业集群品牌经营者所感知的主观规范水平。

农业集群品牌的"地域专属性"构成农业集群品牌定位的物质基础和知觉行为控制的资源根基。通过构筑独特的品牌成长模式，将集群的诸多特征如代际传承的农业耕作方式、种植知识的根植性、农户与品牌经营主体的关系契合等特色资源、要素、关系转化为品牌核心能力。围绕品牌核心价值制定一套农业集群品牌创建的计划和策略，突出品质管理，全方位不间断地传播品牌所代表的信息。使该品牌不但被消费者钟情，也使集群内众多利益相关者支持和热爱。而对处于集群网络结构洞位置的品牌经营主体的有预期地进行培育是价值共创行为发生的关键点。

发展农业集群品牌经营主体的系统思考能力。从整体上对各种力量及相互关系进行思考，培养品牌经营主体对相互依存关系、影响力及变化的理解与决策能力，使其能够洞察系统结构，寻到通过价值共创促使品牌发展壮大这一杠杆解。对农业集群系统内的构成、影响各利益主体彼此间信任的关系管理机制进行培育。通过契约形式、改变认知、达成共识、建立联盟等各种途径建立信任机制，促进合作共建。建构农业集群的学习机制。品牌经营者不仅要依靠既有的知识积累进行研发创新，还要与重要利益相关者建立广泛的知识联系，加强与核心成员间的学习，与当地大学、研发机构进行合作，获得辅助成员支持。建构唇齿相依的集群利益共同体，与集群网络内部的成员通过合同制等契约或非契约方式建立强有力的价值联盟，真正做到风险共担、利益共享、平等互利，尤其注意通过制度设计确保农户利益。对农业集群文化进行培育。建立农业集群利益相关者对集群内文化显著特征的集体认同，并内化为集群内人们认同的价值观。在消费市场上，使消费者在心灵深处形成潜在的文化认同、情感眷恋和隽永记忆。

确立有序竞争的市场规则。一方面必须通过有效的品牌治理制度设计来控制机会主义行为，另一方面通过提高集群进入壁垒、建立品牌战略联盟、鼓励创新行为等措施建立公平有序的竞争环境。使农业集群网络中充斥着竞争与协作意识、对技术创新渴望等。明确政府角色定位，提供集群发展所需的公共服务。加强与消费者的互动沟通，满足消费者参与价值共创的愿望，激发其对品牌价值创造的主动参与，增加消费者的品牌感知价值，并运用消费者资源创建品牌优势。激发农户以及其他利益相关者的合作意愿。建立具有共同目标、遵守共同规则、具有良好关系、公开透明的合作氛围，公平分配合作收益，使农户和其他利益相关者发自内心地产生强烈的合作意愿。

5. 努力提升农业产业集群社会资本，以促进集群品牌价值共创，最终提升品牌价值。

当地政府应关注农业产业集群的战略规划与品牌发展战略，构建具有高度产业关联的集群网络系统，培育和发展产业集群内部成员间的关系网络，促进信息交流，提升信任水平，加强规范建设，增加利益相关者对集群品牌使命及品牌核心价值的理解，打造利益共同体，实现品牌价值共同创造的合作愿景。农业集群品牌管理者应努力建立品牌与政府、产业链相关主体以及消费者等关键利益相关者之间的强有力的互动。农业集群品牌价值实现路径必须通过利益相关者对品牌价值的认同才能最终变现为市场价值。需要集群中的每个个体、每个组织、每个层次形成集群内部的最大合力，他们要对集群品牌高度认同和热爱，严格遵守品牌宗旨和集群规范，使消费者在每一体验环节均能够强化品牌认知和品牌记忆，只有每个成员竭尽所能守护集群品牌才能实现品牌价值的最大化。

9.3 研究的不足和进一步研究的方向

尽管本研究严格按照案例研究和定量研究的设定方法和步骤进行操作，仍然存在一定的局限性。从这些局限性出发，可以辨明未来研究的方向。本书的局限性主要表现在以下几个方面。

第一，虽然本书从农业集群品牌与关键利益相关者的互动界面界定了农业集群品牌价值共创的操作性概念，并进一步发展出其维度和测量量表。但结论是否穷尽关键利益相关者和农业集群品牌价值共创活动以及结论是否具有普遍性，需要更多案例和更大样本量实证研究的进一步检验和补充。

第二，案例研究方法的科学性有待加强，目前的研究多借鉴扎根理论，使用编码方法析出关键构念并架构研究模型，但研究对象多选用发达国家的案例，在样本选取上有局限性，未能覆盖来自中国的优秀品牌，研究结论的普遍性可能需进一步论证。建议后续研究多选用本土优秀品牌来检验相关结论的适切性和有效性。

第三，首先，在定量研究部分，本书仅从集群品牌运营机构及产业关键利益相关者方面获取相关数据，尚未在消费者中开展调研，尽管不存在共同方法偏差，但缺乏消费者的评价仍可能会带来结果偏差。后续可采取更为严谨的设计，一方面同时让集群品牌运营机构及产业关键利益相关者进行评价，另一方面在前因后果变量上可以分别由运营者、产业利益相关者及消费者分别来评价。其次，本研究是一个基于横截面调查数据的研究，而集群社会资本、农业集群品牌价值共创、利益相关者认知价值以及集群品牌价值均会随时间变化发生变化和调整。因此，后续研究需要通过纵向研究设计采集不同时期观察时点数据，从动态角度考察上述变量间的演化规律。最后，农业集群品牌价值实现会受到来自集群内外部多种复杂因素的共同影响，受到模型复杂度的限制，我们仅考虑了集群社会资本通过驱动农业集群品牌价值共创，从而影响农业集群品牌价值的关系路径，尚未考虑集群外部情境因素、内部治理结构等其他因素的影响，因此这一模型可能不够完全。与此同时，目前设定的变量之间的关系也尚需进一步深入探讨。在今后的研究中，需在农业集群品牌价值共创模型的基础上，扩大研究对象，进一步进行大规模问卷调查，从定量的角度验证上述模型的适用性，以求研究结论更加精准可靠。

总之，本研究仅仅是对一个复杂问题的初步探索，尚需要更多的研究以此为基础加以展开和深化，进一步探讨农业集群品牌价值共创的机制和演化路径。

参考文献

一、中文部分

［1］柏遵华，聂鸣．产业集群背景下的社会资本与产业集群互动研究［J］．科技进步与对策，2004，21（10）：7－9．

［2］边燕杰，丘海雄．企业的社会资本及其功效［J］．中国社会科学，2000，2（2）：2．

［3］曹琳．基于品牌延伸的地理标志产品可持续发展机制研究［J］．云南财经大学学报，2012（1）：123－131．

［4］陈慧娟，吴秉恩．台湾中小企业动态发展与人力资源管理作为关系之研究［J］．中山管理评论，2000（12）：78－83．

［5］陈剑锋，唐振鹏．国外产业集群研究综述［J］．外国经济与管理，2002，24（8）：22－27．

［6］陈劲，张方华．社会资本与技术创新［M］．杭州：浙江大学出版社，2002．

［7］陈礼林，崔祥民．产业集群社会资本评价体系与方法［J］．生产力研究，2012（10）：183－184．

［8］陈晓萍，徐淑英，樊景立．组织与管理研究的实证方法［M］．北京：北京大学出版社，2008．

［9］陈永富，方湖柳，曾亿武，郭红东．电子商务促进农业产业集群升级的机理分析：以江苏省沭阳县花木产业集群为例［J］．浙江社会科学，2018（10）：65－70，78．

[10] 杜建国.区域品牌建设对农业创新体系结构的影响研究 [J].湖北农业科学，2018，57（24）：171-174.

[11] 段文婷，江光荣.计划行为理论述评 [J].心理科学进展，2008，16（2）：315-320.

[12] 盖宏伟.产业集群品牌特征，结构及构建策略 [J].企业经济，2010（11）：54-58.

[13] 龚丽敏，江诗松.平台型商业生态系统战略管理研究前沿：视角和对象 [J].外国经济与管理，2016，38（6）：38-50.

[14] 郭红生，周新.生态型地理标志农产品品牌关系管理 [J].企业活力，2007（11）：20-22.

[15] 郭克锋.区域品牌可持续发展影响因素及其作用机制研究 [D].济南：山东大学，2011.

[16] 韩志辉，刘鑫淼.农业区域品牌价值战略 [M].北京：中国农业出版社，2017.

[17] 郝斌，任浩.企业间领导力：一种理解联盟企业行为与战略的新视角 [J].北京：中国工业经济，2011（3）：109-118.

[18] 何中兵，谭力文，赵满路，曲世友.集群企业共享经济与共创价值路径研究 [J].中国软科学，2018（10）：71-78.

[19] 侯立松.品牌管理的实质：利益相关者关系管理 [J].求索，2010（4）：61-63.

[20] 胡恩华，刘洪.基于协同创新的集群创新企业与群外环境关系研究 [J].科学管理研究，2007（3）：23-26.

[21] 胡晓云，魏春丽，蒋燕婷.2017中国茶叶区域公用品牌价值评估研究报告 [J].中国茶叶，2017，39（5）：4-13.

[22] 胡晓云，魏春丽，张琪菲.2016中国茶叶区域公用品牌价值评估报告 [J].中国茶叶，2016，38（5）：4-11.

[23] 胡新民.金华市农业产业集群化发展问题研究 [J].浙江师范大学学报（社会科学版），2008，33（1）：49-55.

[24] 胡正明，王亚卓.农产品区域品牌形成与成长路径研究 [J].江西财经大学学报，2010（6）：64-68.

[25] 黄彬，王馨.农产品品牌塑造对策：基于产业价值链视角 [J].商业经

济研究，2019（3）：62 – 65.

[26] 黄海平，龚新蜀，黄宝连. 基于专业化分工的农业产业集群竞争优势研究：以寿光蔬菜产业集群为例 [J]. 农业经济问题，2010（4）：64 – 69.

[27] 黄俐晔. 农产品区域品牌研究：基于主体、机制的角度 [J]. 贵州社会科学，2008（4）：97 – 101.

[28] 黄山松，黄平芳. 特色农业集群成长中的政府支持 [J]. 改革与战略，2007（11）：75 – 77.

[29] 黄振辉. 多案例与单案例研究的差异与进路安排：理论探讨与实例分析 [J]. 管理案例研究与评论，2010（2）：183 – 188.

[30] 简兆权，令狐克睿，李雷. 价值共创研究的演进与展望：从"顾客体验"到"服务生态系统"视角 [J]. 外国经济与管理，2016，38（9）：3 – 20.

[31] 蒋文龙. 品牌赋能："丽水山耕"营造法式 [M]. 北京：中国农业出版社，2017.

[32] 靳明，周亮亮. 绿色农产品原产地效应与品牌策略初探 [J]. 财经论丛，2006（4）：84 – 90.

[33] 孔晓春，刘红霞. 基于利益相关者理论的品牌价值影响因素研究 [J]. 科技管理研究，2014，34（17）：123 – 126.

[34] 寇光涛，卢凤君，王文海. 新常态下农业产业链整合的路径模式与共生机制 [J]. 现代经济探讨，2016（9）：88 – 92.

[35] 李春海，张文，彭牧青. 农业产业集群的研究现状及其导向：组织创新视角 [J]. 中国农村经济，2011（3）：49 – 58.

[36] 李怀斌，马文成. 基于文化嵌入的农产品营销组织整合机制研究 [J]. 财经问题研究，2012（12）：127 – 134.

[37] 李雷，简兆权，张鲁艳. 服务主导逻辑产生原因，核心观点探析与未来研究展望 [J]. 外国经济与管理，2013，35（4）：2 – 12.

[38] 李平，曹仰锋. 案例研究方法：理论与范例：凯瑟琳·艾森哈特论文集 [M]. 北京：北京大学出版社，2012.

[39] 李铜山，杨绍闻. 论现代农业产业集群发展的动力机制及对策取向 [J]. 中州学刊，2017（4）：43 – 49.

[40] 李燕宁. 基于共同创造价值理论的客户关系管理研究 [D]. 成都：西

南财经大学，2007.

[41] 李仪.“互联网＋”背景下的农业商业模式创新：基于农业全产业链闭合平台的视角 [J]. 学习与探索，2016 (9)：101－106.

[42] 李永刚. 企业品牌，区域产业品牌与地方产业集群发展 [J]. 财经论丛，2005 (1)：22－27.

[43] 李宇，周晓雪，张福珍. 产业集群社会资本对集群企业创新绩效影响的实证研究 [J]. 产业经济研究，2016 (3)：31－40.

[44] 梁巧，吴闻，刘敏，等. 社会资本对农民合作社社员参与行为及绩效的影响 [D]. 北京：中国农业经济学会，中国农业科学院农业经济与发展研究所，2014.

[45] 梁文玲. 基于产业集群可持续发展的区域品牌效应探究 [J]. 经济经纬，2007 (3)：114－117.

[46] 林竞君. 网络，嵌入性与产业集群：一个国外研究综述 [J]. 世界经济情况，2005 (10)：31－33.

[47] 林南. 建构社会资本的网络理论 [J]. 国外社会学，2002 (2)：18－37.

[48] 令狐克睿，简兆权. 制造业服务化价值共创模式研究：基于服务生态系统视角 [J]. 华东经济管理，2017 (6)：84－92.

[49] 刘春玲. 发展我国农业产业集群的对策研究 [J]. 科技创业月刊，2005，18 (6)：58－59.

[50] 刘国宜，胡振华，易经章，等. 集群社会资本对企业自主创新能力影响的实证研究 [J]. 经济地理，2014，34 (9)：105－111.

[51] 刘静. 主要发达国家农业产业集群的经验与启示 [J]. 中共四川省委党校学报，2015 (3)：107－109.

[52] 刘丽，周静. 基于产业集群农产品区域品牌建设的几点思考 [J]. 农业经济，2006 (1)：52－53.

[53] 刘林青，雷昊，谭力文. 从商品主导逻辑到服务主导逻辑：以苹果公司为例 [J]. 中国工业经济，2010 (9)：57－66.

[54] 刘芹，陈继祥. 企业集群品牌风险的博弈分析 [J]. 当代财经，2004 (9)：69－72.

[55] 刘世锦. 关注与重视产业集聚问题 [J]. 特区理论与实践，2003 (4)：30－33.

[56] 刘中会，刘力臻. 产业集群社会资本对技术的引进，扩散和创新的影响：以寿光蔬菜产业集群为例 [J]. 经济问题，2009 (4)：47 –49.

[57] 卢泰宏. 品牌资产评估的模型与方法 [J]. 中山大学学报：社会科学版，2002，42 (3)：88 –96.

[58] 栾贞增，杨东涛. 无边界价值观管理：基于 A. O. 史密斯公司的案例研究 [J]. 中国工业经济，2015 (2)：148 –160.

[59] 罗伯特·K. 殷. 案例研究设计与方法 [M]. 重庆：重庆大学出版社，2004.

[60] 罗珉. 价值星系：理论解释与价值创造机制的构建 [J]. 中国工业经济，2006 (1)：80 –89.

[61] 罗永乐. 特色农业产业集群形成与发展的动力机制分析 [J]. 理论导刊，2015 (3)：74 –76.

[62] 骆广祥. 中小企业集群社会资本及其正反馈机制研究 [J]. 商场现代化，2010 (618)：104 –105.

[63] 毛基业，李晓燕. 理论在案例研究中的作用：中国企业管理案例论坛（2009）综述与范文分析 [J]. 管理世界，2010 (2)：106 –113.

[64] 聂鸣，梅丽霞，鲁莹. 班加罗尔软件产业集群的社会资本研究 [J]. 研究与发展管理，2004，16 (2)：46 –49.

[65] 潘超. 基于特色农业产业的区域品牌构建：以"丽水山耕"为例 [J]. 江苏农业科学，2018 (5)：81.

[66] 邱爱梅. 从经济学视角看集群品牌的形成与维护 [J]. 咸宁学院学报，2012，32 (9)：19 –21.

[67] 邵建平，任华亮. 区域品牌形成机理及效用传导对西北地区区域品牌培育的启示 [J]. 科技管理研究，2008，28 (3)：133 –134.

[68] 盛亚军. 名牌群落效应在区域品牌培育中的作用机理研究 [D]. 长春：吉林大学，2010.

[69] 石荣丽，刘迅. 企业集群升级中的区域品牌塑造分析 [J]. 企业经济，2011，5：40 –43.

[70] 史焱文，李二玲，李小建. 地理邻近、关系邻近对农业产业集群创新影响：基于山东省寿光蔬菜产业集群实证研究 [J]. 地理科学，2016，36 (5)：751 –759.

［71］宋一淼．我国农业产业集群发展的分类研究［J］．台湾农业探索，2005（1）：13-17.

［72］宋玉兰，陈彤．农业产业集群的形成机制探析［J］．新疆农业科学，2005，42（B06）：205-208.

［73］孙丽辉，盛亚军，许天舒．区域品牌形成中的簇群效应：以温州为例的研究［J］．经济管理，2010，12：96-103.

［74］孙丽辉，史晓飞．地方产业集群与区位名牌簇群互动效应机理探析［J］．市场营销导刊，2004（1）：56-58.

［75］孙丽辉，等．区域品牌形成与效应机理研究：基于温州集群品牌的实证分析［M］．北京：人民出版社，2010.

［76］孙晓娥．扎根理论在深度访谈研究中的实例探析［J］．西安交通大学学报社会科学版，2011（6）：87-92.

［77］孙永波，丁沂昕，王勇．价值共创互动行为对品牌权益的作用研究［J］．外国经济与管理，2018，40（4）：125-139.

［78］涂传清，王爱虎．农产品区域公用品牌的经济学解析：一个基于声誉的信号传递模型［J］．商业经济与管理，2012（11）：15-23.

［79］王海忠，赵平．品牌原产地效应及其市场策略建议：基于欧、美、日、中四地品牌形象调查分析［J］．中国工业经济，2004（1）：78-86.

［80］王辑慈．创新的空间：企业集群与区域发展［M］．北京：北京大学出版社，2001.

［81］王建国．我国农业产业集群发展模式研究［D］．济南：山东大学，2005.

［82］王山，奉公．产业互联网模式下农业产业融合及其产业链优化研究［J］．现代经济探讨，2016（3）：47-51.

［83］王胜，丁忠兵．农产品电商生态系统：个理论分析框架［J］．中国农村观察，2015（4）：39-48.

［84］王世权．试论价值创造的本原性质，内在机理与治理要义：基于利益相关者视角［J］．外国经济与管理，2010（8）：10-17.

［85］王秀海．区域品牌带动区域经济发展的机制研究［D］．兰州：兰州大学，2007.

［86］王兆君，陈洪增．农业集群品牌培育策略研究：以山东省为例［J］．东

岳论丛，2011（2）：155－158．

[87] 王兆君，刘帅，房莉莉．基于消费者视角的山东省农业集群品牌资产评价：以 4 个典型农业集群品牌为例 [J]．河南农业科学，2013，42（12）：153－157．

[88] 王志本．我国传统名特优农产品的地理标志保护 [J]．农业经济问题，2005（4）：54－57．

[89] 韦光，左停．农业产业集群发展与"地理标志"区域品牌建设：基于SWOT 分析框架的战略选择研究 [J]．经济界，2006（2）：90－96．

[90] 韦影．企业社会资本对技术创新绩效的影响 [D]．杭州：浙江大学，2006．

[91] 卫海英，姚作为，梁彦明．基于企业－顾客－利益相关者三方互动的服务品牌资产研究：一个分析框架 [J]．暨南学报（哲学社会科学版），2010，32（1）：79－83．

[92] 魏守华，邵东涛．论中小企业集群的区域营销 [J]．商业研究，2002（9）：113－115．

[93] 翁杰．丽水农博会上看农业品牌建设 农家土货怎样叫得响 [EB/OL]．人民网，2017－09－25．

[94] 吴传清，从佳佳．区域产业集群品牌风险的成因及防范策略：基于文献述评与拓展研究的视角 [J]．学习与实践，2011（2）：31－40．

[95] 吴传清．区域产业集群品牌的产权和监管探讨：以"浏阳花炮"为例 [J]．武汉大学学报（哲学社会科学版），2010（6）：886－891．

[96] 吴菊安．产业集群与农产品区域品牌建设 [J]．农村经济，2009（5）：39－41．

[97] 武文珍，陈启杰．价值共创理论形成路径探析与未来研究展望 [J]．外国经济与管理，2012（6）：66－73，81．

[98] 武云亮，董秦．中外农业产业集群研究评述 [J]．安徽农学通报，2007，13（19）：1－2．

[99] 夏曾玉，谢健．区域品牌建设探讨：温州案例研究 [J]．中国工业经济，2003（10）：43－48．

[100] 夏天添，叶沁宇．江西生态农业集群区域品牌形成机理研究：以赣南脐橙集群为例 [J]．中南林业科技大学学报（社会科学版），2018

（2）：35 – 42.

[101] 向会娟，曹明宏，潘泽江. 农业产业集群：农村经济发展的新途径 [J]. 农村经济，2005（3）：47 – 49.

[102] 肖为群，王迎军. 集群社会资本与集群内企业成长：一个经验案例研究 [J]. 中国软科学，2013（2）：134 – 143.

[103] 谢向英，陈小玲. 基于战略联盟思想的地理标志品牌结盟研究：以福建白茶为例 [J]. 中国农学通，2011，27（2）：299 – 303.

[104] 熊爱华，汪波. 基于产业集群的区域品牌形成研究 [J]. 山东大学学报（哲学社会科学版），2007，2：84 – 88.

[105] 熊爱华. 基于产业集群理论的区域品牌培植模式比较研究 [D]. 天津：天津大学，2007.

[106] 熊爱华. 农业集群品牌建设模式研究 [M]. 北京：经济科学出版社，2010.

[107] 熊爱华. 区域品牌与产业集群互动关系中的磁场效应分析 [J]. 管理世界，2008（8）：176 – 177.

[108] 徐丽华，王慧. 区域农业产业集群特征与形成机制研究：以山东省寿光市蔬菜产业集群为例 [J]. 农业经济问题，2014（11）：26 – 32.

[109] 徐忠爱. 以社会资本嵌入机制扩展公司和农户契约自我实施的范围 [J]. 改革与战略，2008，24（6）：86 – 88.

[110] 许基南，李建军. 基于消费者感知的特色农产品区域品牌形象结构分析 [J]. 当代财经，2010（7）：71 – 78.

[111] 许烜，兰勇. 农业产业集群升级的影响因素研究：以湖南省 6 个主要农业产业集群为例 [J]. 经济经纬，2015（6）：35 – 40.

[112] 许烜，王溶花，雷丽君. 湖南农业产业集群形成机制与发展战略研究 [J]. 农业科技管理，2018（5）：71 – 73，86.

[113] 杨保军. 企业品牌价值共创关键维度与路径案例研究 [J]. 北方民族大学学报（哲学社会科学版），2019（2）：73 – 81.

[114] 杨佳利. 产业集群品牌形成机理与构建 [J]. 韶关学院学报，2014，35（5）：91 – 95.

[115] 杨建梅，黄喜忠，张胜涛. 区域品牌的生成机理与路径研究 [J]. 科技进步与对策，2005，22（12）：22 – 24.

［116］ 姚春玲．农业产业集群与农产品区域品牌竞争力提升策略［J］．农业现代化研究，2013，34（3）：318－327.

［117］ 姚伟坤，周梅华，陈金波．集群社会资本对集群内品牌学习关系的影响研究［J］．软科学，2010，24（1）：32－36，41.

［118］ 姚伟坤．集群企业品牌网络关系的形成及对群内个体品牌的驱动研究［D］．徐州：中国矿业大学，2009.

［119］ 易正兰，陈彤．基于农业产业集群的农业品牌发展策略［J］．农村经济，2007，6：37－40.

［120］ 佚名．《丽水山耕建设和管理通用要求》标准正式发布．浙江省标准化研究院［EB/OL］．［2018－01－09］．http：//www.zjbts.gov.cn/HT-ML/zjdt/201801/d1723bbf-89cd-4347-95e2-9b7ffc91c16f.html.

［121］ 殷红春．品牌生态系统复杂适应性及协同进化研究［D］．天津：天津大学，2005.

［122］ 尹成杰．新阶段农业产业集群发展及其思考［J］．农业经济问题，2006，3（4）：7.

［123］ 尤晨，魏世振，陈良珠，等．农业产业集群形成机制分析及启示［J］．福建论坛（人文社会科学版），2007，6：35－38.

［124］ 俞燕，李艳军．传统特色农业集群区域品牌对中小企业品牌竞争力的影响研究：基于吐鲁番葡萄集群的实证分析［J］．农业现代化研究，2015，36（5）：842－849.

［125］ 俞燕，李艳军．区域品牌创新驱动的传统农业集群价值链功能升级策略［J］．统计与决策，2014，18：65－67.

［126］ 袁宇，吴传清．产业集群品牌"公地悲剧"风险成因和规避方略：以"金华火腿"为例［J］．学习月刊，2009，11：15－16.

［127］ 詹刘满．价值共创品牌化演进与营销学演进逻辑对比［J］．商业研究，2013，55（8）：91－98.

［128］ 曾亿武，邱东茂，郭红东．集群社会资本影响农户网店经营绩效的机理分析［J］．西北农林科技大学学报（社会科学版），2017，17（4）：67－73.

［129］ 张方华．知识型企业的社会资本与技术创新绩效研究［D］．杭州：浙江大学，2004.

[130] 张高亮，陈劲．我国农业产业集群核心企业竞争力影响机制的实证研究 [J]．农业经济问题，2011（6）：76 – 81.

[131] 张国亭．产业集群品牌内涵，类型与效应探讨 [J]．中国石油大学学报（社会科学版），2008，24（6）：27 – 30.

[132] 张晗，吕杰，景再方．农业产业集群成长模式分析：以辽宁省为例 [J]．农业现代研究，2011，32（1）：36 – 40.

[133] 张晗，吕杰．农业产业集群影响因素研究 [J]．农业技术经济，2011（2）：85 – 91.

[134] 张姮，凌霓．论互联网 + 时代创意农业品牌服务生态系统设计 [J]．包装工程，2018（12）：34.

[135] 张宏．企业纵向社会资本与竞争优势 [D]．杭州：浙江大学，2007.

[136] 张建军，赵启兰，邢大宁．产品服务供应链研究：从商品主导逻辑到服务主导逻辑 [J]．中国流通经济，2019（2）：11.

[137] 张婧，邓卉．品牌价值共创的关键维度及其对顾客认知与品牌绩效的影响：产业服务情境的实证研究 [J]．南开管理评论，2013，16（2）：104 – 115.

[138] 张婧，何勇．服务主导逻辑导向与资源互动对价值共创的影响研究 [J]．科研管理，2014，35（1）：115 – 122.

[139] 张敬伟．扎根理论研究法在管理学研究中的应用 [J]．科技管理研究，2010，30（1）：235 – 237.

[140] 张其仔．社会资本论：社会资本与经济增长 [M]．北京：社会科学文献出版社，1999.

[141] 张望，杨永忠．社会资本构成与产业集群演化：以"长汀现象"为例 [J]．科学学与科学技术管理，2011，32（1）：123 – 132.

[142] 张晓棠，安立仁，董广茂．关系强度，社会资本对知识获取绩效影响研究：基于社会结构与行动模型 [J]．预测，2015，34（1）：35 – 40.

[143] 张燚，张锐．论生态型品牌关系的框架建构 [J]．管理评论，2005，17（1）：18 – 23.

[144] 张月莉，郝放．农业集群品牌营销成功的关键影响因素分析：以黑龙江"寒地黑土"品牌为例 [J]．农业经济问题，2013（6）：7 – 13.

[145] 张月莉，刘峰．农业集群品牌提升的关键影响因素研究 [J]．经济经

纬，2015（1）：31 – 36.

［146］ 张月莉. 农业产业集群价值共创机理研究：以美国新奇士柑橘集群的例证［J］. 价格理论与实践，2017（8）：76 – 79.

［147］ 张月莉. 农业产业集群区域品牌资产形成机理研究［J］. 安徽农业科学，2012，40（22）：11465 – 11467.

［148］ 赵延东，罗家德. 如何测量社会资本：一个经验研究综述［J］. 国外社会科学，2005（2）：18 – 24.

［149］ 郑庆杰. 解释的断桥：从编码到理论［J］. 社会发展研究，2015（1）：149 – 164.

［150］ 郑秋锦，许安心，田建春. 农产品区域品牌战略研究［J］. 科技和产业，2007，7（11）：63 – 66.

［151］ 周丕东，王永平，孙秋. 基于产业集群形成机理下的贵州农业产业集群发展路径［J］. 贵州农业科学，2019，47（2）：168.

［152］ 周新德. 农业产业集群发展的国际经验及启示［J］. 调研世界，2008（5）：43 – 45.

［153］ 朱辉煌，卢泰宏，吴水龙. 企业品牌策略新命题：企业 – 区域 – 产业品牌伞［J］. 现代管理科学，2009（3）：56 – 58.

［154］ 朱纪广，李二玲，史焱文，等. 农业产业集群发展中的共同演化分析：以鄢陵县花木产业集群为例［J］. 人文地理，2014，29（3）：109 – 114.

［155］ 朱建民，史旭丹. 产业集群社会资本对创新绩效的影响研究：基于产业集群生命周期视角［J］. 科学学研究，2015（3）：449 – 459.

［156］ 朱玉林，康文星. 基于农业产业集群的区域品牌需求与供给分析［J］. 求索，2006，7：35 – 37.

［157］ 朱允卫，黄祖辉. 社会资本与产业集群成长：一个文献综述［J］. 中大管理研究，2007，2（3）：95 – 107.

［158］ 朱志由，曾路. 产业集群品牌及其形成机理［J］. 襄樊职业技术学院学报，2010，9（2）：33 – 36.

二、外文部分

［1］ Aaker D A. Measuring brand equity across products and markets［J］. California Management Review，1996，38（3）.

[2] Aaker D A. Managing brand equity [M]. New York: Macmillan, 1991.

[3] Adler P S, Kwon S W. Social capital: prospects for a new concept [J]. Academy of Management Review, 2002, 27 (1): 17 – 40.

[4] Akhilesh K B. Co-creation and learning [M]. New Delhi: Springer, 2017: 45 – 54.

[5] Albinsson P A, Perera B Y, Sautter P T. DART scale development: diagnosing a firm's readiness for strategic value co-creation [J]. Journal of Marketing Theory and Practice, 2016, 24 (1): 42 – 58.

[6] Allen G. Place branding: new tools for economic development [J]. Design Management Review, 2007, 18 (2): 60 – 68.

[7] Anholt S. Nation branding: a continuing theme [J]. Journal of Brand Management, 2002, 10 (1): 59 – 60.

[8] Arvidsson A. Brands: a critical perspective [J]. Journal of Consumer Culture, 2005, 5 (2): 235 – 258.

[9] Ballantyne D, Aitken R. Branding in B2B markets: insights from the service-dominant logic of marketing [J]. Journal of Business & Industrial Marketing, 2007, 22 (6): 363 – 371.

[10] Barrett M, Oborn E, Orlikowski W. Creating value in online communities: the sociomaterial configuring of strategy, platform, and stakeholder engagement [J]. Information Systems Research, 2016, 27 (4): 704 – 723.

[11] Baumgarth C, Schmidt M. How strong is the business-to-business brand in the workforce? an empirically-tested model of 'internal brand equity' in a business-to-business setting [J]. Industrial Marketing Management, 2010, 39 (8): 1250 – 1260.

[12] Bosse D A, Coughlan R. Stakeholder relationship bonds [J]. Journal of Management Studies, 2016, 53 (7): 1197 – 1222.

[13] Bourdieu P. The social space and the genesis of groups [J]. Information (International Social Science Council), 1985, 24 (2): 195 – 220.

[14] Brass D J, Galaskiewicz J, Greve H R, et al. Taking stock of networks and organizations: a multilevel perspective [J]. Academy of management journal, 2004, 47 (6): 795 – 817.

［15］ Brehm J, Rahn W. Individual-level evidence for the causes and conse-quences of social capital ［J］. American Journal of Political Science, 1997: 999 – 1023.

［16］ Bridoux F, Stoelhorst J W. Stakeholder relationships and social welfare: a behavioral theory of contributions to joint value creation ［J］. Academy of Management Review, 2016, 41 （2）: 229 – 251.

［17］ Brodie R J, Whittome J R M, Brush G J. Investigating the service brand: a customer value perspective ［J］. Journal of Business Research, 2009, 62 （3）: 345 – 355.

［18］ Brodie R J. From goods to service branding: an integrative perspective ［J］. Marketing Theory, 2009, 9 （1）: 107 – 111.

［19］ Burt R S. Structural holes versus network closure as social capital ［M］// Social Capital. Routledge, 2017: 31 – 56.

［20］ Burt R S. Structural holes: the social structure of competition ［M］. Harvard University Press, 2009.

［21］ Burt R S. The contingent value of social capital ［J］. Administrative Science Quarterly, 1997: 339 – 365.

［22］ Burt R S. The gender of social capital ［J］. Rationality and Society, 1998, 10 （1）: 5 – 46.

［23］ Burt R S. The network structure of social capital ［J］. Research in Organiza-tional Behavior, 2000, 22: 345 – 423.

［24］ Chandon P. Note on measuring brand awareness, brand image, brand equity and brand value ［M］. Fontainebleau: Insead, 2003.

［25］ Charters S, Menival D, Senaux B, et al. Value in the territorial brand: the case of champagne ［J］. British Food Journal, 2013, 115 （10）: 1505 – 1517.

［26］ Charters S, Mitchell R, Menival D. The territorial brand in wine ［C］//6th AWBR International Conference, 2011: 9 – 10.

［27］ Charters S, Spielmann N. Characteristics of strong territorial brands: the case of champagne ［J］. Journal of Business Research, 2014, 67 （7）: 1461 – 1467.

［28］ Chen M H, Chang Y C, Hung S C. Social capital and creativity in R&D

project teams [J]. R&D Management, 2008, 38 (1): 21 –34.

[29] Christensen C M, Cook S, Hall T. Marketing malpractice [J]. Harvard Business Review, 2005, 83 (12): 74 –83.

[30] Coleman J S. Social capital in the creation of human capital [J]. American Journal of Sociology, 1988, 94: S95 –S120.

[31] Cova B, Kozinets R V, Shankar A, Consumer tribes [M]. Routledge, 2007.

[32] D'Cruz J R, Rugman A M. Developing international competitiveness: the five partners model [J]. Business Quarterly, 1993, 58 (2): 60 –72.

[33] Duncan T R, Moriarty S E. Driving brand value: using integrated marketing to manage profitable stakeholder relationships [M]. Irwin Professional Publishing, 1997.

[34] Durlauf S N, Fafchamps M. Empirical studies of social capital: a critical survey [Z]. 2003.

[35] Eisenhardt K M. Building theories from case study research [J]. Academy of management review, 1989, 14 (4): 532 –550.

[36] Epp A M, Price L L. Designing solutions around customer network identity goals [J]. Journal of Marketing, 2011, 75 (2): 36 –54.

[37] Farquhar P H. Managing brand equity [J]. Marketing Research, 1989, 1 (3).

[38] Felzensztein C, Brodt S E, Gimmon E. Do strategic marketing and social capital really matter in regional clusters? lessons from an emerging economy of Latin America [J]. Journal of Business Research, 2014, 67 (4): 498 – 507.

[39] Felzensztein C, Stringer C, Benson-Rea M, et al. International marketing strategies in industrial clusters: insights from the Southern Hemisphere [J]. Journal of Business Research, 2014, 67 (5): 837 –846.

[40] Feser E J, Bergman E M. National industry cluster templates: a framework for applied regional cluster analysis [J]. Regional Studies, 2000, 34 (1): 1 –19.

[41] Fornell C, Larcker D F. Structural equation models with unobservable varia-

bles and measurement error: algebra and statistics [J]. Journal of Marketing Research, 1981, 18 (1): 39 – 50.

[42] Fournier S. Consumers and their brands: developing relationship theory in consumer research [J]. Journal of Consumer Research, 1998, 24 (4): 343 – 373.

[43] Frow P, Mc Coll-Kennedy J R, Payne A. Co-creation practices: their role in shaping a health care ecosystem [J]. Industrial Marketing Management, 2016, 56: 24 – 39.

[44] Frow P, Payne A. A stakeholder perspective of the value proposition concept [J]. European Journal of Marketing, 2011, 45 (1/2): 223 – 240.

[45] Fukuyama F. Social capital and the global economy [J]. Foreign Affairs, 1995, 74: 89.

[46] Galaskiewicz J, Wasserman S. Mimetic processes within an interorganizational field: an empirical test [J]. Administrative Science Quarterly, 1989, 34 (3): 454 – 479.

[47] Gawer A, Cusumano M A. Platform leadership: how Intel, Microsoft, and Cisco drive industry innovation [M]. Boston: Harvard Business School Press, 2002.

[48] Granovetter M. Economic action and social structure: the problem of embeddedness [J]. American Journal of Sociology, 1985, 91 (3): 481 – 510.

[49] Gregory A. Involving stakeholders in developing corporate brands: the communication dimension [J]. Journal of Marketing Management, 2007, 23 (1 – 2): 59 – 73.

[50] Grimpe C, Hussinger K. Resource complementarity and value capture in firm acquisitions: the role of intellectual property rights [J]. Strategic Management Journal, 2014, 35 (12): 1762 – 1780.

[51] Grönroos C, Ravald A. Service as business logic: implications for value creation and marketing [J]. Journal of Service Management, 2011, 22 (1): 5 – 22.

[52] Grönroos C, Voima P. Critical service logic: making sense of value creation and co-creation [J]. Journal of the Academy of Marketing Science, 2013,

41 （2）：133 – 150.

［53］ Grönroos C. Conceptualising value co-creation： a journey to the 1970s and back to the future ［J］. Journal of Marketing Management, 2012, 28 （13 – 14）: 1520 – 1534.

［54］ Grönroos C. Value co-creation in service logic： a critical analysis ［J］. Marketing Theory, 2011, 11 （3）: 279 – 301.

［55］ Gulati R, Nohria N, Zaheer A. Strategic networks ［J］. Strategic Management Journal, 2000, 21 （3）: 203 – 215.

［56］ Gulati R. Alliances and networks ［J］. Strategic Management Journal, 1998, 19 （4）: 293 – 317.

［57］ Gulati R. Managing network resources: alliances, affiliations, and other relational assets ［M］. Oxford University Press on Demand, 2007.

［58］ Gummesson E, Mele C. Marketing as value co-creation through network interaction and resource integration ［J］. Journal of Business Market Management, 2010, 4 （4）: 181 – 198.

［59］ Gyrd-Jones R I, Kornum N. Managing the co-created brand: value and cultural complementarity in online and offline multi-stakeholder ecosystems ［J］. Journal of Business Research, 2013, 66 （9）: 1484 – 1493.

［60］ Halpern D. Social capital ［M］. Cambridge, UK: Polity Press. 2005.

［61］ Hansen M T, Podolny J M, Pfeffer J. So many ties, so little time: a task contingency perspective on corporate social capital in organizations ［M］// Social capital of organizations. Emerald Group Publishing Limited, 2001: 21 – 57.

［62］ Hatch M J, Schultz M. Toward a theory of brand co-creation with implications for brand governance ［J］. Journal of Brand Management, 2010, 17 （8）: 590 – 604.

［63］ Heinonen K, Strandvik T, Mickelsson K J, et al. A customer-dominant logic of service ［J］. Journal of Service Management, 2010, 21 （4）: 531 – 548.

［64］ Helm C, Jones R. Extending the value chain: a conceptual framework for managing the governance of co-created brand equity ［J］. Journal of Brand

Management, 2010, 17 (8): 579 – 589.

[65] Henderson J C. Uniquely Singapore? a case study in destination branding [J]. Journal of Vacation Marketing, 2007, 13 (3): 261 – 274.

[66] Hendriks-Jansen H. Catching ourselves in the act: situated activity, interactive emergence, evolution, and human thought [M]. MIT Press, 1996.

[67] Higgins A J, Miller C J, Archer A A, et al. Challenges of operations research practice in agricultural value chains [J]. Journal of the Operational Research Society, 2010, 61 (6): 964 – 973.

[68] Homburg C, Jozić D, Kuehnl C. Customer experience management: toward implementing an evolving marketing concept [J]. Journal of theAcademy of Marketing Science, 2017, 45 (3): 377 – 401.

[69] Hoyer W D, et al. Consumer cocreation in new product development [J]. Journal of Service Research, 2010, 13 (3): 283 – 296.

[70] Huber F. Social capital of economic clusters: towards a network-based conception of social resources [J]. Tijdschrift Voor Economische en Sociale Geografie, 2009, 100 (2): 160 – 170.

[71] Iansiti M, Levien R. Strategy as ecology [J]. Harvard Business Review, 2004, 82 (3): 68 – 81.

[72] Iansiti M, Levien R. The keystone advantage: what the new dynamics of business ecosystems mean for strategy, innovation, and sustainability [M]. Harvard Business Press, 2004.

[73] Iglesias O, Bonet E. Persuasive brand management: how managers can influence brand meaning when they are losing control over it [J]. Journal of Organizational Change Management, 2012, 25 (2): 251 – 264.

[74] Iglesias O, Ind N, Alfaro M. The organic view of the brand: A brand value co-creation model [M]//Advances in Corporate Branding. London: Palgrave Macmillan, 2017: 148 – 174.

[75] Iglesias O, Ind N. Alfaro M. The organic view of the brand: A brand value co-creation model [J]. Journal of Brand Management, 2013, 20 (8): 670 – 688.

[76] Ikuta T, Yukawa K, Hamasaki H. The present state and issues concerning

regional branding measures-efforts by the prefectures and ordinance-designated (major) cities [M]. Tokyo: Fujitsū Sōken, 2006.

[77] Inkpen A C, Tsang E W K. Social capital, networks, and knowledge transfer [J]. Academy of Management Review, 2005, 30 (1): 146 –165.

[78] Iversen N M, Hem L E. Provenance associations as core values of place umbrella brands: a framework of characteristics [J]. European Journal of Marketing, 2008, 42 (5/6): 603 –626.

[79] Jones R. Finding sources of brand value: developing a stakeholder model of brand equity [J]. Journal of Brand Management, 2005, 13 (1): 10 –32.

[80] Kavaratzis M, Hatch M J. The dynamics of place brands: an identity-based approach to place branding theory [J]. Marketing Theory, 2013, 13 (1): 69 –86.

[81] Kavaratzis M. Place branding: a review of trends and conceptual models [J]. The Marketing Review, 2005, 5 (4): 329 –342.

[82] Keller K L. Conceptualizing, measuring, and managing customer-based brand equity [J]. Journal of Marketing, 1993, 57 (1): 1 –22.

[83] Kliatchko J G, Schultz D E. Twenty years of IMC: A study of CEO and CMO perspectives in the Asia-Pacific region [J]. International Journal of Advertising, 2014, 33 (2): 373 –390.

[84] Klijn E H, Eshuis J, Braun E. The influence of stakeholder involvement on the effectiveness of place branding [J]. Public Management Review, 2012, 14 (4): 499 –519.

[85] Kogut B, Zander U. Knowledge of the firm, combinative capabilities, and the replication of technology [J]. Organization Science, 1992, 3 (3): 383 –397.

[86] Kozinets R V. E-tribalized marketing?: the strategic implications of virtual communities of consumption [J]. European Management Journal, 1999, 17 (3): 252 –264.

[87] Krishna A. Enhancing political participation in democracies: what is the role of socialcapital? [J]. Comparative Political Studies, 2002, 35 (4): 437 –460.

［88］ Lambert D M, Enz M G. Managing and measuring value co-creation in busi-ness-to-business relationships ［J］. Journal of Marketing Management, 2012, 28 (13 – 14): 1588 – 1625.

［89］ Levin S A. Ecosystems and the biosphere as complex adaptive systems ［J］. Ecosystems, 1998, 1 (5): 431 – 436.

［90］ Lusch R F, Nambisan S. Service innovation: a service-dominant logic per-spective ［J］. MIS Quarterly, 2015, 39 (1): 155 – 175.

［91］ Lusch R F, Vargo S L, Tanniru M. Service, value networks and learning ［J］. Journal of the Academy of Marketing Science, 2010, 38 (1): 19 – 31.

［92］ Lusch R F, Vargo S L, Wessels G. Toward a conceptual foundation for serv-ice science: contributions from service-dominant logic ［J］. IBM Systems Journal, 2008, 47 (1): 5 – 14.

［93］ Marandi E, Little E, Hughes T. Innovation and the children of the revolu-tion: Facebook and value co-creation ［J］. The Marketing Review, 2010, 10 (2): 169 – 183.

［94］ Marcos-Cuevas J, Nätti S, Palo T, et al. Value co-creation practices and capabilities: sustained purposeful engagement across B2B systems ［J］. Industrial Marketing Management, 2016, 56: 97 – 107.

［95］ Mariussen A, Ndlovu T. Internet-enabled value co-creation in SME interna-tionalisation: current practices from theUK food and drink industry ［J］. European Journal of International Management, 2012, 6 (5): 503 – 524.

［96］ Marshall A. Industry and trade ［M］. 1920.

［97］ Marshall A. Principles of economics: unabridged eighth edition ［M］. Cosi-mo, Inc. , 2009.

［98］ Martin R, Sunley P. Deconstructing clusters: chaotic concept or policy pan-acea? ［J］. Journal of Economic Geography, 2003, 3 (1): 5 – 35.

［99］ McAlexander J H, Schouten J W, Koenig H F. Building brand community ［J］. Journal of Marketing, 2002, 66 (1): 38 – 54.

［100］ Mele C. Conflicts and value co-creation in project networks ［J］. Industrial Marketing Management, 2011, 40 (8): 1377 – 1385.

［101］ Merlo O, Bell S J, Mengüç B, et al. Social capital, customer service orientation and creativity in retail stores ［J］. Journal of Business Research, 2006, 59 (12): 1214 – 1221.

［102］ Merz M A, He Y, Vargo S L. The evolving brand logic: a service-dominant logic perspective ［J］. Journal of theAcademy of Marketing Science, 2009, 37 (3): 328 – 344.

［103］ Moran P. Structural vs. relational embeddedness: social capital and managerial performance ［J］. Strategic Management Journal, 2005, 26 (12): 1129 – 1151.

［104］ Muniz A M, O'guinn T C. Brand community ［J］. Journal of Consumer Research, 2001, 27 (4): 412 – 432.

［105］ Nahapiet J, Ghoshal S. Social capital, intellectual capital, and the organizational advantage ［J］. Academy of Management Review, 1998, 23 (2): 242 – 266.

［106］ Normann R, Ramirez R. From value chain to value constellation: designing interactive strategy ［J］. Harvard Business Review, 1993, 71 (4): 65 – 77.

［107］ Oliver. The economic institutions of capitalism ［J］. Antitrust Bulletin, 1985.

［108］ Ouchi W G. Markets, bureaucracies, and clans ［J］. Administrative Science Quarterly, 1980: 129 – 141.

［109］ Paswan A, D'Souza D, K. Rajamma R. Value co-creation through knowledge exchange in franchising ［J］. Journal of Services Marketing, 2014, 28 (2): 116 – 125.

［110］ Patterson D W. Artificial neural networks: theory and applications ［M］. Prentice Hall PTR, 1998.

［111］ Payne A F, Storbacka K, Frow P. Managing the co-creation of value ［J］. Journal of the Academy of Marketing Science, 2008, 36 (1): 83 – 96.

［112］ Payne A, Storbacka K, Frow P, et al. Co-creating brands: diagnosing and designing the relationship experience ［J］. Journal of Business Research, 2009, 62 (3): 379 – 389.

［113］ Pinho N, Beirão G, Patrício L, et al. Understanding value co-creation in complex services with many actors [J]. Journal of Service Management, 2014, 25 (4): 470 –493.

[114] Porter M E, Kramer M R. The competitive advantage of corporate [J]. Harvard Business Review, 2002, 80 (12): 56 –68.

[115] Porter M E. Location, competition, and economic development: local clusters in a global economy [J]. Economic Development Quarterly, 2000, 14 (1): 15 –34.

[116] Porter M E. Clusters and the new economics of competition [M]. Boston: Harvard Business Review, 1998.

[117] Portes A. Social capital: its origins and applications in modern sociology [J]. Annual Review of Sociology, 1998, 24 (1): 1 –24.

[118] Prahalad C K, Ramaswamy V. Co-creating unique value with customers [J]. Strategy & Leadership, 2004, 32 (3): 4 –9.

[119] Prahalad C K, Ramaswamy V. Co-creation experiences: the next practice in value creation [J]. Journal of Interactive Marketing, 2004, 18 (3): 5 –14.

[120] Presutti M, Boari C, Fratocchi L. The evolution of inter-organisational social capital with foreign customers: its direct and interactive effects on SMEs' foreign performance [J]. Journal of World Business, 2016, 51 (5): 760 –773.

[121] Putnam R. Social capital: measurement and consequences [J]. Canadian Journal of Policy Research, 2001, 2 (1): 41 –51.

[122] Putnam R. The prosperous community: social capital and public life [J]. The American Prospect, 1993, 4 (13): 65 –78.

[123] Ramani G, Kumar V. Interaction orientation and firm performance [J]. Journal of Marketing, 2008, 72 (1): 27 –45.

[124] Ramaswamy V, Gouillart F J. The power of co-creation: build it with them to boost growth, productivity, and profits [M]. Simon and Schuster, 2010.

[125] Ramaswamy V, Gouillart F. Building the co-creative enterprise [J]. Harvard Business Review, 2010, 88 (10): 100 –109.

[126] Ramaswamy V, Ozcan K. Brand value co-creation in a digitalized world: an integrative framework and research implications [J]. International Journal of Research in Marketing, 2016, 33 (1): 93 – 106.

[127] Ramaswamy V, Ozcan K. The co-creation paradigm [M]. Stanford University Press, 2014.

[128] Ranjan K R, Read S. Value co-creation: concept and measurement [J]. Journal of the Academy of Marketing Science, 2016, 44 (3): 290 – 315.

[129] Remy E, Kopel S. Social linking and human resources management in the service sector [J]. Service Industries Journal, 2002, 22 (1): 35 – 56.

[130] Romano C A, Tanewski G A, Smyrnios K X. Capital structure decision making: a model for family business [J]. Journal of Business Venturing, 2001, 16 (3): 285 – 310.

[131] Rowley J, Kupiec-Teahan B, Leeming E. Customer community and co-creation: a case study [J]. Marketing Intelligence & Planning, 2007, 25 (2): 136 – 146.

[132] Rozanski H D, Baum A G, Wolfsen B T. Brand zealots: realizing the full value of emotional brand loyalty [J]. Strategy and Business, 1999: 51 – 63.

[133] Smit E, Bronner F, Tolboom M. Brand relationship quality and its value for personal contact [J]. Journal of Business Research, 2007, 60 (6): 627 – 633.

[134] Spiteri J M, Dion P A. Customer value, overall satisfaction, end-user loyalty, and market performance in detail intensive industries [J]. Industrial Marketing Management, 2004, 33 (8): 675 – 687.

[135] Stelios C. Cluster reputation as a facilitator in internationalization of small and medium sized enterprises [J]. Corporate Reputation Review, 2006 (9): 79 – 87.

[136] Tregear A, Gorton M. The challenges of sharing: brands as club goods [J]. European Journal of Marketing, 2009, 43 (5/6): 826 – 842.

[137] Tsai W, Ghoshal S. Social capital and value creation: the role of intrafirm networks [J]. Academy of Management Journal, 1998, 41 (4): 464 – 476.

[138] Turner B. Social capital, inequality and health: the Durkheimian revival

［J］. Social Theory & Health, 2003, 1 (1): 4 – 20.

［139］ Vallaster C, von Wallpach S. An online discursive inquiry into the social dynamics of multi-stakeholder brand meaning co-creation ［J］. Journal of Business Research, 2013, 66 (9): 1505 – 1515.

［140］ Van Alstyne M W, Parker G G, Choudary S P. Pipelines, platforms, and the new rules of strategy ［J］. Harvard Business Review, 2016, 94 (4): 54 – 62.

［141］ Vargo S L, Akaka M A. Value cocreation and service systems (re) forma-tion: a serviceecosystems view ［J］. Service Science, 2012, 4 (3): 207 – 217.

［142］ Vargo S L, Lusch R F. Evolving to a new dominant logic for marketing ［M］//The service-dominant logic of marketing. Routledge, 2014: 21 – 46.

［143］ Vargo S L, Lusch R F. From goods to service (s): divergences and con-vergences of logics ［J］. Industrial Marketing Management, 2008, 37 (3): 254 – 259.

［144］ Vargo S L, Lusch R F. From repeat patronage to value co-creation in service ecosystems: a transcending conceptualization of relationship ［J］. Journal of Business Market Management, 2010, 4 (4): 169 – 179.

［145］ Vargo S L, Lusch R F. Institutions and axioms: an extension and update of service-dominant logic ［J］. Journal of the Academy of Marketing Science, 2016, 44 (1): 5 – 23.

［146］ Vargo S L, Lusch R F. Inversions of service-dominant logic ［J］. Marketing Theory, 2014, 14 (3): 239 – 248.

［147］ Vargo S L, Lusch R F. It's all B2B…and beyond: toward a systems per-spective of the market ［J］. Industrial Marketing Management, 2011, 40 (2): 181 – 187.

［148］ Vargo S L, Lusch R F. Service-dominant logic: continuing the evolution ［J］. Journal of the Academy of Marketing Science, 2008, 36 (1): 1 – 10.

［149］ Vargo S L, Lusch R F. The four service marketing myths: remnants of a goods-based, manufacturing model ［J］. Journal of Service Research, 2004, 6 (4): 324 – 335.

［150］ Vargo S L, Maglio P P, Akaka M A. On value and value co-creation: a service systems and service logic perspective ［J］. European Management Journal, 2008, 26 (3): 145 – 152.

［151］ Weick K E. Sensemaking in organizations ［M］. Sage, 1995.

［152］ Wetzel F. Brand England ［J］. Place Branding, 2006, 2 (2): 144 – 154.

［153］ Williamson O E. Markets and hierarchies ［J］. New York, 1975, 2630.

［154］ Williamson O E. The new institutional economics: taking stock, looking ahead ［J］. Journal of Economic Literature, 2000, 38 (3): 595 – 613.

［155］ Woolcock M. Social capital and economic development: toward a theoretical synthesis and policy framework ［J］. Theory and Society, 1998, 27 (2): 151 – 208.

［156］ Zepponi D, Fisch D. Industry-driven leadership is vital for rural communities ［J］. Economic Development America, 2007, 12: 20 – 23.

［157］ Zhang X, Chen R. Examining the mechanism of the value co-creation with customers ［J］. International Journal of Production Economics, 2008, 116 (2): 242 – 250.